GEO SAISON
Reisesprachführer

Portugiesisch

bearbeitet von Dr. Gerd Hammer,
Ester Ramos, Dr. Bernd Sieberg

BERTELSMANN LEXIKON VERLAG

bearbeitet von: Dr. Gerd Hammer, Ester Ramos, Dr. Bernd Sieberg

Projektleitung/Redaktion: Michaela Stüttgen
Illustrationen: Dieter Stadler
Satz und Layout: Dirk Bischoff, Ernst-Jürgen Bischoff, Anke Eickholt
Bildredaktion: Edeltraud Siebart
Herstellung: Günter Hauptmann
Einbandgestaltung: Petra Dorkenwald

Bildnachweis:

Bavaria Bildagentur, Gauting: 195/PP; Bertelsmann Lexikon Verlag: 355; Bilderberg, Hamburg: 17/Francke, 169, 354 l.2.v.u./Kirchgessner, 128, 211, 354 l.u., 354 l.2.v.o.354 r.u.354 r.2.v.u./Wagner; IFA-Bilderteam, München: 81/Aberham, 37, 57/Graf, 172/Marc, 354 r.o./Oertel; Helga Lade, Frankfurt: 199/Benier, 109/KaKi, 87, 205/Meissner; Mauritius, Mittenwald: 177/Pigneter, Hintergrund: 17, 37, 57, 87, 109, 143, 177, 199, 211, 235, 251, 273; Tony Stone Bilderwelten, Hamburg: 235/Grey; Transglobe Agency, Hamburg: 135/Friedrichsmeier, 354 l.o./Guhdelwein, 354 r.2.v.o./Rademaker; ZEFA, Düsseldorf: 143/Holz.

Einband: Das Fotoarchiv Christoph & Mayer, Essen/Scheibner.
Karte Seite 352: Bertelsmann Lexikon Verlag, Gütersloh; Grafiken Seite 353: Fritz Wendler, Weyrn.

Umwelthinweis: gedruckt auf chlorfrei gebleichtem Papier

Druck, Verarbeitung: Egedsa, Sabadell/Spanien
Printed in Spain · ISBN 3-577-10657-3

INHALTSVERZEICHNIS

Einführung

Zahlen, Zeiten, Zentimeter 1

Kontakte: Tägliches & Nützliches 2

1 2 3 4 5 6 7 8 9 10

Unterwegs: Von A nach Z 3

Unterkunft 4

Essen & Trinken 5

Einkaufen 6

Entspannung, Sport & Kultur 7

Dienstleistungen: Banken, Post, ... 8

Für alle Fälle 9

Dienstlich unterwegs 10

Kurzgrammatik

Wörterbuch

1 2 3 4 5 6 7 8 9 10

EINFÜHRUNG

Gewiß, in den Touristenzentren Portugals wird Englisch und oft auch Deutsch gesprochen, aber nicht überall kann der Reisende davon ausgehen. Und Sie werden erleben, wieviel freundlicher und angenehmer sich der Aufenthalt gestaltet, wenn Sie einige Portugiesischkenntnisse haben. Denn die Portugiesen glauben, daß sich Europa nicht besonders für sie interessiert. Umso willkommener sind Sie, wenn Sie ein wenig in der Landessprache sprechen.
Auch in Brasilien können Sie sich problemlos mit diesem Reisesprachführer verständigen, denn die wichtigsten brasilianischen Varianten sind ebenfalls berücksichtigt.

Ganze Sätze und einzelne Vokabeln nachschlagen

Einzelne deutsche oder portugiesische **Vokabeln** und ihre Übersetzung finden Sie am schnellsten im Wörterbuchteil im Anhang des Buches. Wenn Sie sich hingegen auf eine bestimmte Situation im Reiseland systematisch vorbereiten wollen und bestimmte **Sätze**, eine feste Wendung oder situationstypische Standardvokabeln nachschlagen möchten, so gelangen Sie am besten über das thematisch geordnete Inhaltsverzeichns in das entsprechende Kapitel. Hier sind dann alle typischen Redemittel in überschaubaren Einheiten präsentiert. Darüber hinaus finden Sie in den Kapiteln nützliche **Tips und Hinweise**, die Ihnen helfen, sich in der fremden Umgebug besser zu orientieren und zurechtzufinden. Eine weitere Zugriffsmöglichkeit für Wendungen und Sätze bietet das **Wörterbuch** im Anhang. Denn dort ist außer der Übersetzung der gesuchten Vokabel auch die jeweilige Seitenzahl angegeben, die Sie direkt in den entsprechenden Textteil führt.

Der Reisesprachführer als Selbstlernsprachkurs

Für Portugieschlerner und diejenigen, die sich mit den wichtigsten Regeln der portugiesischen Grammatik vertraut machen möchten, ist die **Kurzgrammatik** im Anhang konzipiert. Die **Ausspracheregeln** im Vorspann des Buches, die **Lautschriftangaben** zu den Vokabeln und Sätzen in den einzelnen Kapiteln und die zusammen mit dem Buch erhältliche **Audiokassette** geben Ihnen die korrekte Sprechweise an. Die **Lerneinheiten** im Textteil sind thematisch geordnet und eignen sich zum selektiven Lesen und Lernen. In den einzelnen Kapiteln sind alle wichtigen Redemittel zu der jeweiligen typischen Reisesituation übersichtlich zusammengestellt: elementare Sätze der Alltagskommunikation und die wichtigsten Vokabeln ebenso wie häufige Hinweise, Schilder und Durchsagen in der Landessprache.

Das, was gelernt werden sollte, steht immer rechts: Handelt es sich um Wörter oder Wendungen, die Sie aktiv beherrschen sollten (z.B. *Die Rechnung, bitte!*), so steht die deutsche Wendung links, die portugiesische Übersetzung rechts. Bei Wörtern und Wendungen, die Sie selbst kaum sagen würden, aber doch verstehen sollten (z.B. *Hier können Sie nicht parken!*), ist die Anordnung genau umgekehrt. So können Sie jeweils die rechte Spalte verdecken und lernen.

SYMBOLE & DARSTELLUNGEN

Symbol	Beschreibung	Beispiel	
blaue Schrift	Portugal-Tips und Hinweise Lautschrift	Kreditkarten können Sie in den meisten Restaurants … [kɒrtɑ̃u də krɛditu]	
•	passiver Wortschatz	• Os seus documentos, por favor! – Ihre Papiere, bitte!	
/	Alternativen; Wahlmöglichkeiten in Grauschrift	Angestellte/r - empregado/a Bis bald / morgen? Wie geht es Ihnen / dir?	
( )	fakultative Erweiterungen	Es geht mir (sehr) gut. Estou (muito) bem.	
…	Platz für Varianten, die hier eingesetzt werden können	**Vá … .** à direita à esquerda	**Gehen Sie … .** nach rechts nach links
▶	Weiteres finden Sie im Wörterbuch oder im Kapitel	▶ Wörterbuch ▶ Kap. 4, Unterkunft S. 88	

Substantive, die auf -o enden, sind meist männlich, und Substantive, die auf -a enden, weiblich. Bei Abweichungen von dieser Regel und bei anderen Endungen werden die Substantive in den Wortlisten und im Wörterbuch durch *f* für Femininum bzw. weiblich oder *m* für Maskulinum bzw. männlich gekennzeichnet. Abweichender Numerus wird durch die Angabe *pl* für Plural signalisiert. Brasilianische Varianten werden mit *bras.* gekennzeichnet.

AUSSPRACHE

Vokale

Im Unterschied zum Deutschen werden im Portugiesischen alle Vokale kurz ausgesprochen. Außerdem können die Vokale **a, e** und **o** unterschiedlich stark geöffnet ausgesprochen werden, wobei dieser Unterschied die Bedeutung eines Wortes verändern kann: *avô* [ɒvo] (geschlossenes o) = Großvater; *avó* [ɒvɔ] (offenes o) = Großmutter. Die offenen Vokale sind in vielen Fällen an dem Akut Akzent (´) zu erkennen, die geschlossenen an dem Zirkumflex (^).
Die nasalierten Vokale schmelzen im Portugiesischen oft mit dem nachfolgenden **m** oder **n** zu einem Laut zusammen: *sim* [sĩ] (= ja), *um* [ũ] (= ein). Im Brasilianischen wird noch stärker nasaliert.
Folgende Beispiele machen die vom Deutschen abweichenden Besonderheiten der portugiesischen Vokalaussprache deutlich:

Buchstabe	Laut	Beschreibung	deutsches Beispiel	portugiesisches Beispiel
a á	[a]	offenes, betontes a	**A**der	c**a**sa [kazɒ]
a	[ɒ]	halb geschlossenes, unbetontes a	Wass**er**	madeir**a** [mɒdeirɒ]
e é	[ɛ]	betontes, offenes e	H**e**md	d**e**z [dɛʃ], **é** [ɛ]
e ê	[e]	geschlossenes, betontes e	l**e**ben	m**e**sa [mezɒ], m**ê**s [meʃ]
e	[ə]	unbetontes, schwaches e	Nam**e**	fut**e**bol [futəbɔl]
o ó	[ɔ]	offenes, betontes o	**o**ft	n**o**rte [nɔrtə], av**ó** [ɒvɔ]
o ô	[o]	geschlossenes o	r**o**t	n**o**vo [novu], av**ô** [avo]

ã am an [ɑ̃]	nasaliertes a	**can**tor [kɑ̃ntor]
õ om on [õ]	nasaliertes o	**pon**te [põntə]
em en [ẽ]	nasaliertes e	**sem**pre [sẽmpre]
im in [ĩ]	nasaliertes i	s**im** [sĩ]
um un [ũ]	nasaliertes u	**um** [ũ]

Diphthonge

Die einzelnen Laute der Diphthonge – **ai** wie in ***pai*** [pai] (= Vater), **ei** wie in ***lei*** [lei] (= Gesetz), **oi** wie in ***boi*** [boi] (= Ochse), **au** wie in ***pau*** [pau] (= Holz), **eu** wie in ***céu*** [sɛu] (= Himmel) – werden im Portugiesischen stets getrennt ausgesprochen, wobei jeder einzelne Vokal seinen eigenen Lautwert behält: ***E-u**-ropa* [europɒ] (= Europa).
Besonders typisch für die portugiesische Sprache sind die nasalierten Diphthonge:

Buchstaben-kombination	**Laut**	**Entsprechung**	**Beispiel**
ãe	[ɑ̃i]	wie M**ai**, nasaliert	m**ãe** [mɑ̃i]
em	[ẽi]	wie engl. d**ay**, nasaliert	b**em** [bẽi]
ão	[ɑ̃u]	wie »Mi**au**«, nasaliert	p**ão** [pɑ̃u], ver**ão** [vərɑ̃u]
õe	[õi]	wie H**eu,** nasaliert	le**õe**s [liõiʃ], lim**õe**s [limõiʃ]
ui	[ũi]	wie pf**ui**, nasaliert	m**ui**to [mũintu]

Konsonanten

Die stimmlosen portugiesischen Verschlußlaute **p, t, k** werden im Portugiesischen nicht aspiriert, d. h., es folgt ihnen kein Hauchlaut wie im Deutschen. Außerdem wird im Portugiesischen das **l**, wenn es nach einem Vokal steht, weiter hinten am Gaumen ausgesprochen. Es klingt ungefähr so wie das Kölner l im Wort Kö**l**sch. Der Buchstabe **v** wie in *u**v**a* [uvɒ] (= Traube) entspricht der Aussprache w im deutschen Wort **W**asser. Stehen **m** oder **n** nach einem Vokal, werden sie oft zusammen mit diesem wie ein einziger nasalierter Laut formuliert: ***sim*** [sĩ] (= ja). Steht ein **-s** oder ein **-z** am Ende eines Wortes, wie sehr oft im Plural der Substantive (*cerveja**s*** [sərveʒɒʃ] = Biere), wird es wie ein stimmloser Reibelaut [ʃ] wie in Ta**sch**e ausgesprochen: Diese Aussprache ist charakteristisch für das Portugiesische, während sie im Brasilianischen unterbleibt, wo das auslautende **-s** als scharfes s realisiert wird, wie in *copo**s*** [kopus] (= Gläser). Weiterhin wird im Brasilianischen das **d** vor i und unbetontem e im Auslaut [dʒ] wie in **Dsch**ungel gesprochen: *cida**d**e* [sidadʒə] (= Stadt). Die folgenden Beispiele stehen für weitere Besonderheiten der portugiesischen Aussprache:

Buchstabe	Laut	Beschreibung	Entsprechung	Beispiel
c	[k]	vor a, o, u	**K**asse	**c**om [kõ], **c**alma [kalmɒ]
	[s]	vor e und i	Flu**ß**, e**ss**en	**c**erto [sɛrtu], **c**igarro [sigaRu]
	wird nicht gesprochen	in der Verbindung -ct-, -cç-, -cc-		a**c**ção [ɒsɑ̃u], fa**c**tura [fatura]
qu	[k]	vor e und i	**K**asse	a**qu**i [ɒki], **qu**ente [kẽntə]
	[kw]	vor a und o	**Qu**iz	**qu**ando [kwɑ̃ndu]
s ç	[s]	scharfes s	Flu**ß**, e**ss**en	**s**ol [sɔl], crian**ç**a [krjɑ̃sɒ]

Buchstabe	**Laut**	**Beschreibung**	**Entsprechung**	**Beispiel**
z	[z]	weiches s	**S**ahne	fa**z**er [fɒzer], do**z**e [dozə]
ch	[ʃ]		**Sch**affner	**ch**á [ʃa],
-s, -z	[ʃ]	am Wortende		rua**s** [Ruɒʃ]
g	[ʒ]	vor e und i	**j**onglieren	**g**igante [ʒigãntə],
j	[ʒ]			cerve**j**a [sərveʒɒ]
nh	[ɲ]	Verbindung aus n und j	Ko**gn**ac	vi**nh**o [viɲu], ni**nh**o [niɲu]
lh	[ʎ]	Verbindung aus l und j	Ga**li**one	mo**lh**o [mɔʎu], i**lh**a [iʎɒ]
r	[r]	Zungenspitzen-r	keine Entsprechung	ca**r**o [karu], pa**r**a [pɒrɒ]
r (am Wortanfang), rr	[R]	wie bayrisches r		ca**rr**o [kaRu], **r**ua [Ruɒ]
x	[ʃ]	Zischlaut	Ma**sch**ine	**x**adrez [ʃɒdreʃ], pei**x**e [peiʃə]

Die Wortbetonung

Meistens liegt der Wortakzent (') auf der **vorletzten** Silbe: *felicida*-*de* [fəlisi'dadə] (= Glück), *prima**ve**ra* [primɒ'vɛrɒ] (= Frühling). Von dieser normalen Regelung wird abgewichen, wenn ein Akut Akzent (´) oder ein Zirkumflex Akzent (^) auf einer anderen Silbe steht: *neces**sá**rio* [nəsə'sarju] (= notwendig), *impor**tân**cia* [impur'tãsjɒ].
Auf der **letzten** Wortsilbe werden Wörter betont, die auf **-l ,-r, -z** enden, wie *ra**paz*** [Rɒ'paʃ] (= Junge), *almo**çar*** [ɒlmu'sar] (= zu Mittag essen), *ca**sal*** [kɒ'zal] (= Ehepaar), oder Wörter, die auf einen nasalierten Laut enden, wie *ale**mão*** [ɒlə'mãu] (= Deutscher), *jar**dim*** [ʒɒr'dĩ] (= Garten), *a**tum*** [ɒ'tũ] (= Thunfisch), *aman**hã*** [amɒ'ɲã] (= morgen).

DAS ALPHABET

A	[a]	**Abril** [ɒbril]
B	[be]	**Belém** [bəlẽi]
C	[se]	**Cigarrro** [sigaRu]
D	[de]	**Dança** [dɑ̃nsɒ]
E	[ɛ]	**Escola** [iʃkɔlɒ]
F	[ɛfə]	**Fábrica** [fabrikɒ]
G	[ʒe] [ge]	**Governo** [guvernu]
H	[ɒga]	**História** [iʃtɔrjɒ]
I	[i]	**Itália** [italjɒ]
J	[ʒɔta]	**Jantar** [ʒɑ̃ntar]
L	[ɛl]	**Laranja** [lɒrɑ̃ʒɒ]
M	[ɛmə]	**Mel** [mɛl]
N	[ɛnə]	**Norte** [nɔrtə]
O	[ɔ]	**Olho** [ɔʎu]
P	[pe]	**Pato** [patu]
Q	[ke]	**Quinta** [kĩntɒ]
R	[ɛRə]	**Rádio** [Radju]
S	[ɛsə]	**Senhora** [siɲorɒ]
T	[te]	**Tambor** [tɑ̃mbor]
U	[u]	**Universidade** [univərsidadə]
V	[ve]	**Vento** [vẽntu]
X	[ʃɛʃ]	**Xarope** [ʃɒrɔpə]
Z	[ze]	**Zebra** [zebrɒ]

WICHTIGE ABKÜRZUNGEN

C.P.	Caminhos de Ferro de Lisboa	portugiesische Eisenbahn
CARRIS	Companhia de Ferro de Lisboa	Verkehrsbetriebe (Busse)
CCB	Centro Cultural de Belem	Kulturzentrum in Belém
CTT	Correios Telégrafos e Telefones	Post
Ex.ma	Excelentíssima	Sehr geehrte
Ex.mo	Excelentíssimo	Sehr geehrter
GNR	Guarda Nacional Republicana	Polizei (oft in kleineren Städten)
H.	Hospital	Krankenhaus
IVA	Imposto de Valor Acrescentado	Mehrwertsteuer
P.J.	Polícia Judiciária	
PSP	Polícia de Segurança Pública	Polizei
R	Rua	Straße
R.N.	Rodoviária Nacional	Busgesellschaft
Sr	Senhor	Herr
Sra	Senhora	Frau

ZAHLEN, ZEITEN, ZENTIMETER 1

1

Zahlen & Maße

Weil die Portugiesen relativ schnell sprechen, ist es oft schwierig, die Zahlen zu verstehen. Es ist darum empfehlenswert, sich Preise oder Telefonnummern aufschreiben zu lassen: *Importa-se de me escrever o preço / o número de telefone?* [ĩmportɒ sə də mə iʃkrəver u presu / u numeru də tələfɔnə] (= Würden Sie mir bitte den Preis / die Telefonnummer aufschreiben?).

Kardinalzahlen

0 zero [zɛru]	1 um [ũ]	2 dois [doiʃ]	3 três [treʃ]	4 quatro [kwatru]
5 cinco [sĩnku]	6 seis [seiʃ]	7 sete [sɛtə]	8 oito [oitu]	9 nove [nɔvə]

Die Zahlen 1 und 2 können auch weibliche Formen haben: uma [umɒ] (= eins), duas [duɒʃ] (= zwei).

10 dez [dɛʃ]
11 onze [õzə]
12 doze [dozə]
13 treze [trezə]
14 catorze [kɒtorzə]
15 quinze [kĩzə]
16 dezasseis [dəzɒseiʃ], *bras.* dezesseis
17 dezassete [dəzɒsɛtə], *bras.* dezessete
18 dezoito [dəzɔitu], *bras.* dezenove
19 dezanove [dəzɒnɔvə]
20 vinte [vĩntə]
21 vinte e um [vĩntə i ũ]
30 trinta [trĩntɒ]
40 quarenta [kwɒrẽntɒ]
50 cinquenta [sĩnkwẽntɒ]
60 sessenta [səsẽntɒ]
70 setenta [sətẽntɒ]

80 oitenta [oitẽntɒ]
90 noventa [nuvẽntɒ]
100 cem [sẽi]
101 cento e um [cẽntu i ũ]
200 duzentos [duzẽntuʃ]
300 trezentos [trəzẽntuʃ]
400 quatrocentos [kwɒtrusẽntuʃ]
500 quinhentos [kiɲẽntuʃ]
600 seiscentos [seiʃsẽntuʃ]
700 setecentos [sɛtəsẽntuʃ]
800 oitocentos [oitusẽntuʃ]
900 novecentos [nɔvəsẽntuʃ]
1500 mil e quinhentos [mil i kiɲẽntuʃ]
2000 dois mil [doiʃ mil]
3000 três mil [treʃ mil]

1000	10 000	1 000 000
mil	dez mil	um milhão
[mil]	[dɛʃ mil]	[ũ miʎãu]

► Kap. 1, Rund ums Geld S. 21

Hunderterzahlen können eine maskuline (*duzentos carros*) oder feminine (*duzentas garrafas*) Endung haben. Bei Angaben in Millionengröße ist ein zusätzliches *»de«* erforderlich: *dez milhões de habitantes* [dɛʃ miʎõiʃ də ɒbitãntəʃ] (= zehn Millionen Einwohner).

Ordinalzahlen

1° primeiro [primeiru]
2° segundo [səgũndu]
3° terceiro [tərseiru]
4° quarto [kwartu]
5° quinto [kĩntu]
6° sexto [seiʃtu]
7° sétimo [sɛtimu]
8° oitavo [oitavu]
9° nono [nonu]
10° décimo [dɛsimu]

Zu den Ordinalzahlen gibt es auch jeweils eine weibliche Form, die auf -a endet: *o primeiro* (= der erste) und *a primeira* (= die erste).

Bei den höheren Ordinalzahlen kann man sich dadurch behelfen, daß man auf die Kardinalzahlen zurückgreift: das 23. Spiel= *o jogo vinte e três* [u ʒogu vĩntə i treʃ]

▶ Kap. 1, Datum S. 30

Ana Margarida Bastos
Avenida Almirante Reis, 24–5º Esq.
1200 Lisboa

Hausnummer (= *número da casa*)
links (= *esquerdo*)
Stockwerk (= *andar*)

Die portugiesischen Hausklingeln haben keine Namensschilder. Der Besucher orientiert sich stattdessen an den Zahlen, die Stockwerk und Wohnungstür bezeichnen.

Bruch- & Prozentzahlen

$^{1}/_{2}$	um meio [ũ meju]
$^{1}/_{3}$	um terço [ũ tersu]
$^{1}/_{4}$	um quarto [ũ kwartu]
$^{3}/_{4}$	três quartos [treʃ kwartuʃ]
50%	cinquenta por cento [sĩnkwẽntɒ pur sẽntu]

Maß- & Mengeneinheiten

mm	milímetro	[milimətru]	Millimeter
cm	centímetro	[sẽntimətru]	Zentimeter
m	metro	[mɛtru]	Meter

km	quilómetro	[kilɔmətru]	Kilometer
m^2	metro quadrado	[mɛtru kwɒdradu]	Quadratmeter
km^2	quilómetro quadrado	[kilɔmətru kwɒdradu]	Quadratkilometer
	milha / légua	[miʎɒ / lɛgwɒ]	Seemeile
km/h	quilómetro por hora	[kilɔmətru pur ɔrɒ]	Stundenkilometer
cl	centilitro	[sẽntilitru]	Zentiliter
dl	decilitro	[desilitru]	Deziliter
l	litro	[litru]	Liter
hl	hectolitro	[ɛktulitru]	Hektoliter
gr	grama	[grɒmɒ]	Gramm
kg	quilograma	[kilugrɒmɒ]	Kilogramm
	meio quilo	[meju kilu]	Pfund
q	quintal	[kĩntal]	60 Kilo
t	tonelada	[tunəladɒ]	Tonne

Bei Mengenangaben wird *»de«* ergänzt: *um quilo de arroz* [ũ kilu də ɒRoʃ] (= ein Kilo Reis).

▶ Kap.6, Mengenangaben S. 151
▶ Kap.5, Mengen S. 112

Rund ums Geld

Die Währung Portugals ist der *escudo* [iʃkudu], abgekürzt Esc. oder $. Im Umlauf befinden sich im Moment 1-, 2½-, 5-, 10-, 20-, 50-, 100- und 200-Escudo-Münzen. Papiergeld gibt es als 500-, 1000-, 2000-, 5000-, und 10000-Escudo-Scheine. Für die Benennung von größeren Geldbeträgen bedienen sich die Portugiesen der Bezeichnung *conto* [kõntu] (1 Conto = 1000 Escudos).

▶ Geldscheine und Münzen, Abb. 4 im Anhang

Bezahlen

In den größeren Geschäften und Restaurants Portugals ist es inzwischen möglich, mit Kreditkarten (= *cartão de crédito* [kɒrtɐ̃u də krɛditu]) zu zahlen. In kleineren Läden und Restaurants und speziell auf dem Lande ist es allerdings empfehlenswert, Bargeld bei sich zu haben. Praktisch sind EC-Karten, mit denen man an den Geldautomaten bis umgerechnet ungefähr 400 Mark abheben kann, während der Geldumtausch in den Banken oft sehr umständlich und zeitaufwendig ist.

Wieviel kostet das?	Quanto custa isto? [kwɐ̃ntu kuʃtɒ iʃtu]
Wieviel schulde ich Ihnen?	Quanto lhe devo? [kwɐ̃ntu ʎə devu]
(Wo) Kann ich bezahlen?	(Onde) Posso pagar? [(õndə) posu pɒgar]
• São 3.500 escudos. [sɐ̃u treʃ mil i kĩɲẽntuʃ iʃkuduʃ]	Das macht 3500 Escudos.
• Infelizmente, não tenho troco. [ĩfəliʒmẽntə nɐ̃u tẽɲu troku]	Leider kann ich nicht wechseln.
• Não tem mais pequeno? [nɐ̃u tẽi maiʃ pəkenu]	Haben sie es nicht kleiner?
Ich habe kein Kleingeld.	Não tenho troco. [nɐ̃u tẽɲu troku]
Kann ich ... bezahlen?	**Posso pagar ...?** [posu pɒgar]
mit Kreditkarte	com cartão de crédito [kõ kɒrtɐ̃u də krɛditu]
mit Scheck	com cheque [kõ ʃɛkə]
bar	em dinheiro [ẽi diɲeiru]

- Só aceitamos … . [sɔ ɒseitamuʃ] — Wir akzeptieren nur … .
- Assine aqui, por favor! [ɒsinə ɒki pur fɒvor] — Unterschreiben Sie bitte hier!

Ich hätte gerne … . — **Queria** … . [kəriɒ]
eine Rechnung — um recibo [ũ Rəsibu]
eine Quittung — uma factura [umɒ fɒturɒ]

Ich glaube, hier haben Sie sich verrechnet! — Penso que se enganou aqui! [pẽsu kə sə ẽngɒno ɒki]

► Kap.8, Banken & Geldverkehr S. 200

Zeiten

Der portugiesische Begriff von Zeit ist ein anderer als der deutsche. Veranstaltungen beginnen oft mit erheblicher Verspätung, und Verabredungen werden auch nicht unbedingt auf die Minute eingehalten, ohne daß sich jemand darüber besonders aufregen würde. Weil das Warten in der *bicha* [biʃɒ] (= Schlange) in Banken und Ämtern und das Ausharren im meist chaotischen Stadtverkehr zum täglichen Brot gehört, wird die *paciência* [pɒsjẽsjɒ] (= Geduld) zur wichtigsten portugiesischen Tugend.

Uhrzeiten

In Portugal gilt die westeuropäische Zeit, d.h., daß es in Portugal eine Stunde früher ist als in Deutschland.

Wieviel Uhr ist es? — Que horas são? [kə ɔrɒʃ sɐ̃u]

Können Sie mir sagen, wie spät es ist? — Pode dizer-me que horas são? [podə dizer mə kə ɔrɒʃ sɐ̃u]

1

Es ist	**São ... .** [sãu]
17:00	cinco horas [sĩnku ɔrɒʃ]
17:15	cinco e um quarto [sĩnku i ũ kwartu]
17:25	cinco e vinte e cinco [sĩnku i vĩntə i sĩnku]
17:30	cinco e meia [sĩnku i mejɒ]
17:45	um quarto para as seis [ũ kwartu pɒrɒ ɒʃ seiʃ]
17:50	dez para as seis [dɛʃ pɒrɒ ɒʃ seiʃ]
18:00	seis horas [seiʃ ɔrɒʃ]

Es ist	**É ... .** [ɛ]
13:00	uma hora [umɒ ɔrɒ]
12:00	meio-dia [meju diɒ]
24:00	meia noite [mejɒ noitə]

wann?	quando? [kwãndu]
um wieviel Uhr?	a que horas? [ɒ kə ɔrɒʃ]
um 16 Uhr	às quatro [aʃ kwatru]
um Punkt 8 Uhr	às oito em ponto [aʃ oitu ẽi põntu]
ungefähr um 15 Uhr	cerca das três [serkɒ daʃ treʃ]
um 5 nach 9	às nove e cinco [aʃ nɔvə i sĩnku]
um 5 vor 9	às nove menos cinco [az nɔvə menuʃ sĩnku]
in einer Stunde	daqui a uma hora [dɒki ɒ umɒ ɔrɒ]
vor einer halben Stunde	há meia hora [a mejɒ ɔrɒ]

Stunde	hora [ɔrɒ]
Minute	minuto [minutu]
Sekunde	segundo [səgũndu]
zu spät / früh	demasiado tarde / cedo [dəmɒzjadu tardə / sedu]

Öffnungszeiten

Apotheken Die Apotheken (= *farmácia* [fɒrmasjɒ]) sind an Wochentagen normalerweise von 9–13 und von 15–19 Uhr geöffnet und an Samstagen von 9–13 Uhr. Hinweise auf Notdienstapotheken (= *urgência* [urʒẽsjɒ]) finden Sie in der Zeitung bzw. an den Apotheken.

Banken Die Banken (= *banco* [bãnku]) sind von 8.30 bis 15.00 Uhr geöffnet.

Botschaften und Konsulate Die deutsche Botschaft (= *embaixada alemã* [imbaiʃadɒ ɒləmã]) in Lissabon ist vormittags von 9–12 Uhr geöffnet.

Geschäfte und Einkaufszentren Die Einkaufszentren (= *centro comercial* [sẽntru kõmərsjal]) in den größeren Städten sind die ganze Woche über durchgehend von 10–24 Uhr geöffnet. Normale Geschäfte (= *loja* [lɔʒɒ]) öffnen an den Wochentagen von 9–13 und 15–19 Uhr und samstags von 9–13 Uhr. Diese Öffnungszeiten werden aber sehr flexibel gehandhabt. Kleinere Lebensmittelläden in den Vorstädten sind oft auch sonntags und bis spät in die Nacht geöffnet.

Post Die Post (= *correio* [kuReju]) hat montags bis frei-

1

tags von 9–12 und von 14–18 Uhr geöffnet. Die Hauptpost in Lissabon hat auch am Wochenende und abends bis 22 Uhr geöffnet.

Märkte Die Märkte (= *mercado* [mərkadu]) sind wochentags und samstags von 7–13 Uhr geöffnet.

Museen Im allgemeinen sind die Museen (= *museu* [muzɛu]) dienstags bis sonntags von 10–17 Uhr geöffnet. Viele Museen haben aber ihre eigene Regelung.

Restaurants Die Öffnungszeiten hängen vom jeweiligen Restauranttyp ab. In normalen Restaurants kann man von 12–15 und von 18–22 Uhr essen, in einer *cervejaria* oder *marisqueira* oft bis Mitternacht oder noch später (→ Kap. 5, Wann & Wo S. 110).

Werkstätten Werkstätten (= *oficina* [ufisinɒ]) haben in der Regel werktags von 8.30–13.00 und 14.30–18.00 Uhr geöffnet.

Um wieviel Uhr öffnet / schließt ...?	**A que horas abre / fecha ...?** [ɒ kə ɔrɒʃ abrə / feʃɒ]
dieses Geschäft	esta loja [ɛʃtɒ lɔʒɒ]
das Restaurant	o restaurante [u Riʃtaurantə]
das Museum	o museu [u muzeu]

• Às dez horas [aʃ dɛʃ ɔrɒʃ] — Um 10 Uhr.

aberto [abɛrtu]	geöffnet
fechado [fiʃadu]	geschlossen
dia de descanso [diɒ də dəʃkɑ̃su]	Ruhetag
férias [fɛrjɒʃ]	Betriebsferien
horário de funcionamento [urarju də fũsjunɒmẽntu]	Öffnungszeiten

Wenn Sie an geschlossenen Ladentüren den Hinweis *volto já* finden, bedeutet das, daß der Ladeninhaber in ein paar Minuten wieder zurück sein wird.

Tageszeiten

Die Bezeichnung der verschiedenen Tagesabschnitte richtet sich im Portugiesischen nach den Mahlzeiten: Der Morgen (= *a manhã)* endet mit dem Mittagessen ungefähr um 13 Uhr. Man begrüßt sich dann mit *bom dia* [bõ diɒ]. Bis zum Abendessen ungefähr um 20 Uhr dauert der Nachmittag (= *a tarde)*, und man sagt *boa tarde* [boɒ tardə]. Danach folgt die Nacht (= *a noite)* mit dem Gruß *boa noite* [boɒ noitə]. Den ganz frühen Morgen vor dem Frühstück bezeichnet man als *a manhãzinha.*

dia [diɒ]	Tag
manhãzinha [mɒɲãziɲɒ]	früher Morgen
de manhãzinha [də mɒɲãziɲɒ]	am frühen Morgen / frühmorgens
manhã [mɒɲã]	Morgen
de manhã [də mɒɲã]	am Morgen / morgens
à hora do almoço [a ɔrɒ du almosu]	Mittag
ao meio-dia [au meju diɒ]	um 12 Uhr mittags
tarde [tardə]	Nachmittag
à tarde [a tardə]	am Nachmittag / nachmittags
noitinha [noitiɲɒ]	Abend
à noitinha [a noitiɲɒ]	abends
noite *f* [noitə]	Nacht
à noite [a noitə]	nachts
à meia-noite [a mejɒ noitə]	um Mitternacht

1

Wochentage

Montag	segunda-feira	[səgũndɒ feirɒ]	2ªfeira
Dienstag	terça-feira	[tersɒ feirɒ]	3ªfeira
Mittwoch	quarta-feira	[kwartɒ feirɒ]	4ªfeira
Donnerstag	quinta-feira	[kĩntɒ feirɒ]	5ªfeira
Freitag	sexta-feira	[seiʃtɒ feirɒ]	6ªfeira
Samstag	sábado	[sabɒdu]	
Sonntag	domingo	[dumĩngu]	
Werktag	dia útil	[diɒ util]	
Feiertag	feriado	[fərjadu]	
Wochenende	fim-de-semana	[fĩ də səmɒnɒ]	

Monate

1 JANUAR
Janeiro
[ʒɒneiru]

2 FEBRUAR
Fevereiro
[fəvəreiru]

3 MÄRZ
Março
[marsu]

4 APRIL
Abril
[ɒbril]

5 MAI
Maio
[meju]

6 JUNI
Junho
[ʒuɲu]

7 JULI
Julho
[ʒuʎu]

8 AUGUST
Agosto
[ɒgoʃtu]

9 SEPTEMBER
Setembro
[sətẽmbru]

10 OKTOBER
Outubro
[otubru]

11 NOVEMBER
Novembro
[nuvẽmbru]

12 DEZEMBER
Dezembro
[dəzẽmbru]

Apropos: Juli und August sind die Hauptferienmonate in Portugal. In den Großstädten wie Lissabon geht es dann ruhiger zu, d. h. weniger Verkehr und weniger Menschen, allerdings sind dann auch viele Läden und Büros geschlossen.

Andere Zeitangaben

Wann?	**Quando?** [kwɐ̃ndu]
vorgestern	anteontem [ɐ̃ntəõntẽi]
gestern	ontem [õntẽi]
~ abend	~ à noite [a noitə]
~ morgen	~ de manhã [də mɒɲɐ̃]
heute	hoje [oʒə]
morgen	amanhã [ɒmɒɲɐ̃]
übermorgen	depois de amanhã [dəpoiʃ də amɒɲɐ̃]
in einer Woche	daqui a uma semana [dɒki ɒ umɒ səmɒnɒ]
letzte Woche	na última semana [nɒ ultimɒ səmɒnɒ]
diesen Mittwoch	esta quarta-feira [ɛʃtɒ kwartɒ feirɒ]
nächsten Monat	no próximo mês [nu prɔsimu meʃ]
am Donnerstag	na quinta-feira [nɒ kĩntɒ feirɒ]
am Wochenende	no fim-de-semana [no fĩ də səmɒnɒ]
von Montag bis Freitag	de segunda a sexta-feira [də səgũndɒ a seiʃtɒ feirɒ]
von 10 bis 12 Uhr	das 10 às 12 horas [dɒʃ dɛʃ aʃ doze ɔrɒʃ]

1

kürzlich	há pouco [a poku]
bald	em breve [ẽi brɛvə]
früh	cedo [sedu]
spät	tarde [tardə]
Ab wann?	**A partir de quando?** [ɒ pɒrtir də kwɑ̃ndu]
ab … Uhr	a partir das … horas [ɒ pɒrtir dɒʃ … ɔrɒʃ]
ab Freitag	a partir de sexta-feira [ɒ pɒrtir də seiʃtɒ feirɒ]
Seit wann?	**Desde quando?** [deʒdə kwɑ̃ndu]
seit einer Stunde	há uma hora [a umɒ ɔrɒ]
seit 9 Uhr	desde as 9 horas [deʒdə ɒʃ nɔvə ɔrɒʃ]
Wie oft?	**Quantas vezes?** [kwɑ̃ntɒʃ vezəʃ]
(fast) immer	(quase) sempre [(kwazə) sẽmprə]
oft	muitas vezes [mũitɒʃ vezəʃ]
manchmal	às vezes [aʃ vezəʃ]
selten	raramente [Rarɒmẽntə]
niemals	nunca [nũnkɒ]
jeden Tag	todos os dias [toduʃ uʃ diɒʃ]

Datum & Feiertage

Datum

Das Datum wird im Portugiesischen mit *no dia … de* [nu diɒ … də] und der Kardinalzahl für den Tag (→ S. 18) sowie dem Monatsnamen ausgedrückt: *no dia 4 de Setembro* [nu diɒ kwatru də sətẽmʌbru] heißt: am 4. September.

Der wievielte ist heute?	Que dia é hoje? [ke diɒ ɛ oʒə]
• Hoje é dia 8 de Outubro. [oʒə ɛ diɒ oitu də otubru]	Heute ist der 8. Oktober.
• Quando nasceu / nasceste? [kwɑ̃ndu nɒʃsɛu / nɒʃseʃtə]	Wann sind Sie / bist du geboren?
Am 17. März 1960.	No dia 17 de Março de 1960. [nu diɒ dəzɒsɛtə də marsu də mil nɔvəsẽntuʃ e səsẽntɒ]

▶ Kap.2, Angaben zur Person S. 43

Fest- & Feiertage

1. Januar	Ano Novo [ɒnu novu]	Neujahr
	Páscoa [paʃkwɒ]	Ostern
	Sexta-feira Santa [seiʃtɒ feirɒ sɑ̃ntɒ]	Karfreitag
	Pentecostes [pẽntəkɔʃtiʃ]	Pfingsten
	Carnaval [kɒrnɒval]	Karneval
25. April	Dia da Liberdade [diɒ dɒ libərdadə]	Tag der Freiheit (Sturz der Dikatatur)
1. Mai	Dia do Trabalhador [diɒ du trɒbaʎadur]	Tag der Arbeit
29. Mai	Corpo de Deus [korpu də deuʃ]	Fronleichnam
10. Juni	Dia do Camões [diɒ də kɒmõiʃ]	Camões-Tag (Todestag des Dichters), Portugaltag

1

13. Juni	Dia de Santo António [diɒ du sɐ̃ntu ɐ̃ntɔnju]	Fest des Schutzpatrons Lissabons
23. Juni	Dia de São João [diɒ du sɐ̃u ʒuɐ̃u]	Fest des Schutzpatrons Portos
15. August	Assunção de Nossa Senhora [ɒsũsɐ̃u də nɔsɒ siɲorɒ]	Maria Himmelfahrt
5. Oktober	Implantação da República [ĩmplɐ̃ntɒsɐ̃u dɒ Rəpublikɒ]	Tag der Republik
1. November	Todos-os-Santos [toduʃ uʃ sɐ̃ntuʃ]	Allerheiligen
1. Dezember	Restauração da Independência [Riʃtaurɒsɐ̃u dɒ ĩndəpẽndẽsjɒ]	Unabhängigkeit von Spanien 1640
8. Dezember	Imaculada Conceição [imɒkuladɒ kõseisɐ̃u]	Maria Empfängnis
25. Dezember	Natal [nɒtal]	Weihnachten

Lohnenswert ist ein Besuch des studentischen Festes *Queima das Fitas* [keimɒ dɒʃ fitɒʃ](= Fest des Studienabschlusses) Anfang Mai in Coimbra oder Porto. In Lissabon wird im Juni der Schutzpatron der Stadt mit gegrillten Sardinen und viel Rotwein gefeiert. Hochburgen des portugiesischen Karnevals sind *Loulé* [lulɛ] in der Algarve und *Torres Vedras* [toRəʃ vedrɒʃ] nördlich von Lissabon. Hauptfeiertag des Karnevals ist in Portugal der Dienstag.

Wetter & Jahreszeiten

In Portugal herrscht ein deutliches Klimagefälle zwischen dem feuchten und kühlen Norden und dem trockenen und warmen Süden des Landes. Das Wasser des Atlantiks an den Stränden der Westküste wird kaum wärmer als 18°C, während an der Algarveküste die Wassertemperaturen im Sommer bis auf 22°C ansteigen.

Jahreszeiten

Frühling	primavera [primɒvɛrɒ]
Sommer	verão [vərãu]
Herbst	outono [otonu]
Winter	inverno [ivɛrnu]

Übers Wetter reden

Einen beliebten Anlaß, miteinander ins Gespräch zu kommen, bietet das Thema Wetter: *Que mau tempo hoje!* [kə mãu tẽmpu hoʒə] (= Was für ein schreckliches Wetter heute!) oder *Que calor!* [kə kɒlor] (= Was für eine Hitze!).

Was für ein schöner Tag!	Que lindo dia! [ke lĩndu diɒ]
Heute ist es aber ...!	**Hoje está ...!** [oʒə iʃta]
heiß	calor [kɒlor]
kalt	frio [friu]
frisch	fresco [freʃku]
Die Sonne scheint.	O sol brilha. [ʟ sɔl briʎɒ]
Es ist windig / schwül.	Está vento / abafado. [iʃta vẽntu / ɒbɒfadu]
Es gewittert.	Está a trovejar. [iʃta ɒ truviʒar]
Es regnet.	Está a chover. [iʃta ɒ ʃuver]

Es sind 25°C.	Estão 25°C. [iʃtãu vĩntə e sĩnku grauʃ]
Wie wird das Wetter morgen?	Como vai estar o tempo amanhã? [komu vai iʃtar u tẽmpu amɒɲã]
• O tempo vai melhorar. [u tẽmpu vai miʎurar]	Das Wetter wird besser.
• Vamos ter chuva. [vamus ter ʃuvɒ]	Es wird wohl regnen.
• Vai ficar mais quente. [vai fikar maiʃ kẽntə]	Es wird wärmer.
• O tempo mantém-se. [u tẽmpu mãntẽi sə]	Das Wetter bleibt so.

Glossar: Wetterbericht

	temperatura [tẽmpərɒturɒ]	Temperatur
	~ máxima [masimɒ]	Höchst~
	~ mínima [minimɒ]	Tiefst~
	está calor [iʃta kɒlor]	heiß
	calor [kɒlor]	Hitze
	seco [seku]	trocken
	sol [sɔl]	Sonne
	soalheiro [swɒʎeiru], *bras.* ensolarado [ensolaradu]	sonnig
	chuva [ʃuvɒ]	Regen
	trovoada [truvwadɒ]	Gewitter
	relâmpago [Rəlãmpɒgu]	Blitz
	trovão [truvãu]	Donner

céu [sɛu]	Himmel
nublado [nubladu]	bedeckt
limpo / sem nuvens [lĩmpu / sãi nuvẽiʃ]	heiter
nuvem *f* [nuvẽi]	Wolke
nevoeiro [nəvweiru]	Nebel

vento [vẽntu]	Wind
~ fraco [fraku]	schwacher ~
~ forte [fɔrtə]	starker ~
tempestade *f* [tẽmpiʃtadə]	Sturm

frio [frio]	kalt, Kälte
geada [ʒjadɒ]	Frost
granizo [grãnizu]	Hagel
neve *f* [nɛvə]	Schnee

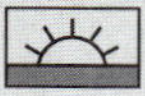

pôr-do-sol [por də sɔl]	Sonnenuntergang
nascer do sol [nɒʃser du sɔl]	Sonnenaufgang

Himmelsrichtungen

Norden
norte [nɔrtə]

Westen
oeste [wɛʃtə]

Osten
leste [lɛʃtə]

Süden
sul [sul]

1

Farben

blau	azul [ɒzul]
dunkel~	~ escuro [iʃkuru]
braun	castanho [kɒʃtɒɲu]
gelb	amarelo [ɒmɒrɛlu]
grau	cinzento [sĩzẽntu]
grün	verde [verdə]
lila	lilás [lilaʃ]
rosa	rosa [Rɔzɒ]
rot	vermelho [vərmɛʎu]
schwarz	preto [pretu]
türkis	turquesa [turkezɒ]
violett	roxo / violeta [Roʃu / vjuletɒ]
weiß	branco [brɑ̃nku]

KONTAKTE: TÄGLICHES & NÜTZLICHES

2

Das Allernotwendigste

2

Schon ein paar einfache Formeln erleichtern es, die Hilfsbereitschaft und Sympathie der Portugiesen zu gewinnen. Begleiten Sie die Anrede mit einem freundlichen *se faz favor* oder *por favor* (= bitte), und beginnen Sie die anschließende Frage oder Bitte mit *a senhora* oder *o senhor*. Die Erwiderung »bitte« im Sinne von »keine Ursache« lautet im Portugiesischen *de nada* [də nadɒ]

Bei Verständigungsschwierigkeiten

Wenn Sie nichts oder wenig verstehen

Sprechen Sie ...?	**Fala ...** [falɒ]
Deutsch	alemão [ɒləmɑ̃u]
Englisch	inglês [ĩngleʃ]
Gibt es hier jemanden, der Deutsch spricht?	Há aqui alguém que fale alemão? [a ɒki algẽi kə falə ɒləmɑ̃u]
Ich spreche leider nur wenig / kein Portugiesisch.	Infelizmente, só falo um pouco de / não falo Português. [ĩfəliʒmẽnte sɔ falu ũ poku də / nɑ̃u falu purtugeʃ]
Ich verstehe nicht.	Não percebo. [nɑ̃u pərsebu]
Ich brauche einen deutschen Übersetzer / Dolmetscher.	Preciso dum tradutor / intérprete de Alemão. [prəsizu dũ trɒdutor / ĩntɛrprətə də ɒləmɑ̃u]

Wenn Sie das eine oder andere nicht verstanden haben

Wie bitte?	Como? [komu]
Ich habe nicht verstanden.	Não percebi. [nɑ̃u pərsəbi]

Etwas langsamer bitte!	Mais devagar, por favor! [maiʃ dəvɒgar pur fɒvor]
Würden Sie / Würdest du das bitte wiederholen!	Importa-se / Importas-te de repetir? [ĩmportɒ sə / ĩmpɔrtɒʃ tə də Rəpətir]
Würden Sie es mir bitte aufschreiben!	Importa-se de me escrever isso? [ĩmportɒ sə də mə iʃkrəver isu]
Wie sagt man »Tisch« auf Portugiesisch?	Como é que se diz »Tisch« em Português? [komu ɛ kə sə diʃ »Tisch« ẽi purtugəʃ]
Was bedeutet das?	Que quer dizer isso? [kə ker dizer isu]
Wie spricht man dieses Wort aus?	Como é que se pronuncia esta palavra? [komu ɛ kə sə prunũsiɒ ɛʃtɒ pɒlavrɒ]

Die Aufmerksamkeit auf sich lenken

Mein Herr! / Meine Dame!	Senhor! / Senhora! [siɲor / siɲorɒ]
Hören Sie, bitte!	Ouça, por favor! [oisɒ pur fɒvor]
Schauen Sie mal!	Olhe! [ɔʎə]
Bitte!	Se faz favor! [sə faʃ fɒvor]

Die Anrede mit *tu* [tu] (= du) ist bei den Portugiesen nur unter guten Freunden und in der Familie üblich. Als höfliche Anredeform verwendet man die 3. Person mittels *a senhora / o senhor* oder die Anrede mit dem Vor- oder Nachnamen bzw. dem Titel einer Person: *a Ana* [ɒ ɒnɒ], *o Silva* [u silvɒ], *a senhora Doutora*. Zwischen dem vertrauten *tu* und dem offizielleren *a senhora / o senhor* steht die Anrede mittels *você* [vɔse] (z.B. unter Kollegen).

2

Begrüßung & Verabschiedung

Sich begrüßen

Portugiesen begrüßen sich sehr überschwenglich: Frauen untereinander und Frauen und Männer küssen sich links und rechts auf die Wange mit einem *beijinho* [beiʒiɲu] (= Küßchen); Männer begrüßen sich mit Schulterklopfen, Händeschütteln oder mit einer Umarmung.

Hallo!	Olá! [ɔla]
Guten Morgen.	Bom dia. [bõ diɒ] (vor dem Mittagessen)
Guten Tag.	Boa tarde. [boɒ tardə] (nach dem Mittagessen)
Guten Abend.	Boa noite. [boɒ noitə] (nach dem Abendessen)
Viele Grüße von Peter.	O Pedro manda cumprimentos. [u pedru mɐ̃ndɒ kumprimẽntuʃ]
Wie geht es Ihnen?	Como está? [komu iʃta]
Wie geht es dir?	Como estás? [komu iʃtaʃ]
• **Bem e ...?** [bẽi i]	**Gut, und ...?**
o senhor [u siɲor]	Ihnen (Mann)
a senhora [ɒ siɲorɒ]	Ihnen (Frau)
tu [tu]	dir

Como foi a viagem / o voo? [komu foi ɒ vjaʒẽi / u vo] *Wie war die Reise / der Flug?*	*Sehr schön.* Muito boa / bom. [mũintu boɒ / bõ] *Angenehm.* Agradável. [ɒgrɔdavɛl] *Es geht.* Mais ou menos. [maiz o menuʃ] *Ermüdend.* Cansativa/o. [kɐ̃sɒtivɒ/u]

Sich vorstellen

Ich heiße ... . — Chamo-me ... . [ʃamu mə]

Darf ich Ihnen / dir vorstellen? — Posso apresentar-lhe / te? [posu ɒprəzẽntar ʎə / tə]

Das ist ... . — **É ... .** [ɛ]

Herr / Frau Jakobs — o senhor / a senhora Jakobs [u siɲor / ɒ siɲorɒ]

meine Frau — a minha mulher [ɒ miɲɒ muʎɛr]

mein Mann — o meu marido [ɹ meu mɒridu]

Irene, eine Kollegin von mir — a Irene, uma co ega minha [ɒ irɛnə umɒ kulɛgɒ miɲɒ]

Peter, ein Freund von mir — o Peter, um amigo meu [u petər ũ ɒmigu meu]

- Muito prazer em conhecê-lo. [mũintu prɒzer ẽi kuɲəse lu] — Sehr erfreut, Sie kennenzulernen!

- Bem-vindo/a a Portugal! [bẽi vĩndu/ɒ ɒ purtugal] — Willkommen in Portugal!

Mit *amigo* [ɒmigu] (= Freund) ist in Portugal der gute Freund gemeint. Spricht man hingegen von dem festen Freund oder der festen Freundin, gebraucht man das Wort *namorado* [nɒmuradu] bzw. *namorada* [nɒmuradɒ]. Der Verlobte heißt *o noivo* [u noivu], die Verlobte *a noiva* [ɒ noivɒ].

2

Sich verabschieden

Auf Wiedersehen!	Até à próxima! [ɒtɛ a prɔsimɒ]
Tschüs!	Adeus! [ɒdeuʃ]
Bis bald.	Até breve. [ɒtɛ brɛvə]
Es ist schon spät.	Já é tarde. [ʒa ɛ tardə]
Ich muß jetzt leider gehen.	Infelizmente, agora tenho de ir. [ĩfəliʒmẽntə ɒgorɒ teɲu də ir]
Es war wirklich ein schöner Abend.	Foi realmente uma bela noite. [foi Rjalmẽntə umɒ bɛlɒ noitə]
• **Tive muito prazer em ... .** [tivə mũintu prɒzer ẽi]	**Ich habe mich gefreut ... .**
conhecê-lo/la [kuɲəse lu/la] conhecer-te [kuɲəser tə]	Sie kennenzulernen dich kennzulernen
Ganz meinerseits.	O prazer foi meu. [u prɒzer foi meu]
Grüßen Sie / Grüß bitte Ralf von mir!	Dê / Dá cumprimentos meus ao Ralf! [de / da kũmprimẽntuʃ meuʃ au ralf]
Kommen Sie / Komm gut nach Hause!	Chegue / Chega bem a casa! [ʃegə / ʃegɒ bẽi ɒ kazɒ]
Alles Gute!	Boa sorte! [boɒ sɔrtə]

Gute Reise!	Boa viagem! [bɔa vjaʒẽi]
Bis zum nächsten Mal!	Até à próxima! [ɒtɛ a prɔsimɒ]

2

Angaben zur Person

Auskunft geben

• Como se chama / te chamas? [komu sə ʃamɒ / tə ʃamɒʃ]	Wie heißen Sie / heißt du?
Ich heiße … .	Chamo-me … . [ʃamu mə]
• De onde é / és? [də õndə ɛ / ɛʃ]	Woher kommen Sie / kommst du?
Ich komme aus / wohne in Berlin.	Sou de / Vivo em Berlim. [so də / vivu ẽi bərlĩ]
Ich bin … . Deutscher / Deutsche Schweizer / Schweizerin Österreicher/in	**Eu sou … .** [eu so] alemão / alemã [ɔləmãu / ɒləmã] suíço / suíça [swisu / swisɒ] austríaco / austríaca [auʃtriɒku / auʃtriɒkɔ]
• Onde é que vive / vives? [õndə ɛ ke vivə / vivɒʃ]	Wo wohnen Sie / wohnst du?
Hier ganz in der Nähe, in der Rua Vasco da Gama.	Aqui perto, na Rua Vasco da Gama. [ɒki pɛrtu nɒ Ruɒ vaʃku dɒ gamɒ]
• Quantos anos tem / tens? [kwãntuʃ ɒnuʃ tẽi / tẽiʃ]	Wie alt sind Sie / bist du?
Ich bin 30 Jahre alt.	Tenho 30 anos. [teɲu trĩntɒ ɒnuʃ]

2

- Quando / Onde nasceu? [kwɐ̃ndu / õndə nɒʃsɛu] — Wann / Wo sind Sie geboren?

Ich bin am 10. Oktober 1967 in Hamburg geboren. — Nasci no dia 10 de Outubro de 1967, em Hamburgo. [nɒʃsi nu diɒ dɛʃ də otubru də mil nɔvəsẽntuʃ i səsẽntɒ i sɛtə ẽi ɐ̃mburgu]

Glossar: Personalien

apelido [ɒpəlidu]	Nachname
nome [nomə]	Vorname
endereço [ẽndəresu]	Adresse
rua [Ruɒ]	Straße
número da casa [numəru dɒ kasɒ]	Hausnummer
morada [muradɒ]	Wohnort
código postal [kɔdigu puʃtɒl]	Postleitzahl
concelho [kõnsəʎu]	Kreis
país [pɒiʃ]	Land
número de telefone [numəru də tələfɔnə]	Telefonnummer
nacionalidade *f* [nɒsjunɒlidadə]	Staatsangehörigkeit
idade *f* [idadə]	Alter
data de nascimento [datɒ də nɒʃsimẽntu]	Geburtsdatum
lugar de nascimento [lugar də nɒʃsimẽntu]	Geburtsort
sexo [sɛksu]	Geschlecht
masculino [mɒʃkulinu]	männlich
feminino [fəməninu]	weiblich

estado civil [iʃtadu sivil]	Familienstand
solteiro [solteiru]	ledig
casado [kɒzadu]	verheiratet
separado [səpɒradu]	getrennt
divorciado [divursjadu]	geschieden
viúvo [viuvu]	verwitwet
profissão [prufisɑ̃u]	Beruf
documentação *f* [dukumẽntɒsɑ̃u]	Ausweispapiere
passaporte *m* [pasɒpɔrtə]	Reisepaß
bilhete / *bras.* carteira de identidade [biʎetə / kɒrteirɒ də idẽntidadə]	Personalausweis
emitido em … [əmitidu ẽi]	ausgestellt am / in …
válido até … [validu ɒtɛ]	gültig bis …

Berufstätigkeit

- Qual é a sua / tua profissão? [kwal ɛ ɒ suɒ / tuɒ prufisɑ̃u] — Was machen Sie / machst du beruflich?

Ich bin … .	**Sou … .** [so]
Angestellte/r	empregado/a de escritório [ẽmprəgadu/ɒ də iʃkritɔrju]
Arbeiter/in	empregado/a de fábrica [ẽmprəgadu/ɒ də fabrikɒ]
Auszubildende/r	estagiário/a [iʃtɒʒarju/ɒ]
Beamter / Beamtin	funcionário/a público/a [fũsjunarju/ɒ publiku/ɒ]
Handwerker	artesão [ɒrtəzɑ̃u]
Hausfrau	doméstica [dumɛʃtikɒ]
Lehrer/in	professor/a [prufəsor/ɒ]
Student/in	estudante [iʃtudɑ̃ntə]

2

Ich bin … .	**Sou … .** [so]
Unternehmer/in	empresário/a [ẽmprəsarju/ɒ]
Rentner/in	reformado/a [Rəfurmadu/ɒ]
	bras. aposentado/a [ɒpuzẽntadu/ɒ]
arbeitslos	desempregado/a [dəzẽmprəgadu/ɒ]
Ich bin selbständig.	Trabalho por conta própria. [trɒbaʎu pur kõntɒ prɔprjɒ]
Ich arbeite … .	**Trabalho … .** [trɒbaʎu]
in einer Bank	num banco [nũ bɑ̃nku]
in einem Büro	num escritório [nũ iʃkritɔrju]
in einer Fabrik	numa fábrica [numɒ fabrikɒ]
im Krankenhaus	no hospital [nu uʃpital]
Ich gehe noch zur Schule / aufs Gymnasium.	Ainda ando na escola / no liceu. [ɒĩndɒ ɑ̃ndu nɒ iʃkɔlɒ / nu liseu]
Ich bin beim Bund.	Ando na tropa. [ɑ̃ndu nɒ trɔpɒ]

Studium

Ich studiere in Bonn.	Estudo em Bona. [iʃtudu ẽi bɔnɒ]
Ich studiere … .	**Estudo … .** [iʃtudu]
Architektur	Arquitectura [ɒrkitɛturɒ]
Geschichte	História [iʃtɔrjɒ]
Informatik	Informática [ĩfurmatikɒ]
Jura	Direito [direitu]
Medizin	Medicina [mədisinɒ]
Philosophie	Filosofia [filuzufiɒ]
Sprachen	Línguas [lĩngwɒʃ]
Wirtschaftswissenschaften	Economia [ikunumiɒ]

▶ Wörterbuch

Höflichkeitsformeln

2

Obwohl Portugiesen im Gespräch mit Ausländern nicht mit Kritik an ihrem eigenen Land sparen, hören Sie es umgekehrt doch sehr gern, wenn man sich begeistert über ihr Land, ihre Kultur und Geschichte, die Freundlichkeit ihrer Bewohner etc. äußert.

Gefallen äußern

Mit dem Verb *gostar* [guʃtar] verfügt das Portugiesische über ein Verb, mit dem man ausdrücken kann, das man »etwas gerne tut« oder auch »jemanden oder eine Sache mag«: *Eu gosto de viajar* [eu goʃtu də vjɒʒar] (= Ich reise gern) und *Eu gosto da comida portuguesa* [eu goʃtu də kumidɒ purtugezɒ] (= Ich mag das portugiesische Essen).

Gefällt Ihnen / dir ...?	**Gosta / Gostas ...?** [goʃtɒ / goʃtɒʃ]
der Strand	da praia [dɒ prajɒ]
die Stadt	da cidade [dɒ sidadə]
das Café	do café [du kɒfɛ]
• Sim, gosto (muito). [sĩ goʃtu (mũintu)]	Ja, er / sie / es gefällt mir (sehr).
Ich mag	**Eu gosto ... .** [eu goʃtu]
Portugal	de Portugal [də purtugal]
die Menschen hier	das pessoas daqui [dɒʃ pəsoɒʃ dɒki]
den guten Wein	do bom vinho [du bõ viɲu]
Wie ...!	**Que ...!** [kə]
freundlich	amigável [ɒmigavɛl]
interessant	interessante [ĩntərəsɑ̃ntə]
hübsch	bonito/a [bunitu/ɒ]

Was für eine wunderbare Aussicht!	Que vista maravilhosa! [kə viʃtɒ mɒrɒviʎozɒ]

2

angenehm	agradável [ɒgrɒdavɛl]
eindrucksvoll	impressionante [ĩmprəsjunɐ̃ntə]
gut	bom / boa [bõ / boɒ]
toll	óptimo / *bras.* ótimo [ɔtimu]
wunderschön	maravilhoso [mɒrɒviʎozu]
sympathisch	simpático [sĩmpatiku]
interessant	interessante [ĩntərəsɐ̃ntə]

Sich bedanken

Danke!	Obrigado/a! [ubrigadu/ɒ]
Ich danke Ihnen / dir!	Agradeço-lhe / te! [ɒgrɒdesu ʎə / tə]
Das ist sehr nett von Ihnen / dir.	É muito simpático da sua / tua parte. [ɛ mũintu sĩmpatiku dɒ suɒ / tuɒ partə]
• Não tem / tens nada que agradecer. [nɐ̃u tɐ̃i / tɐ̃iʃ nadɒ kə ɒgrɒdəser]	Nichts zu danken.

Anfragen & etwas erbitten

Darf ich?	Posso? [posu]
Gestatten Sie?	Dá licença? [da lisẽsɒ]

Darf ich Sie / dich um einen Gefallen bitten? — Posso pedir-lhe / te um favor? [posu pədir ʎə / tə ũ fɒvor]

Kannst du mir bitte helfen? — Podes ajudar-me, por favor? [podəʃ ɒʒudar mə pur fɒvor]

Können Sie mir eine Auskunft geben? — Pode dar-me uma informação? [podə dar mə umɒ ĩfurmɒsɑ̃u]

Können Sie uns bitte fotografieren? — Pode tirar-nos uma fotografia, por favor? [podə tirar-nuʃ umɒ fɔtugrɒfiɒ pur fɒvor]

- Com muito gosto! [kõ mũintu goʃtu] — Sehr gern!

Sich entschuldigen

Entschuldigen Sie bitte! — Desculpe! [dəʃkulpə]

Entschuldige bitte! — Desculpa! [dəʃkulpɒ]

Es war keine Absicht. — Não foi de propósito. [nɑ̃u foi də prupɔsitu]

Es tut mir leid. — Lamento. [lɒmẽntu]

Im portugiesischen Alltagsleben hört man sehr häufig die Redewendung *com licença* [kõ lisẽsɒ] (= Sie gestatten). Man gebraucht sie v. a., wenn man sich im überfüllten Bus durch die Menschen hindurchdrängeln muß oder möchte, daß jemand aus dem Weg geht.

Glückwünsche

Parabéns (= Glückwünsche) wünschen sich die Portugiesen zum Geburtstag wie zu jedem anderen frohen Ereignis. Wenn jemand niest, sagt man bei einer Frau *santinha* [sɐ̃ntiɲɒ] und bei einem Mann *santinho* [sɐ̃ntiɲu]. Das Anstoßen mit Gläsern, das nicht so üblich ist wie in Deutschland, wird von einem *saúde!* [sɒudə] (wörtlich: Gesundheit) begleitet.

2

Herzlichen Glückwunsch!	Parabéns! [pɒrɒbẽiʃ]
Frohe Weihnachten!	Feliz Natal! [fəliʃ nɒtal]
Ein frohes neues Jahr!	Feliz Ano Novo! [fəliʃ ɒnu nɔvu]
Frohe Ostern!	Feliz Páscoa! [fəliʃ paʃkwɒ]
Viel Glück!	Boa sorte! [boɒ sɔrtə]
Viel Erfolg!	Muitos êxitos! [mũintuʃ eizituʃ]
Gute Besserung!	As melhoras! [ɒʃ miʎorɒʃ]

Einladungen & Verabredungen

Portugiesen treffen sich mit Bekannten und Freunden gern in Restaurants, Bars und Cafés. Auch zum Geburtstag lädt man seine Freunde nicht selten in ein Restaurant ein. Die Rechnung wird normalerweise zu gleichen Teilen von allen bezahlt.

Sich verabreden

• Já tem / tens algum compromisso para amanhã? [ʒa tẽi / tẽiʃ ɒlgũ kõmprumisu pɒrɒ amɒɲɐ̃]	Haben Sie / Hast du morgen schon etwas vor?
• Podemos encontrar-nos hoje à noite? [pudemuʃ ẽnkõntrar nuʃ oʒə a noitə]	Wollen wir uns heute abend treffen?

• Podíamos ir ao cinema. [pudiɒmuʃ ir au sinemɒ]	Wir könnten ins Kino gehen
Einverstanden.	De acordo. [dɛ ɒkordu]
Gern.	De boa vontade. [də boɒ võntadə]
Vielleicht ein andermal.	Talvez para a próxima. [talveʃ pɒrɒ ɒ prɔsimɒ]
Es tut mir leid, aber	**Lamento, mas ... .** [lɒmẽntu mɒʃ]
es geht nicht heute kann ich nicht	não dá [nɑ̃u da] hoje não posso [oʒə nɑ̃u posu]
• A que horas nos encontramos? [ɒ kə ɔrɒʃ nuʃ ẽnkõntramuʃ]	Um wieviel Uhr treffen wir uns?
• Onde é que nos encontramos? [õndə ɛ kə nuʃ ẽnkõntramuʃ]	Wo treffen wir uns?
Ich erwarte Sie / dich um 20.00 Uhr im Café Central.	Espero-o / a / te às 20.00 horas no Café Central. [iʃperu u / ɒ / tə aʃ vĩntə ɔrɒʃ nu kɒfɛ sẽntral]
• Vou buscá-lo / la às sete ao hotel. [vo buʃkar lu / lɒ aʃ sɛtə au utɛl]	Ich hole Sie um sieben im Hotel ab.
• De acordo? [də ɒkordu]	Einverstanden?
Gut, dann bis später!	Está bem, então, até logo! [iʃta bẽi ẽntɑ̃u ɒtɛ lɔgu]

Eingeladen werden

Die Einladung nach Hause ist stets ein Ausdruck besonderer Wertschätzung. Verbindlich wird eine solche Einladung allerdings erst, wenn sie mit einem konkreten Terminvorschlag verbunden ist.

2

• Gostava de o / te convidar para ir a minha casa. [guʃtavɒ də u / tə kõvidar pɒrɒ ir ɒ miɲɒ kazɒ]	Ich würde Sie / dich gerne zu mir nach Hause einladen.
Vielen Dank für die Einladung.	Muito obrigado/a pelo convite. [mũintu ubrigadu/ɒ pəlu kõvitə]
Das ist sehr freundlich.	É muito amável. [ɛ mũintu ɒmavɛl]
Ich komme / Wir kommen gerne.	Vou / Vamos com muito gosto. [vo / vamuʃ kõ mũintu goʃtu]
• **Fique / Fica ...!** [fikə / fikɒ] para o jantar [pɒrɒ u ʒãntar] mais um bocadinho [maiʃ ũ bukɒdiɲu]	**Bleiben Sie / Bleib doch ...!** zum Abendessen noch ein bißchen
Gern, wenn es nicht zu viele Umstände macht.	Está bem, se não der muito trabalho. [iʃta bẽi sə nɑ̃u der mũintu trɒbaʎu]

Tip: Blumen oder etwas Süßes aus der *pastelaria* (= Konditorei → S. 137) sind gern gesehene Mitbringsel.

Empfang & Bewirtung

• Entre / Entra! [ẽntrə / ẽntrɒ]	Kommen Sie / Komm herein!
• Sente-se / Senta-te! [sẽntə sə / sẽntɒ tə]	Nehmen Sie / Nimm Platz!
• Que posso oferecer-lhe / te? Um aperitivo? [kə posu ufərəser ʎə / tə ũ ɒpəritivu]	Was kann ich Ihnen / dir anbieten? Einen Aperitif?
Ja, gern.	Sim, obrigado/a. [sĩ ubrigadu/ɒ]
Nichts, vielen Dank.	Não, obrigado/a. [nɑ̃u ubrigadu/ɒ]

• Bom apetite! [bõ ɒpətitə]	Guten Appetit!
Gleichfalls!	Igualmente! [iɜwalmẽntə]
Wie gut das riecht!	Como cheira bem! [komu ʃeirɒ bẽi]
Dieses Gericht ist ausgezeichnet / köstlich!	Esta comida está óptima / muito saborosa! [εʃtɒ kumidɒ iʃta ɔtimu / mũintu sɒburozɒ]
Der Wein schmeckt mir sehr gut.	Gosto muito do vinho. [goʃtu mũintu du viɲu]
• Mais um pouco de salada? [maiʃ ũ poku də sɒladɒ]	Noch etwas Salat?
• Por favor coma / come mais um pouco! [pur fɒvor komɒ / komə maiz ũ poku]	Bitte nehmen Sie / nimm doch noch etwas!
Danke, nein!	Não, obrigado/a. [nɐ̃u ubrigadu/ɒ]
Ich kann nicht mehr.	Já não consigo mais. [ʒa nɐ̃u kõnsigu maiʃ]
Es war sehr gut.	Estava muito bom. [iʃtavɒ mũintu bõ]

▶ Kap. 2, Begrüßung & Verabschiedung S. 40
▶ Kap. 5, Essen & Trinken S. 109

Small talk

Auf einer Party, im Café oder im Bus kommt man leicht ins Gespräch: Übers Wetter, das Essen, politische Ereignisse …

Meinungen äußern

Ja. / Nein.	Sim. / Não. [sĩ / nãu]
Einverstanden.	De acordo. [də ɒkordu]
Natürlich.	Naturalmente. [nɒturalmẽntə]
Sie haben / Du hast recht.	Tem / Tens razão. [tẽi / tẽiʃ Rɒzãu]
Das ist wahr.	É verdade. [ɛ vərdadə]
Wahrscheinlich.	Provavelmente. [pruvavɛlmẽntə]
Ich weiß nicht genau.	Não sei bem. [nãu sei bẽi]
Vielleicht.	Talvez. [talveʃ]
Das glaube ich nicht.	Não creio. [nãu kreju]
Da habe ich meine Zweifel.	Aí tenho as minhas dúvidas. [ɒi teɲu aʃ miɲɒʃ duvidɒʃ]
Ich denke / glaube, daß … .	Eu penso / acho que … . [eu pẽsu / aʃu kə]
Meiner Meinung nach … .	Na minha opinião … . [nɒ miɲɒ upinjãu]
Ich habe den Eindruck, daß … .	Tenho a sensação que … . [teɲu ɒ sẽsɒsãu kə]

Ausrufe

Die portugiesische Sprache ist ungewöhnlich reich an Ausrufen, die spontane Gefühle wie Freude, Ärger und Überraschung wiedergeben. Das Repertoire reicht von religiös motivierten Wendungen wie *Deus me livre* [deuʃ mə livrə] (= Davor hüte mich Gott!) bis hin zu vulgären Kraftausdrücken wie *Porra* [pɔRɒ] (= Mist).

Meu Deus! [meu deuʃ]	Mein Gott!
Incrível! [ĩkrivɛl]	Unglaublich!
Não me digas! [nɐ̃u mə digɒʃ]	Das kann ich kaum glauben!
Essa é boa! [ɛsɒ ɛ boɒ]	Das ist ja 'n Ding!
Óptimo! [ɔtimu]	Ausgezeichnet!
Coitado! [koitadu]	So ein armes Ding!
Que chatice! [kə ʃɒtisə]	Was für ein Ärger!
Que pena! [kə penɒ]	Wie schade!
Que azar / sorte! [kə ɒzar / sɔrtə]	Was für ein Pech / Glück!
Que alegria! [kə ɒləgriɒ]	Was für eine Freude!

2

Kontakte knüpfen

Portugiesen zeigen sich normalerweise sehr aufgeschlossen für ein Gespräch mit Fremden, besonders wenn man über ein paar Brocken ihrer Sprache verfügt und einiges Lobendes über ihr Land äußert.

► Kap. 2, Gefallen äußern S. 47, Angaben zur Person S. 43

• Que faz / fazes aqui? [kə faʃ / fazəʃ ɒki]	Was machen Sie / machst du hier?
Ich mache Urlaub.	Estou de férias. [iʃto də fɛrjɒʃ]
Ich bin geschäftlich hier.	Estou aqui em negócios. [iʃto ɒki ɐ̃i nəgɔsiuʃ]
• Ha quanto tempo está aqui? [a kwɐ̃ntu tẽmpu iʃta ɒki]	Wie lange sind Sie schon hier?

2

- Quanto tempo fica aqui? [kwɑ̃ntu tẽmpu fikɒ ɒki] — Wie lange bleiben Sie noch hier?
- Está / Estás sozinho/a? [iʃta / iʃtaʃ suziɲu/ɒ] — Sind Sie / Bist du allein hier?
- É casado/a? [ɛ kɒzadu/ɒ] — Sind Sie verheiratet?
- **Tens ...?** [tẽiʃ] — **Hast du ...?**
  um namorado [ũ nɒmuradu] — einen festen Freund
  uma namorada [umɒ nɒmuradɒ] — eine feste Freundin
- **Gostava de voltar a ... .** [guʃtavɒ də voltar ɒ] — **Ich würde ... gerne wiedersehen.**
  vê-lo / la [ve lu / lɒ] — Sie (Mann / Frau)
  ver-te [ver tə] — dich

Annäherungen zurückweisen

Wenn Sie sich eines allzu hartnäckigen Verehrers (oder einer Verehrerin) kaum noch erwehren können, unterstreichen Sie Ihren Willen mit einem entschlossenen *Não!* [nɑ̃u] oder einem *Deixe-me em paz!* [deiʃə mə ẽi paʃ] (= Lassen Sie mich in Frieden!).

Es reicht jetzt! — Agora, chega! [ɒgɔrɒ ʃegɒ]

Machen Sie, daß Sie verschwinden! — Veja se desaparece! [veʒɒ sə dəzɒpɒresə]

Ich will nicht. — Não quero. [nɑ̃u keru]

UNTERWEGS: VON A NACH Z

3

Allgemein

Hinweisschilder sind im allgemeinen schwarz auf weiß. Leider läßt die Beschilderung gerade in den größeren Städten oft zu wünschen übrig, so daß man den richtigen Weg oft erfragen muß.

3

zu Fuß gehen	ir a pé [ir ɒ pɛ]
mit dem ... fahren	ir de ... [ir də]
Auto	carro [kaRu]
Bus	autocarro [autucaRu], *bras.* ônibus *m* [ɔnibus]
Schiff	barco [barku]
Zug	comboio [kõmbɔju], *bras.* trem *m* [trẽi]
Fahrrad / Motorrad	bicicleta [bəsiklɛtɒ] / moto *f* [mutu]
fliegen	ir de avião [ir də ɒvjɑ̃u]
trampen	ir à boleia [ir a bulejɒ], *bras.* ir de carona [ir də karonɒ]

Wegbeschreibungen

Entschuldigung, wo ist / sind ...?	Desculpe, onde é / são ...? [dəʃkulpə õndə ɛ / sɑ̃u]
Ich suche	Procuro ... . [prɔkuru]
Wie komme ich am schnellsten ...?	**Como é a forma mais rápida de chegar ...?** [komu ɛ ɒ fɔrmɒ maiʃ Rapidɒ də ʃəgar]
zum Bahnhof	à estação [a iʃtɒsɑ̃u]
ins Zentrum	ao centro [ɒu sẽntru]

• **Vá ...!** [va]	**Gehen / Fahren Sie ...!**
sempre em frente [sẽmprə ẽi frẽntə]	immer geradeaus
até ao próximo cruzamento [ɒtɛ ɒu prɔsimu krusɒmẽntu]	bis zur nächsten Kreuzung
Volte ... à esquerda / direita. [vɔltə ... a iʃkerdɒ / direitɒ]	**Biegen Sie ... links / rechts ab.**
na próxima esquina [nɒ prɔsima iʃkinɒ]	an der nächsten Ecke
no segundo semáforo [nu segundu səmafuru]	an der zweiten Ampel
• **Atravesse ... .** [ɒtrɒvəsə]	**Überqueren Sie ... .**
a praça [ɒ prasɒ]	den Platz
a rua [ɒ Ruɒ]	die Straße
• Eu mostro-lhe o caminho! [eu mɔʃtru ʎə u kɒmiɲu]	Ich zeige Ihnen den Weg!
• Apanhe o Metro até ao Campo Grande. [ɒpɒɲɒ u mɛtru ɒtɛ au kɒmpu grɑ̃ndə]	Nehmen Sie die U-Bahn bis Campo Grande.
Ist das der Weg nach ...?	Este é o caminho para ...? [estə ɛ u kɒmiɲu pɒrɒ]
• Está enganado/a, tem de voltar para trás. [iʃta ẽngɒnɒdu/ɒ tẽi də vɔltar pɒrɒ traʃ]	Sie sind hier falsch, Sie müssen umkehren.

► Kap. 4, Orientierung: Wo ist ...? S. 96

ir [ir]	gehen, fahren
virar [virar]	abbiegen

3

atravessar [ɒtrɒvəsar]	überqueren
seguir [səgir]	folgen
voltar para trás [vɔltar pɒrɒ traʃ]	zurückfahren
apanhar [ɒpɒɲar]	nehmen
subir [subir]	einsteigen
sair [sɒir]	aussteigen
à esquerda [a iʃkerdɒ]	links
à direita [a direitɒ]	rechts
em frente [ẽi frẽntə]	geradeaus
semáforo [səmafuru]	Ampel
cruzamento [krusɒmẽntu]	Kreuzung
rua transversal [Ruɒ trɑ̃ʒvərsal]	Querstraße
rotunda [Rutundɒ]	Kreisverkehr
praça [prasɒ]	Platz

Ortspräpositionen

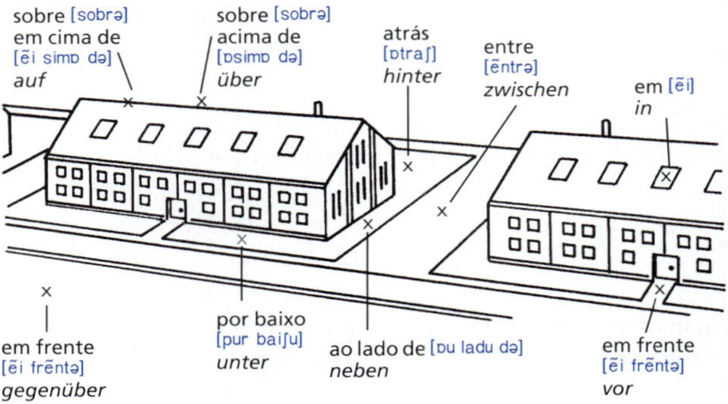

Entfernungen erfragen

Wie weit ist es bis zum Rossio?	A que distância fica o Rossio? [ɒ kə diʃtɒsjɒ fikɔ u Rusiu]
Wie viele Kilometer sind es bis Porto?	Quantos quilómetros são até ao Porto? [kwɒntuʃ kilɔmətruʃ sɐ̃u ɒtɛ au portu]
Ist es sehr weit?	É muito longe? [ɛ mũinto lõʒə]
• Cerca de 15 minutos / 300 km. [serkɒ də kinzə minutoʃ / trəzẽntuʃ kilɔmətruʃ]	Etwa 15 Minuten / 300 km.

3

Verkehrsverbindungen

Wann / Wo fährt der / die / das nächste ... nach Coimbra ab?	**Quando / De onde parte o próximo ... para Coimbra?** [kwɐ̃ndu / də õndə partə u prɔsimu ... pɒrɒ kuimbrɒ]
Bus	autocarro [autɔkaRu]
Zug	comboio [kõmboju]
Schiff	barco [barku]
Fähre	ferry-boat [fər bot]
Wann kommt er / sie / es an?	Quando é que ele / ela chega? [kwɐ̃ntu ɛ kə elə / ɛlɒ ʃəgɒ]
Wie lange dauert die Fahrt?	Quanto tempo demora a viagem? [kwɐ̃ntu tẽmpu dəmɔrɒ ɒ vjagẽi]
Wann geht der nächste Flug nach Faro?	A que horas é o próximo voo para Faro? [ɒ kə ɔrɒʃ ɛ u prɔsimu vo pɒrɒ faru]

An der Grenze

Bei der Einreise (= *entrada*) müssen Bürger der EU einen gültigen Personalausweis (= *passaporte*) vorzeigen können, obwohl normalerweise nicht mehr kontrolliert wird, da die Grenzen (= *fronteira*) offen sind. Bei einem Aufenthalt von mehr als drei Monaten ist eine Aufenthaltsgenehmigung notwendig.

Personalausweis	bilhete / *bras.* carteira de identidade [biʎetə / kɒrteirɒ də idẽntidadə]
Reisepaß	passaporte [pɒsɒpɔrtə]
Visum	visto [viʃtu]
Zoll	alfândega [alfɒndəgɒ]
verzollen	alfandegar [alfɒndəgar]
zollpflichtig	a declarar [ɒ dəklɒrar]
Spirituosen	bebidas alcoólicas [bəbidɒʃ alkwɔlikaʃ]
Tabakwaren	tabaco [tɒbɒku]

Paßkontrolle

- Os seus documentos, por favor! [uʃ seuʃ dukumẽntuʃ pur fɒvor] — Ihre Papiere, bitte!
- O seu passaporte está caducado / *bras.* vencido! [u seu pɒsɒpɔrtə iʃta kɒdukadu / vẽsidu] — Ihr Paß ist abgelaufen!
- Quanto tempo fica em Portugal? [kwɑ̃ntu tẽmpu fikɒ ẽi purtugal] — Wie lange bleiben Sie in Portugal?

Ich mache hier nur Ferien. — Só fico aqui de férias. [sɔ fiku ɒki də fɛrjɒʃ]

Ich bin auf Geschäftsreise. — Estou em viagem de negócios. [iʃto ẽi viagẽi də nəgɔsjuʃ]

Ich mache einen Sprachkurs in Lissabon. — Vou frequentar um curso de Português em Lisboa. [vo frəkwẽntar ũ kursu də purtugeʃ ẽi liʃboɒ]

Zollangelegenheiten

Auch wenn man innerhalb der EU nahezu keine Kontrollen mehr antrifft, sollte man sich bei größeren Warenmengen nach der geltenden Höchstgrenze erkundigen.

- Tem alguma coisa a declarar? [tẽi algumɒ koizɒ ɒ dəklɒrar] — Haben Sie etwas zu verzollen?

Nein, nichts. — Não, nada. [nɑ̃u nadɒ]

Ja, ich habe ... dabei. — **Sim, tenho aqui ... .** [sĩ teɲju ɒki]

eine Stange Zigaretten — um pacote de cigarros [ũ pɒkɔtə də siʒaRuʃ]

Wein und Mandellikör — vinho e amêndoa amarga [viɲu ɛ ɒmẽndwɒ ɒmɒrgɒ]

- Abra a sua mala / bolsa, por favor! [ɒbrɒ ɒ suɒ malɒ / bolsɒ pur fɒvor] — Öffnen Sie bitte Ihren Koffer / Ihre Tasche!

- Isto tem de ser declarado. [iʃtu tẽi də ser dəklɒradu] — Das ist zollpflichtig.

Unterwegs mit Tieren

Das Reisen mit Hund (= *cão* [kɐ̃u]) oder Katze (= *gato* [gatu]) in Portugal ist in den letzten Jahren etwas angenehmer geworden, und man findet auch in Tierbegleitung Hotels oder Pensionen. In Cafés oder Restaurants aber dürfen die Tiere offiziell nicht, und Portugiesen haben dafür normalerweise wenig Verständnis.

3

- O certificado de vacinas, por favor! — Das amtsärztliche Gesundheitszeugnis, bitte!
  [u sərtifikadu də vɒsinɒʃ pur fɒvor]
- O certificado da vacina contra a raiva do seu cão, por favor! — Die Tollwutimpfbescheinigung Ihres Hundes, bitte!
  [u sərtifikadu dɒ vɒsinɒʃ kõntrɒ ɒ Raivɒ du seu kɐ̃u pur fɒvor]

Mit dem Auto oder Motorrad

Für die Einreise nach Portugal reicht der nationale Führerschein (= *carta de condução*) und die grüne Versicherungskarte (= *carta azul*), die in Portugal allerdings blau ist. Vor dem allgemeinen Verkehrsverhalten muß deutlich gewarnt werden, denn Portugal zählt zu den Ländern mit den meisten Verkehrstoten. Deshalb sollte man noch vorsichtiger als ohnehin notwendig fahren!

Fahrzeuge

Fahrzeug	veículo [veikulu]
Auto	carro [kaRu]
Motorrad	motorizada [muturizadɒ]
Anhänger	atrelado [ɒtrəladu], *bras.* reboque *m* [rəbukə]
Wohnwagen	caravana [kɒrɒvanɒ]

Lieferwagen — furgoneta [furgunetɒ]

LKW — camião [kɒmjɑ̃u], *bras.* caminhao [kɒmiɲɑ̃u]

Straßen

autoestrada [autuiʃtradɒ] — Autobahn (gebührenpflichtig)

IP [ip] — gut ausgebaute Schnellstraße

estrada nacional [iʃtradɒ nɒsjunal] — Nationalstraße

circunvalação *f* [sirkũvɒlɒsɑ̃u] — Umgehungsstraße

CREL [krel] / CRIL [kril] — äußerer / innerer Verkehrsring von Lissabon

rua [Ruɒ] — normale Straße in Wohnvierteln

Auf Autobahnen (= *autoestrada*) gilt ein Tempolimit (= *velocidade máxima*) von 120 km/h, auf Landstraßen 90 km/h und in Städten 50 km/h. Im Falle von Pannen leistet der portugiesische Automobilclub ACP Hilfe (Tel. 01-9425095).

▶ Kap. 9, Autopanne S. 215

Tanken & Service

Mit Ausnahme von Diesel (= *gasóleo*) ist Benzin (= *gasolina*) in Portugal recht teuer. Allerdings ist es egal, wo man tankt, da die Preise im ganzen Land und auch auf der Autobahn gleich sind. Während in der Stadt und auf den Landstraßen oft noch bedient wird, ist auf den Autobahnen Selbstbedienung üblich.

Wo ist die nächste Tankstelle? — Onde fica a estação de serviço mais próxima? [õndɒ fikɒ ɒ iʃtɒsɑ̃u də servisu maiʃ prɔsimu]

Volltanken, bitte! — Atestar, por favor! [ɒtiʃtar pur fɒvɔr]

Für 5.000 Escudos ..., bitte!	**5.000 Escudos ..., se faz favor!** [sinku mil iʃkuduʃ ... sə fɒʃ fɒvor]
Super	super [supər]
Bleifrei	sem chumbo [sẽi ʃũmbu]
Diesel	gasóleo [gazoliu]
Bitte kontrollieren Sie	**Por favor, controle ... .** [pur fɒvor kõntrolə]
den Ölstand	o nível do óleo [u nivəl də ɔlju]
das Kühlwasser	a água [ɒ agwɒ]
den Reifendruck	a pressão dos pneus [ɒ prəsãu duʃ pneuʃ]

Parken

In den Großstädten sieht man immer wieder im Halteverbot und in der zweiten Reihe geparkte Autos. Dies sollte nicht nachgeahmt werden, da die Polizei inzwischen hohe Strafen verhängt oder gleich abschleppen läßt. Auch die Parkhäuser sind recht teuer, so daß sich öffentliche Verkehrsmittel als Alternative anbieten.

Gibt es hier einen Parkplatz?	Há aqui um parque de estacionamento perto? [a ɒki ũ parkə də iʃtɒsjunɒmẽntu pɛrtu]
Kann ich den Wagen hier stehen lassen?	Posso deixar aqui o carro? [posu deiʃar ɒki u kɒRu]
Wie hoch sind die Parkgebühren?	Quanto custa o parque? [kwãntu kustɒ u parkə]
Ist das Parkhaus die ganze Nacht geöffnet?	O parque de estacionamento está aberto toda a noite? [u parkə də iʃtɒsjunɒmẽntu iʃta ɒbɛrtu todɒ ɒ noitə]

Wo bezahlt man? — Onde é que se paga? [õndə ɛ kə sə pɒgɒ]

estacionar [iʃtɒsjunar]	parken
lugar de estacionamento [lugar də iʃtɒsjunɒmẽntu]	Parkplatz
parque de estacionamento [parkə də iʃtɒsjunɒmẽntu]	Parkhaus
parquímetro [parkimətru]	Parkuhr
vigilante do parque [viʒilante du parkə]	Parkwächter
estacionamento proibido [iʃtɒsjunamɐntu prɔibidu]	Parkverbot

Autovermietung

Am kostengünstigsten bekommt man einen Mietwagen, wenn man ihn zusammen mit dem Flug bucht. Autovermietungen (= *aluguer de carro, bras. aluguel de carros*) gibt es an allen Flughäfen und an Bahnhöfen. Oft wissen die Hotels die günstigsten Preise und reservieren für ihre Gäste.

Wo kann man hier einen Wagen mieten? — Onde pode alugar-se um carro? [õndɒ põdə ɒlugar sə ũ kaRu]

Ich möchte ... für zwei Tage / eine Woche mieten. — **Quero alugar ... por dois dias / uma semana.** [kɛru ɒlugar ... pur doiʃ diaʃ / umɒ səmɒnɒ]

ein Auto	um carro [ũ kaRu]
einen Jeep	um jipe [ũ ʒipə]
einen Kleinbus	um mini-bus [ũ mini buʃ]
ein Motorrad	uma motorizada [ʟmɒ muturizɒdɒ]

Wieviel kostet dieser Wagen pro Woche?	Quanto custa este carro por uma semana? [kwɒntu kustɒ eʃtə kaRu pur umɒ səmɒnɒ]
Haben Sie eine Preisliste?	Tem uma lista de preços? [tẽi uma liʃtɒ də presuʃ]
• **Este preço inclui ... .** [eʃtɒ presu inklui]	**Dieser Tarif gilt inklusive ... .**
quilometragem ilimitada [kilumɒtraʒẽi ilimitadɒ]	unbegrenzter Kilometerzahl
seguro contra todos os riscos [səguru kõntrɒ toduʃ uʃ riʃkuʃ]	Vollkaskoversicherung
seguro contra terceiros [səguru kõntrɒ terseiruʃ]	Personenhaftpflicht
seguro contra furtos [səguru kõntrɒ furtuʃ]	Diebstahlversicherung
Wo und wann muß ich den Wagen abgeben?	Onde e quando tenho de deixar o carro? [õndə ɛ kwɒndu tẽnju də deiʃar u kɒRu]
• A sua carta de condução e o seu bilhete de identidade, por favor! [ɒ sua kartɒ də kõndusɑ̃u i u seu bilʎetə də idẽntidadə pur fɒvor]	Ihren Führerschein und Ausweis, bitte!
• Assine aqui, por favor! [ɒsinə ɒki pur fɒvor]	Unterschreiben Sie hier, bitte!

Wichtige Verkehrshinweise

Crianças	Kinder
Cruzamento	Kreuzung

Curva perigosa	Gefährliche Kurve
Desvio	Umleitung
Estrada em mau estado	Straßenschäden
Nevoeiro	Nebel
Passagem de nível	Bahnübergang
Passagem proibida	Durchfahrt verboten
Perigo	Gefahr
Portagem péage	Mautstelle
Reduzir a velocidade	Geschwindigkeit reduzieren
Sentido único	Einbahnstraße
Trabalhos na estrada	Straßenbauarbeiten
Vento lateral	Seitenwind

Verkehrskontrolle

Verkehrskontrollen finden verstärkt in der Urlaubszeit statt. Der Gurt (= *cinto*) muß benutzt werden, für Motorradfahrer gilt Helmpflicht. Lassen Sie sich nicht durch das reichhaltige Angebot zu einem Gläschen zuviel verführen. Die Alkoholgrenze liegt bei 0,5 Promille, und die Strafen sind drastisch.

- Os seus documentos, por favor! [uʃ seuʃ dukumẽntuʃ pur fɒvor] — Ihre Papiere, bitte!
- **Não reparou ... .** [nau rəpɒrõ] — **Sie haben ... nicht beachtet.**
  na proibição de ultrapassagem [nɒ prwibisɑ̃u də ultrɒpɒsagẽi] — das Überholverbot
  no limite de velocidade [nu limitə də vəlusidadə] — das Tempolimit
- Vinha a demasiada velocidade. [viɲɒ ɒ dəmɒsjadu vəlusidadə] — Sie sind zu schnell gefahren.

3

- Tem de pagar 10.000 Escudos de multa! [tẽi də pɒgar dəʃ mil iʃskuduʃ də multɒ] — Sie müssen 10.000 Escudos Strafe bezahlen!

condutor *m* [kõndutor], *bras.* motorista *m* [muturiʃtɒ]	Fahrer
documentos do veículo [dukumẽntuʃ du vəikulu]	Fahrzeugpapiere
carta de condução [kartɒ də kõndusãu], *bras.* carteira de motorista [kɒrteirɒ də muturiʃtɒ]	Führerschein
talão de multa [talãu də multɒ]	Strafzettel
matrícula [mɒtrikulɒ]	Nummernschild
teste do balão [tɛʃtə du bɒlãu]	Alkoholtest

Mit dem Zug

Die Fahrt mit dem Zug (= *comboio*) oder mit dem Bus (= *autocarro*) ist in Portugal eine preiswerte Alternative. Besonders von Lissabon aus in den Norden Portugals ist die Verbindung gut, und wenn die Zugbrücke über den Tejo fertig ist, kann auch der Süden des Landes zu Preisen erreicht werden, die unter denen für die Autobahngebühr liegen.

Zugverbindungen erfragen

Wo ist der Bahnhof? — Onde fica a estação de comboios? [õndə fikɒ ɒ iʃtasãu də kõmbɔjuʃ]

Wann fährt der nächste Zug nach Coimbra? | A que horas parte o próximo comboio para Coimbra? [ɒ kə ɔrɒʃ partə u prɔsimu kõmbɔju pɒrɒ kuimbrɒ]

(Wo) Muß ich umsteigen? | (Onde) Tenho de mudar? [(õndə) teɲu də mudar]

• Tem de mudar no Entroncamento. [tẽi də mudar nu entronkamentu] | Sie müssen in Entroncamento umsteigen.

Ich möchte gegen 12.00 Uhr in Porto sein. | Queria estar no Porto cerca do meio-dia. [kəriɒ iʃtar nu portu serkɒ du meju dia]

Wann kommt der Zug in Lissabon an? | A que horas chega o comboio a Lisboa? [ɒ kə ɔrɒʃ ʃəgɒ u kõmbɔju ɒ liʃboɒ]

Gibt es noch einen früheren / späteren Zug? | Há algum comboio mais cedo / tarde? [a algũ kõmbɔju maiʃ sedu / tardə]

Hält dieser Zug in Aveiro? | Este comboio pára em Aveiro? [eʃtə kõmboju parɒ ẽi aveiru]

Kann man ein Fahrrad mitnehmen? | Pode levar-se uma bicicleta? [podə ləvar sə umɒ bəsiklɛtɒ]

3

Fahrkarten kaufen

Wo kann ich eine Fahrkarte nach Porto kaufen? | Onde posso comprar um bilhete para o Porto? [õndə posu kõmprar ũ biʎetə pɒrɒ u portu]

• Ali, no guichê. [ɒliŋ nu giʃẽ] | Dort, am Fahrkartenschalter.

3

Eine Fahrkarte ... nach Lissabon, bitte!	**Um bilhete ... para Lisboa, por favor!** [ũ biʎetə ... pɒrɒ liʃboɒ pur fɒvor]
1./2. Klasse	de 1ª/2ª classe [də primeirɒ / səgundɒ klasə]
einfach	simples [simpliʃ]
hin und zurück	de ida e volta [də idɒ i vɔltɒ]
Ich möchte einen Platz im (Nicht-)Raucherabteil.	Quero um compartimento para (não) fumadores. [keru ũ kõmpartimẽntu pɒrɒ (nãu) fumɒdoriʃ]
Ich möchte einen Schlafwagenplatz nach Madrid.	Quero um lugar numa carruagem-cama para Madrid. [keru ũ lugar numɒ kaRwaʒẽi-kɒmɛ pɒrɒ mɒdrid]

Fahrkarte	bilhete [biʎetə]
Kinderfahrkarte	bilhete para criança [biʎetə pɒrɒ krjãsɒ]
Gruppenfahrkarte	bilhete de grupo [biʎetə də grupu]
1. / 2. Klasse	1ª / 2ª clase [primeirɒ / səgundɒ klasə]
(Nicht-)Raucherabteil	compartimento para (não) fumadores / *bras.* fumantes [kõmpartimẽntu pɒrɒ (nãu) fumɒdoriʃ / fumãntəs]
Schlafwagen	carruagem-cama [kaRwaʒẽi-kɒmɛ], *bras.* vagao-leito *m* [vagãu leitu]
Speisewagen	carruagem-restaurante [kaRwaʒẽi-Riʃtaurãntə]
Zuschlag	sobretaxa [sobrətaʃɒ]

Am Bahnhof: Orientierung

Wo ist ...?	**Onde é ...?** [õrdə ɛ]
der Fahrkartenschalter	o guichê [u giʃẽ]
die Gepäckaufbewahrung	o depósito de bagagem [u dəpɔzitu də bɒgaʒẽi]
der Wartesaal	a sala de espera [ɒ sɒlɒ də iʃpɛrɒ]
Gleis 7	a linha 7 [ɒ liɲɒ sɛtə]
Von welchem Bahnsteig fährt der Zug nach Faro ab?	De que plataforma parte o comboio para Faro? [də kə plɒtɒfɔrmɒ partə u kõmbɔju pɒrɒ faru]
Ist das der Zug nach Porto?	Este é o comboio para o Porto? [eʃtə ɛ u kõmbɔju pɒrɒ u portu]
Hat der Zug nach Braga Verspätung?	O comboio para Braga está atrasado? [u kõmbɔju pɒrɒ bragɒ iʃta ɒtrɒzadu]

3

Schilder & Durchsagen

CHEGADAS Ankunft	**PARTIDAS** Abfahrt

• O comboio para Lisboa parte da linha 2. [u kõmbɔju pɒrɒ liʃboɒ partə dɒ liɲɒ doiʃ]	Der Zug nach Lissabon fährt aus Gleis 2 ab.
• Cuidado à saída! [kwidadu a sɒidɒ]	Vorsicht bei der Abfahrt!
• O comboio para Beja tem uma hora de atraso. [u kõmbɔju pɒrɒ beiʒɒ tẽi umɒ ɔrɒ də ɒtrazu]	Der Zug nach Beja hat eine Stunde Verspätung.

Im Zug

Entschuldigung, wo ist der Wagen Nr. 7? — Desculpe, onde fica a carruagem/ *bras.* vagão número 7? [diʃkulpə õndə fikɒ ɒ kaRwaʒẽi / vagɑ̃u numəru sɛtə]

Ist dieser Platz besetzt? — Este lugar está ocupado? [eʃtə lugar iʃta ɔkupɒdu]

3

● Não, está livre. [nau iʃta livrə] — Nein, er ist frei.

Entschuldigung, aber das ist mein Platz, ich habe reserviert. — Desculpe, mas este lugar é meu, fiz reserva. [diʃkulpɒ mɒʃ eʃtə lugar e meu fiʃ rəzɛrvɒ]

Stört es Sie, wenn ich das Fenster öffne / schließe? — Incomoda-o/a se eu abrir / fechar a janela? [inkumudɒ u/ɒ sə eu ɒbrir / fəʃar ɒ ʒɒnɛlɒ]

● Os bilhetes, por favor! [uʃ biʎetəʃ pur fɒvor] — Die Fahrkarten, bitte!

Wann kommen wir in Lissabon an? — A que horas chegamos a Lisboa? [ɒ kə ɔrɒʃ ʃəgamuʃ ɒ liʃboɒ]

▶ Kap. 2, Small talk S. 53, Höflichkeitsformeln S. 47

Hinweise im Zug

casa-de-banho	Toilette
livre / ocupado	frei / besetzt
água (não) potável	(kein) Trinkwasser
travão / *bras.* freio de emergência	Notbremse
saída de emergência	Notausstieg

Gepäck

Gepäckaufbewahrung	depósito de bagagem [dəpɔzitu də bɒɕaʒẽi]
Schließfächer	cofres [kɔfrəʃ]
Gepäckabfertigung	despacho de bagagem [diʃpaʃu də bɒgaʒẽi]
Gepäckannahme	recepção de bagagem [Rəsəsɑ̃u də bɒgaʒẽi]
Gepäckausgabe	entrega de bagagem [ẽntrɛgɒ də bɒgaʒẽi]
Gepäckwagen	furgão / carrinho de bagagem [furgɑ̃u / kaRiɲu də bɒgaʒẽi]

Kann ich mein Gepäck hier lassen?
Posso deixar aqui a minha bagagem? [posu deiʃar ɒki ɒ miɲɒ bɒgaʒẽi]

Ich möchte mein/en ... aufgeben / abholen.
Quero despachar / levantar a minha ... . [ke¬u dəʃpɒʃar / ləvɑ̃ntar ɒ miɲɒ ...]

Gepäck — bagagem [bɒgaʒẽi]
Koffer — mala [mɒlɒ]
Rucksack — mochila [muʃilɒ]

► Kap. 9, Diebstahl & Verlust S. 218

Mit dem Bus

Die Busverbindungen in Portugal sind gut und preiswert. Die Qualität der Busse ist jedoch recht unterschiedlich, und es kann passieren, daß man den Hinweg luxuriös, den Rückweg jedoch weniger komfortabel bestreitet. In Brasilien heißt der Bus übrigens *ônibus*.

Wo ist der Busbahnhof?	Onde fica o terminal de autocarros? [õndə fikɒ u tərminɒl də autukaRuʃ]
Von wo / Wann fährt der Bus nach Lissabon?	De onde / Quando parte o autocarro para Lisboa? [də õndə / kwɐ̃ndu partə u autukaRu pɒrɒ liʃboɒ]
Gibt es noch freie Plätze im nächsten Bus nach Évora?	Ainda há lugares no próximo autocarro para Évora? [ɒindɒ a lugariʃ nu prɔsimu autukaRu pɒrɒ ɛvurɒ]
• Infelizmente, não. Mas às 18.00 horas há outro. [ifəliʒmẽntə nɐ̃u mɒʃ aʃ dɛʃoitu ɔrɒʃ a otru]	Leider nicht. Aber um 18.00 Uhr geht noch einer.
• O autocarro faz aqui uma paragem de 20 minutos. [u autukaRu fɒʃ ɒki umɒ pɒraʒɐ̃i də vintə minutuʃ]	Der Bus hat hier 20 Minuten Aufenthalt.

▶ Kap. 3, Fahrkarten kaufen S. 71

Mit dem Flugzeug

Entschuldigung, wie komme ich zum Flughafen?	Desculpe, como se vai para o aeroporto? [diʃkulpə komu sə vai pɒrɒ u ɒɛruportu]
Gibt es einen Bus zum Flughafen?	Há um autocarro para o aeroporto? [a ũ autukaRu pɒrɒ u ɒɛruportu]

Flug	voo [vo]
Flugzeug	avião [ɒvjɑ̃u]
Fluggesellschaft	companhia aérea [kõmpɒɲiɒ ɒɛrjɒ]
Flughafen	aeroporto [ɒɛruportu]
Flugticket	bilhete de avião [biʎetə də ɒvjɑ̃u]
Flugnummer	número de voo [numəru də vo]
Bordkarte	cartão de embarque [kartɑ̃u də ẽmbarkə]
Passagier	passageiro [pɒsɔʒeiru]
Flugkapitän	capitão [kɒpitɑ̃u]
Steward	hospedeiro [uʃpədeiru]
Stewardeß	hospedeira [uʃpədeirɒ], *bras.* aero-moça [ɒɛru mosɒ]

Am Flughafen: Orientierung

Wo ist der Schalter der TAP?	Onde é o guichê da TAP? [õndə ɛ u giʃẽ dɒ tap]
Ist die Maschine aus Frankfurt schon gelandet?	O avião de Frankfurt já aterrou? [u ɒvjɑ̃u də frankfurt ʒa ɒtəRo]
Hat die Maschine von / nach Faro Verspätung?	O avião de / para Faro está atrasado? [u ɒvjɑ̃u də / pɒrɒ faru iʃta ɒtrɒzadu]

ENTREGA DE BAGAGEM Gepäckausgabe	**CONTROLO DE PASSAPORTES** Paßkontrolle

Chegada [ʃəgadɒ]	Ankunft
Partida [pɒrtidɒ]	Abflug
Alfândega [alfɒndəgɒ]	Zoll
Escala [iʃkalɒ]	Zwischenlandung

3

Buchungen & Stornierungen

Wann geht der nächste Flug nach München?	A que horas é o próximo avião para Munique? [ɒ kə ɔrɒʃ ɛ u prɔsimu ɒvjɑ̃u pɒrɒ munikə]
Ist das ein Direktflug?	É um voo directo? [ɛ ũ vo dirɛtu]
Gibt es noch Plätze?	Ainda há lugares? [ɒĩndɒ a lugareʃ]
Was kostet der Flug in der Business- / Economy-Class?	Quanto custa o voo na Business / Economy-Class? [kwɒntu kustɒ u vo na biznɒs- / ikonomi-klas]
Ich möchte einen Hin- und Rückflug / einfachen Flug nach Faro.	Quero um voo de ida e volta / simples para Faro. [keru ũ vo də idɒ i vɔltɒ / simpliʃ pɒrɒ faru]
Ich möchte diesen Flug	**Quero ... este voo.** [keru ... eʃtə vo]
stornieren	anular [ɒnular]
umbuchen	alterar [altərar]
bestätigen	confirmar [kõnfirmar]
Um wieviel Uhr startet / landet das Flugzeug?	A que horas parte / chega o avião? [ɒ kə ɔrɒʃ partə / ʃəgɒ u ɒvjɑ̃u]

Wann muß ich am Flughafen sein?
A que horas tenho de estar no aeroporto? [ɒ ‹ə ɔrɒʃ teɲu də iʃtar nu ɒɛruportu]

• Tem de estar no aeroporto meia-hora antes da partida. [tẽi də iʃtar nu ɒɛruportu mejɒ ɔrɒ ɑ̃ntiʃ dɒ pɒrtidɒ]
Sie sollten eine halbe Stunde vor Abflug am Flughafen sein.

Einchecken

• O seu bilhete, por favor! [u seu biʎetə pur fɒvor]
Ihr Flugticket, bitte!

• Quantas peças de bagagem tem? [kwɑ̃ntɒʃ pɛsɒʃ də bɒgaʒẽi tẽi]
Wie viele Gepäckstücke haben Sie?

Kann ich das als Handgepäck mitnehmen?
Posso levar isto como bagagem de mão? [posu ləvar iʃtu komu bɒgaʒɐi də mɑ̃u]

• Fumadores ou não fumadores? [fumɒdorəʃ o nɑ̃u fumɒdorəʃ]
Raucher oder Nichtraucher?

Ich möchte gern ... sitzen.
Queria um lugar ... . [kəriɒ ũ lugar]

am Fenster
à janela [a ʒɒnɛlɒ]

am Gang
no corredor [nu kuRədor]

• Boa viagem. [boɒ vjɒʒẽi]
Angenehme Reise

Lautsprecherdurchsagen

• Senhor Meyer, por favor, dirija-se às informações! [siɲor meier pur fɒvor diriʒə sə aʃ ifurmɒsoiʃ]
Herr Meyer, kommen Sie bitte zur Information!

3

• Os passageiros do voo TAP 143 para o Porto devem dirigir-se para a saída 14. [us pɒsɒʒeiruʃ du vo tap sẽntu i kwɒrəntɒ i treʃ dəvẽi diriʒir sə pɒrɒ ɒ sɒidɒ katorzə]	Die Passagiere des Flugs TAP 143 nach Porto werden gebeten, sich zum Flugsteig 14 zu begeben.
• Última chamada para o voo TAP 143 para o Porto. [ultimɒ ʃɒmadɒ pɒrɒ u vo tap sẽntu i kwɒrəntɒ i treʃ pɒrɒ u portu]	Letzter Aufruf für den Flug TAP 143 nach Porto.

An Bord

• O seu cartão de embarque, por favor! [u seu kartɑ̃u də ẽmbarkə pur fɒvor]	Ihre Bordkarte, bitte!
• **Pedimos-lhe, ...** [pədimuʃ ʎə]	**Wir bitten Sie, ...**
que aperte o cinto [kə ɒpərtə u sintu]	sich anzuschnallen
que não fume [kə nɑ̃u fumə]	nicht zu rauchen
• Dentro de poucos minutos aterraremos no Porto. [dẽntru də pokuʃ minutuʃ ɒtəRarəmuʃ nu portu]	Wir landen in wenigen Minuten in Porto.

Mit Schiff & Fähre

Schiffahrten auf dem Douro oder dem Tejo sind ein eindrucksvolles Erlebnis. Die *Cacilheiros* – so heißen die Fähren über den Tejo – sind für Tausende von Arbeitern, die jeden Tag nach Lissabon kommen, das normale Verkehrsmittel.

Schiff	navio [nɒviu]
Fähre	ferry-boat [fəri bɒt]
Boot	barco [barku]
Kreuzfahrt	cruzeiro [kruzeiru]
Rettungsboot	barco salva-vidas [barku salvɒ vidɒʃ]
Rettungsring	bóia salva-vidas [bɔjɒ salvɒ vidɒʃ]

Informationen erfragen

Wann / Wo fährt ... nach Barreiro ab?
Quando / De onde parte ... para o Barreiro? [kwɒndu / də õndə partə ... pɒrɒ u bɒreiru]

das Schiff
o barco [u barku]

die nächste Fähre
o próximo ferry-boat [u prɔsimu fəri-bot]

Welche Häfen werden angelaufen?
Em que portos faz escala? [ẽi kə portuʃ fɒʃ iʃka ɒ]

Wie lange dauert die Fahrt? — Quanto tempo demora a viagem? [kwɑ̃ntu tẽmpo dəmɔrɒ ɒ vjaʒẽi]

Kann ich mein Auto mitnehmen? — Posso levar o meu automóvel? [posu ləvar u meu autumɔvɛl]

Schiffskarten

Eine Überfahrt für zwei Personen, bitte! — Uma passagem para duas pessoas, por favor! [umɒ pɒsaʒei pɒrɒ duɒʃ pəsoɒʃ pur fɒvor]

Ich hätte gern ... . — **Queria um ... .** [kəriɒ ũ]

eine Außenkabine — camarote exterior [kɒmɒrɔtə eiʃtərjor]

einen Kabinenplatz in der 1./2. Klasse — camarote de 1ª/2ª classe [kɒmɒrɔtə də primeirɒ / səgundɒ klasə]

• **Já só há ... .** [ʒa so a] — **Es gibt nur noch ... .**

lugares no convés [lugarəʃ nu kõnvɛʃ] — Plätze auf Deck

camarotes interiores [kɒmɒrɔtəʃ intərjorəʃ] — Innenkabinen

Mit dem Fahrrad

Während auf dem Land viel Fahrrad (= *bicicleta*) gefahren wird, ist es in den Städten noch kein normales Verkehrsmittel. Fahrradwege sucht man dort vergeblich. Als Sport ist Radfahren aber durchaus in Mode gekommen. Wer eine Fahrradtour durchs Land macht, wird gerade an den Wochenenden auf viele Radfahrer treffen.

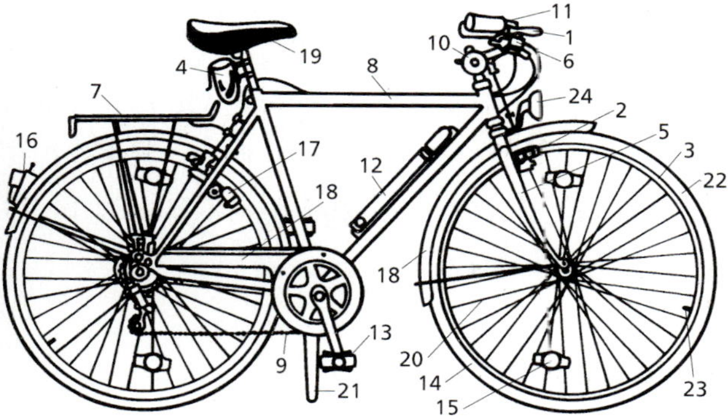

3

1 Bremse	travão [trɒvɑ̃u], *bras.* freios *pl* [frejus]
2 Dynamo	dínamo [dinɒmu]
3 Felge	jante *f* [ʒɒntə]
4 Flickzeug	material para reparações [mɒtərjal pɒrɒ Rəpɒrɒsoiʃ]
5 Gabel	garfo [garfu]
6 Gangschaltung	mudanças *f* [mudɑ̃sɑ̃ʃ]
7 Gepäcktrager	porta-bagagens *f* [pɔrtɒ-bɒgaʒẽiʃ]
8 Rahmen	quadro [kwadru]
9 Kette	correia [kuRejɒ]
10 Klingel	campainha [kɒmpɒiɲɒ]
11 Lenkstange	guiador [gjɒdor]
12 Luftpumpe	bomba de ar [bõmbɒ də ar]
13 Pedal	pedal [pədal]
14 Rad	roda [Rɔdɒ]
15 Reflektor	reflector [Rəflɛktor]
16 Rücklicht	luz *f* traseira [luʃ trɒseirɒ]
17 Schloß	cadeado [kɒdjadu]
18 Schutzblech	guarda-lamas [gwardɒ-lɒmɒʃ]
19 Sattel	selim [səlĩ]
20 Speiche	raio [Raju]
21 Ständer	apoios [ɒpojuʃ]
22 Reifen	pneu [pneu]
23 Ventil	válvula [valvulɒ]
24 Vorderlicht	farol [fɒrɔl]

Fahrrad	bicicleta [bəsiklɛtɒ]
~ mit 3 / 10 Gängen	~ de três / dez velocidades / *bras.* marchas [də treʒ / dɛʒ vəlusidadəʃ / marʃas]
Rennrad	bicicleta de corrida [bəsiklɛtɒ də kuRidɒ]
Mountainbike	bicicleta de montanha [bəsiklɛtɒ də mõntɒɲɒ]

3

An meinem Fahrrad ist ... kaputt.
Na minha bicicleta ... está estragado/a.
[nɒ miɲɒ bəsiklɛtɒ ... ʃta ʃtrɒgadu/ɒ]

Wo gibt es hier einen Fahrradladen?
Onde é que há aqui uma loja de bicicletas?
[õndə ɛ kə a ɒki umɒ lɔʒɒ də bəsiklɛtɒʃ]

Können Sie mein Fahrrad reparieren?
Pode reparar a minha bicicleta?
[podə Rəpɒrar ɒ miɲɒ bəsiklɛtɒ]

Öffentliche Verkehrsmittel

Bus	autocarro [autukaRu], *bras.* ônibus *m* [ɔnibus]
Straßenbahn	eléctrico [ilɛtriku]
U-Bahn	metro(politano) [mɛtru(pulitɒnu)]
Taxi	táxi *m* [taksi]
Haltestelle	paragem *f* [pɒraʒẽi]

Informationen erfragen

Entschuldigung, wo ist ...? — **Desculpe, onde fica a ...?** [diʃkulpɒ õndə fikɒ ɒ]

die nächste Bushaltestelle — paragem de autocarros mais próxima [pɒraʒẽi də autukaRuʃ maiʃ prɔsimu]

die U-Bahnstation — estação de metro [iʃtɒsɑ̃u də mɛtru]

3

Welcher Bus fährt nach Belém? — Qual é o autocarro que passa em Belém? [kwal ɛ u autukaRu kə pɒsɒ ẽi bəlẽi]

Wo muß ich aussteigen / umsteigen? — Onde tenho de sair / mudar? [õndə tèɲu də sair / mudar]

Können Sie mir sagen, wann ich aussteigen muß? — Pode dizer-me quando tenho de sair? [podə dizer mə kwɑ̃ndu teɲu də sɒir]

Fahrkarten kaufen

Fahrkarten für die U-Bahn werden vor Fahrtantritt gekauft und entwertet, in Bussen und Straßenbahnen können sie beim Fahrer gelöst werden. Manchmal lohnen sich auch Tages- oder Wochenkarten.

Fahrkarte	bilhete *m* [biʎetə]
Tageskarte	bilhete diário [biʎetə djarju]
Wochenkarte	bilhete semanal [biʎetə sɛmɒnɒl]
Monatskarte	bilhete mensal [biʎetə mənsɒl]
Fahrkartenblock	bilhetes pré-comprados [biʎetəʃ pre kõmpraduʃ]

Eine Fahrkarte nach Campo Grande, bitte.	Um bilhete para o Campo Grande, por favor. [ũ biʎetə pɒrɒ u kɐ̃mpu grɐ̃ndə pur fɒvor]

Taxis

3

Taxen in Portugal sind meistens schwarz und haben ein grünes Dach. Erst seit einigen Jahren fahren auch weiße durch das Land. Anhalten kann man sie durch Handzeichen. In den Städten gibt es auch viele Taxistände. Preislich bieten sie eine Alternative zum eigenen Wagen, vor allem wegen chronischen Parkplatzmangels und der recht hohen Preise in den Parkhäusern.

Könnten Sie mir ein Taxi bestellen?	Pode chamar-me um táxi? [podə ʃɒmar mə ũ taksi]
Wieviel kostet die Fahrt zum Flughafen?	Quanto custa a viagem até ao aeroporto? [kwɐ̃ntu kuʃtɒ ɒ vjaʒẽi ɒtɛ au ɒɛruportu]
Zum Bahnhof, bitte!	Para a estação de comboios / *bras.* ferroviária, por favor! [pɒrɒ ɒ ʃtɒsɐ̃u də kumbojuʃ / fɛRuvjɒriɒ pur fɒvor]
Ich habe es sehr eilig.	Tenho muita pressa. [teɲu mũintɒ prɛsɒ]
Was macht das?	Quanto é? [kwɐ̃ntu ɛ]
Halten Sie bitte hier!	Páre aqui, por favor! [parə ɒki pur fɒvor]
Ich hätte gerne eine Quittung.	Queria uma factura / *bras.* um recibo. [kəriɒ umɒ faturɒ / ũ Rəsibu]

UNTERKUNFT 4

Allgemein

In den Ferienzeiten ist es in Portugals Tourismusregion Algarve sinnvoll, schon vor der Reise Zimmer zu buchen. Dies gilt vor allem für den Monat August, traditionell der Ferienmonat der Portugiesen. Außerhalb der Saison gibt es bei der Zimmersuche im allgemeinen keine Probleme. Allerdings sind Pauschalreisen normalerweise preiswerter.

4

HÁ QUARTOS	**CHEIO**
Zimmer frei	Ausgebucht

Unterkunftsmöglichkeiten erfragen

Unterkünfte

turismo de habitaçaõ [turiʒmu də ɒbitɒsɑ̃u]	ländlicher Tourismus, zumeist in recht kleinen, traditionellen Häusern
pousada [posadɒ]	staatliche, sehr komfortable Hotels, meistens in alten Burgen oder Klöstern
pousada da juventude [posadɒ dɒ ʒuvẽntudə]	Jugendherberge
albergaria [albɛrgɒriɒ]	Unterkunft, oft von Hotels nicht zu unterscheiden
apartamento [ɒpɒrtɒmẽntu]	Apartment
hotel [ɔtɛl]	Hotels verschiedener Kategorien (2 bis 5 Sterne)
pensão *f* [pẽsɑ̃u]	Pension
campismo [kɑ̃mpiʒmu]	Camping

Könnten Sie mir … empfehlen?	**Pode aconselhar-me …?** [podə ɒkõsẽʎar mə]
ein gutes Hotel (im Zentrum)	um bom hotel (no centro) [ũ bõ ɔtɛl (nu sẽntru)]
eine preiswerte Unterkunft	um alojamento barato [ũ ɒluʒɒmẽntu bɒratu]
Wie komme ich dorthin?	Como é que lá chego? [komu ɛ kə la ʃɛgɹ]
Gibt es hier (in der Nähe) …?	**Há aqui (perto) …?** [ɒ ɒki (pɛrtu)]
eine Jugendherberge	uma pousada da juventude [umɒ posɒdɒ dɒ ʒɹvẽntudə]
einen Campingplatz	um parque de campismo [ũ parkə də kãmp ʒmu]
Haben Sie noch … frei?	**Ainda tem … livre?** [ɒindɒ tẽi … livrə]
ein Apartment	um apartamento [ũ ɒpɒrtɒmẽntu]
ein Zimmer	um quarto [ũ kwartu]
ein Doppelzimmer	um quarto duplo [ũ kwartu duplu]
Wir suchen ein Zimmer … .	**Procuramos um quarto … .** [prɔkuramuʃ ũ kwartu]
für eine Nacht	para uma noite [ɔɒrɒ umɒ noitə]
für zwei Personen und ein Kind	para duas pessoas e uma criança [pɒrɒ duɒʃ pəsoɒʃ e umɒ krjãsɒ]
• **Lamento, … .** [lɒmẽntu]	**Tut mir leid, … .**
está tudo reservado [iʃta tudu Rəsɛrvadu]	wir sind ausgebucht
está tudo cheio [iʃta tudu ʃeiu]	es ist alles belegt

4

4

Fragen zum Preis

Was kostet ein ...?	**Quanto custa um ...?** [kwɐ̃ntu kuʃtɒ ũ]
Doppelzimmer	quarto duplo [kwartu duplu]
Zimmer mit Halbpension	um quarto com meia pensão [ũ kwartu kõ mejɒ pẽsɐ̃u]
Das ist der Preis für ..., nicht wahr?	**Este é o preço para ..., não é?** [eʃtə ɛ u presu pɒrɒ ... nɐ̃u ɛ]
zwei Personen	duas pessoas [duɒʃ pəsoɒʃ]
eine Nacht	uma noite [umɒ noitə]
Ist der Preis inklusive ...?	**O preço inclui ...?** [u presu ĩklwi]
Frühstück	o pequeno-almoço [u pəkenu almosu]
Mehrwertsteuer	o IVA [u ivɒ]

preço por pessoa [presu pur pəsoɒ]	Preis pro Person
estação alta [iʃtɒsɐ̃u altɒ]	Hochsaison
estação baixa [iʃtɒsɐ̃u baiʃa]	Vor- / Nachsaison
suplemento [supləmẽntu]	Preiszuschlag
desconto [dẽʃkõntu]	Ermäßigung

► Kap. 1, Rund ums Geld S. 21

Aufenthaltsdauer festlegen

Wir möchten ein Zimmer vom 14. bis zum 28. Juli.	Queremos um quarto de 14 a 28 de Julho. [kərɛmuʃ ũ kwarto də katorzə ɒ vĩntə e oitu də ʒuʎu]

Anreisetag	dia da chegada [diɒ də ʃəgadɒ]
Abreisetag	dia da partida [diɒ də partidɒ]
Aufenthalt	estadia [iʃtɒdiɒ]
vom ...	de ... [də]
bis zum ...	até ... [ɒtɛ]

• A partir de quando? [ɒ partir də kwɐ̃ndo]	Ab wann?
• Quanto tempo quer ficar? [kwɐ̃nto tẽmpu ker fikar]	Wie lange möchten Sie bleiben?
Ich bleibe zwei Tage.	Eu fico dois dias. [eu fiku doiʃ diɒʃ]
Ich weiß es noch nicht.	Ainda não sei. [ɒindɒ nɐ̃u sei]
• Quando chega? [kwɐ̃ndo ʃəgɒ]	Wann kommen Sie an?
Ich komme am 24. April.	Chego no dia 24 de Abril. [ʃegu nu diɒ vĩntə kwatru də ɒbril]
Ist es möglich, den Aufenthalt zu verlängern?	É possível prolongar a estadia? [ɛ pusivɛl prulõngar ɐ iʃtɒdiɒ]

4

▶ Kap. 1, Zeiten S. 23, Datum S. 30

Beschreibung der Unterkunft & Zimmer

Ist das Hotel ...?	**O Hotel é ...?** [u ɔtɛl ɛ]
preiswert	barato [bɒrɒtu]
teuer	caro [karu]
komfortabel	confortável [kõfurtavɛl]
modern eingerichtet	decorado de forma moderna [dəkurɒdu də formɒ mudɛrnɒ]

Wie viele Zimmer haben Sie?	Quantos quartos tem? [kwɑ̃ntus kwartuʃ tẽi]
Ich möchte ein Zimmer mit Blick … .	**Queria um quarto com vista sobre … .** [kərio ũ kwartu kõ viʃto sobrə]
aufs Meer	o mar [u mar]
auf die Berge	as montanhas [ɒʃ mõntɒɲɒʃ]
Liegt das Hotel …?	**O Hotel fica …?** [u ɔtɛl fikɒ]
in Strandnähe	perto da praia [pɛrtu dɒ prajɒ]
im Zentrum	no centro [no sẽntru]
Ist das Hotel ruhig?	O Hotel é sossegado? [u ɔtɛl ɛ susəgadu]
Gibt es …?	**Tem …?** [tẽi]
eine Garage	garagem [gɒraʒẽi]
einen Swimmingpool	piscina [piʃsinɒ]
einen Balkon	varanda [varɒndɒ]

▶ Kap. 4, Reservierung S. 100

Beanstandungen

Ich hatte ein Doppelzimmer reserviert.	Eu tinha reservado um quarto duplo. [eu tiɲɒ Rəzɛrvadu ũ kwartu duplu]
Ich möchte den Geschäftsführer sprechen!	Quero falar com o director / *bras.* gerente! [keru fɒlar kõ u dirɛtor / ʒərẽntə]
Das Zimmer ist viel zu … .	**O quarto é demasiado … .** [u kwartu e dəmɒsjadu]
laut	barulhento [bɒruʎẽntu]
klein	pequeno [pəkenu]

Wir haben kein/en … . — **Não temos … .** [nãu tẽmuʃ]
Strom — corrente [kuRẽntə]
Wasser — água [agwɒ]

Die Dusche / Klimanlage funktioniert nicht. — O duche / ar condicionado não funciona. [u duʃə / ar kõndisjunadu nãu fũsjunɒ]

• Isto arranja-se. [iʃtu ɒrãʒɒ sə] — Das bringen wir schon in Ordnung.

Hotels & Pensionen

Die obligatorischen Preislisten an der Zimmertür führen immer die Höchstpreise auf. Fragen Sie am besten immer erst an der Rezeption nach dem aktuellen Preis.

Glossar: Zimmer & Betten

Doppelzimmer	quarto duplo [kwartu duplu]
Einzelzimmer	quarto simples [kwartu simpliʃ]
Zimmer für Nichtraucher	quarto para não fumadores [kwartu pɒrɒ nãu fumɒdorəʃ]
Zimmer für Rollstuhlfahrer	quarto para deficientes com cadeira de rodas [kwartu pɒrɒ dəfisjɛntəʃ kõ kɒdeirɒ də rɔdɒʃ]
Einzelbett	cama individual [kɒmɒ individuɒl]
Doppelbett	cama de casal [kɒmɒ də kɒzal]
getrennte Betten	camas separadas [kɒmɒʃ səpɒradɒʃ]

Kinderbett	cama para criança [kɒmɒ pɒrɒ krjɐ̃sɒ]
Zusatzbett	cama adicional [kɒmɒ adisjunɒl]

Telefonische Reservierung

4

Bin ich mit dem Hotel »Algarve« verbunden?
Estou a falar com o Hotel »Algarve«? [ẽʃto ɒ fɒlar kõ u ɔtɛl algarvə]

Ich möchte gern ein Doppelzimmer ... reservieren.
Queria reservar um quarto duplo ... . [kəriɒ Rəzɛrvar ũ kwartu duplu]

für die Zeit vom ... bis zum ...
de ... a ... [də ... ɒ]

auf den Namen ...
em nome de ... [ẽi nomə də]

Haben Sie für heute nacht noch ein Zimmer frei?
Ainda tem um quarto livre para esta noite? [ɒĩndɒ tẽi ũ kwartu livrə pɒrɒ ɛʃtɒ noitə]

Wieviel kostet das Zimmer pro Nacht?
Quanto custa o quarto por noite? [kwɐ̃ntu kuʃtɒ u kwartu pur noitə]

Kann ich ein Zusatzbett bekommen?
Pode dar-me uma cama adicional? [podə dar-mə umɒ kɒmɒ ɒdisjunal]

Sind Tiere erlaubt?
É permitido levar animais? [ɛ pərmitidu ləvar animaiʃ]

- Em que nome, por favor? [ẽi kə nomə pur fɒvor]
Auf welchen Namen, bitte?

•Como é que se escreve? [komu ɛ kə sə iʃkrevə]	Wie schreibt man das?
•Pode dar-me o seu ...? [podə dar-mə u seu]	**Können Sie mir Ihre ... geben?**
número de telefone [numəru də tələfɔnə]	Telefonnummer
endereço [ẽndərəsu]	Adresse
•Pode mandar-me a confirmação por fax? [podə mɒndar-mə a kõfirmɒsɐ̃u pur faks]	Können Sie mir eine Bestätigung faxen?

▶ Kap. 4, Allgemein S. 88 ▶ Kap. 8, Am Telefon S. 207

4

Zimmersuche vor Ort

Haben Sie noch ein Doppelzimmer frei?	Ainda tem um quarto duplo livre? [ɒĩndɒ tẽi ũ kwartu duplu livrə]
•Quanto tempo quer ficar? [kwɐ̃ntu tẽmpu ker fikar]	Wie lange möchte Sie bleiben?
Was kostet das Zimmer?	Quanto custa o quarto? [kwɐ̃ntu kuʃtɒ u kwartu]
Kann ich das Zimmer ansehen?	Posso ver o quarto? [posu ver u kwartu]
Haben Sie noch andere Zimmer?	Ainda tem outro quarto? [ɒĩndɒ tẽi otru kwartu]
Ich nehme das Zimmer.	Fico com o quarto. [fiku kõ u kwartu]

▶ Kap. 4, Allgemein S. 88, Telefonische Reservierung S. 94

Ankunft: Check-in

Ich habe ein Zimmer auf den Namen ... reserviert. — Reservei um quarto no nome ... . [Rəzɛrvei ũ kwartu nu nomə]

- Desculpe, como era o nome? [diʃkulpə komu erɒ u nomə] — Entschuldigung, wie war der Name?
- Sim, quarto nº 14. [sĩ kwartu numəru kɒtorzə] — Ja, Zimmer Nr. 14.
- Aqui estão as chaves. [ɒki iʃtɐ̃u ɒʃ ʃavəʃ] — Hier sind die Schlüssel.

4

- Preciso do seu passaporte. [prəsisu du seu pɒsɒpɔrtə] — Ich brauche Ihren Ausweis.
- Preencha este formulário, por favor. [prjẽʃɒ eʃtə furmularju pur fɒvor] — Füllen Sie bitte dieses Formular aus.
- Nós ocupamo-nos da sua bagagem. [nɔʃ ukupamu nuʃ dɒ suɒ bɒgaʒẽi] — Wir kümmern uns um Ihr Gepäck.

Haben Sie einen Hotelsafe? — Tem um cofre? [tẽi ũ kɔfrə]

Wo kann ich den Wagen abstellen? — Onde posso estacionar o carro? [õndə posu iʃtɒsjunar u kaRu]

► Kap. 2, Angaben zur Person S. 43

Orientierung: Wo ist ...?

Wo ist ...? — **Onde é ...?** [õndə ɛ]
der Lift — o elevador [u iləvɒdor]
die Hotelbar — o bar do hotel [u bar du ɔtɛl]

Wo ist ...?	**Onde é ...?** [õncə ɛ]
der Konferenzraum	a sala de conferências [ɒ salɒ də kõfərẽsjɒʃ]
das WC	a casa-de-banho [ɒ kazɒ də bɒɲu] / *bras.* o banheiro [u bɒɲeiru]
der Swimmingpool	a piscina [ɒ piʃsinɒ]
das Telefon	o telefone [u tələfɔnə]
der Frühstücksraum	a sala do pequeno-almoço [ɒ salɒ du pəkenu almosu]

4

Nachrichten hinterlassen

Ich möchte eine Nachricht für Herrn ... hinterlassen.	Quero deixar uma mensagem para o senhor ... . [keru deiʃar umɒ mẽsaʒẽi pɒrɒ u siɲor]
Hat jemand eine Nachricht für mich hinterlassen?	Alguém deixou uma mensagem para mim? [algẽi deiʃo umɒ mẽsaʒẽi pɒrɒ mĩ]
Ist Post für mich gekommen?	Há correio para mim? [a kuReju pɒrɒ mĩ]

Fragen & Wünsche

Meinen Schlüssel, bitte!	A minha chave, por favor! [ɒ miɲɒ ʃavə pur fɒvor]
• Qual é o número do seu quarto? [kwal ɛ u numəru du seu kwartu]	Welche Zimmernummer haben Sie?
Wann wird das Früstück serviert?	A que horas é servido o pequeno-almoço? [ɒ kə ɔrɒʃ ɛ sərvidu u pəkenu almosu]

Ist es möglich ...?	**É possível ...?** [ɛ pusivɛl]
hier Geld zu wechseln	trocar aqui dinheiro [trukar ɒki diɲeiru]
Wertgegenstände zu hinterlegen	guardar objectos de valor [gwɒrdar ubʒɛtus də vɒlor]
ein Auto zu mieten	alugar um carro [ɒlugar ũ kaRu]
Ich möchte um 8.00 Uhr geweckt werden.	Quero que me acordem às 8.00 horas. [keru kə mə ɒkɔrdẽi aʃ oitu ɔrɒʃ]
Könnten Sie mir bitte ...?	**Podia ..., por favor?** [pudiɒ ... pur fɒvor]
das Frühstück aufs Zimmer bringen	trazer-me o pequeno-almoço ao quarto [trɒzer mə u pəkenu almosu au kwartu]
ein Taxi bestellen	chamar-me um táxi [ʃɒmar mə ũ taksi]
diese Kleidungsstücke reinigen lassen	mandar limpar esta roupa [mɒndar limpar ɛʃtɒ ropɒ]
Karten fürs Konzert besorgen	arranjar-me bilhetes para o concerto [ɒRɑ̃ʒar mə biʎetəʃ pɒrɒ u kõsertu]

▶ Kap. 5, Frühstück auf portugiesisch S. 117
▶ Kap. 4, Nachrichten hinterlassen S. 97

Zimmertelefon

Telefonate vom Zimmer aus sind immer teuerer als von einem öffentlichen Telefon. Es lohnt sich, Telefonkarten zu kaufen.

Wie funktioniert das Telefon?	Como funciona o telefone? [komu fũsjunɒ u tələfɔnə]

Welche Nummer muß ich wählen, um ...?	**Que número tenho de marcar para ...?** [kə numəru teɲu də mɒrkar pɒrɒ]
ein Ferngespräch zu führen	fazer uma chamada interurbana [fɒzer umɒ ʃɒmadɒ ĩntərurbɒnɒ]
ein hausinternes Gespräch zu führen	fazer uma chamada interna [fɒzer umɒ ʃɒmadɒ ĩntərnɒ]

▶ Kap. 8, Telefonieren S. 205

Abreise

Normalerweise muß man die Zimmer bis spätestens 12 Uhr räumen. Es gibt aber immer die Möglichkeit, das Gepäck an der Rezeption zu lassen, wenn beispielsweise das Flugzeug erst später geht: *Posso deixar aqui a minha bagagem?* [posu deiʃar ɒki ɒ miɲɒ bɒgaʒẽi] (= Kann ich mein Gepäck noch hier abstellen?).

Ich reise morgen ab.	Parto amanhã. [partu amɒɲã]
Machen Sie mir bitte die Rechnung fertig.	Faça a minha conta, por favor. [fasɒ ɒ miɲɒ kõntɒ pur fɒvor]
Ich möchte mit Kreditkarte bezahlen.	Quero pagar com cartão de crédito. [keru pɒgar kõ kɒrtãu də krɛditu]
Könnten Sie mir ein Taxi rufen?	Pode chamar-me um táxi? [podə ʃɒmar mə ũ taksi]
Vielen Dank und auf Wiedersehen!	Muito obrigado/a e até à próxima! [mũintu ubrigadu/ɒ i ɒtɛ a prɔsimɒ]

▶ Kap. 1, Bezahlen S. 22

Ferienwohnungen

Reservierung

Ich möchte eine Ferienwohnung mieten / reservieren.	Quero alugar / reservar uma casa de férias. [keru ɒlugar / Rəszərvar umɒ kazɒ də fɛrjɒʃ]
• Quando? [kwɐ̃ndu]	Wann?
• Em que nome, por favor? [ɐ̃i kə nomə pur fɒvor]	Auf welchen Namen, bitte?
Wann ist das Apartment noch frei?	Quando é que o apartamento está livre? [kwɐ̃ndu ɛ kə u ɒpɒrtɒmẽntu iʃta livrə]
Haben Sie noch andere Wohnungen zu vermieten?	Tem outras casas para alugar? [tɐ̃i otrɒʃ kazɒʃ pɒrɒ ɒlugar]
Wie viele Schlafzimmer hat die Wohnung?	Quantos quartos tem a casa? [kwɐ̃ntuʃ kwartuʃ tɐ̃i ɒ kazɒ]
Hat das Apartment ...?	**O apartamento tem ...?** [u ɒpɒrtɒmẽntu tɐ̃i]
Telefon	telefone [tələfɔnə]
einen Fernseher	televisão [tələvizɐ̃u]
eine Waschmaschine	máquina de lavar [makinɒ də lɒvar]
Wie hoch ist die Miete für einen Monat?	Quanto custa um mês? [kwɐ̃ntu kuʃtɒ ũ meʃ]
Sind Haustiere erlaubt?	É permitido levar animais? [ɛ pərmitidu ləvar animaiʃ]
Gut, ich nehme es.	Está bem, fico com ela. [iʃta bɐ̃i fiku kõ ɛlɒ]

Wir kommen am 7. Juni gegen Abend an.

Chegamos no dia 7 de Agosto, à noitinha. [ʃəgamuʃ nu diɒ sɛtə də ɒgoʃtu a noitiɲɒ]

Wo können wir die Schlüssel abholen.

Onde podemos ir buscar as chaves.
[õndə pudemuʃ ir buʃkar ɒʃ ʃɒvəʃ]

▶ Kap. 4, Allgemein S. 58

Bei der Ankunft

Ich habe eine Ferienwohnung reserviert.

Reservei uma casa de férias.
[Rəsərvei umɒ kazɔ də fɛrjɒʃ]

Von wem bekomme ich die Schlüssel?

Onde posso ir buscar as chaves?
[õndə posu ir buʃkɛr ɒʃ ʃɒvəʃ]

Wo / Wann finde ich den ...?

Onde / Quando posso encontrar o ...?
[õndə / kwãndu posu ẽnkõntrar u]

Hausverwalter — administrador [ɒdmənistrɒdor]

Hausmeister — porteiro [purteiru]
bras. zelador [zəlɒdor]

Gibt es eine Gebrauchsanweisung für ...?

Há um manual de utilização para ...?
[a ũ mɒnwal də utəlizasãu pɒrɒ]

die Spülmaschine — a máquina de lavar louça
[ɒ makinɒ də lɒvar losɒ]

die Waschmaschine — a máquina de lavar
[ɒ makinɒ də lɒvar]

Können Sie mir zeigen, wie das heiße Wasser funktioniert?

Pode mostrar-me como funciona a água quente? [pocə muʃtrar mə komu fũsjunɒ ɒ agwɒ kẽntə]

4

Glossar: Räumlichkeiten & Einrichtung

Allgemein	
Tür	porta [pɔrtɒ]
Fenster	janela [ʒɒnɛlə]
Flur	corredor [kuRədor]
Treppe	escadas *pl* [iʃkadɒʃ]
Terrasse	terraço [təRasu]
Bad	**casa-de-banho** [kazɒ də bɒɲu], *bras.* **banheiro** *m* [bɒɲeiru]
Abfluß	escoadouro [iʃkwɒdoru]
Badewanne	banheira [bɒɲeirɒ]
Dusche	duche [duʃə], *bras.* ducha [duʃa]
Waschbecken	bacia [bɒsiɒ]
Wasserhahn	torneira [turneirɒ]
WC	WC [vese]
Küche	**cozinha** [kuziɲɒ]
Herd	fogão [fugɑ̃u]
Kühlschrank	frigorífico [frigurifiku], *bras.* geladeira [ʒeladeirɒ]
Spülmaschine	máquina de lavar louça [makinɒ də lɒvar losɒ]
Waschmaschine	máquina de lavar [makinɒ də lɒvar]
Schlafzimmer	**quarto** [kwartu]
Bett	cama [kɒmɒ]
Decke	coberta [kubɛrtɒ]
Kopfkissen	almofada [almufɒdɒ], *bras.* travesseiro [trɒvəseiru]
Wandschrank	armário de parede [ɒrmarju də pɒredə]

Wohnzimmer	**sala de estar** [salɒ də iʃtar]
Sofa	sofá [sufa]
Sessel	poltrona [poltronɒ]
Stuhl	cadeira [kɒdeirɒ]
Tisch	mesa [mezɒ]
Regal	estante [iʃtɐ̃ntə]
Haushaltswäsche	**roupas brancas** *pl* [ropɒʃ brɐ̃nkɒʃ]
Bettlaken	lençóis [lẽsoiʃ]
Kissenbezug	fronha [froɲɒ]
Handtuch	toalha [twaʎɒ]
Geschirrtuch	pano de cozinha [pɒnu də kuziɲɒ]
Geschirr	**louça** [losɒ]
Glas	copo [kɔpu]
Tasse	chávena [ʃavənɒ], *bras.* xícara [ʃikɒrɒ]
Teller	prato [pratu]
Suppenteller	prato de sopa [pratu də sopɒ]
Sieb	passador [pɒsɒdor]
Topf	panela [pɒnɛlɒ]
Pfanne	frigideira [friʒideirɒ]
Schüssel	taça [tasɒ]
Besteck	**talheres** *f pl* [tɒʎɛrəʃ]
Messer	faca [fakɒ]
Gabel	garfo [garfu]
Löffel	colher *f* [kuʎer]
Dosenöffner	abre-latas *m* [ɒbrə latɒʃ]
Flaschenöffner	abre-cápsulas *m* [ɒbrə kapsulɒʃ]
Korkenzieher	saca-rolhas *m* [sakɒ Roʎɒʃ]

▶ Wörterbuch

Wasser, Gas & Strom

Wasser	**água** [agwɒ]
Wasserhahn	torneira [turneirɒ]
Wasserleitung	canalização *f* [kɒnɒlizɒsɑ̃u]
Gas	**gás** [gaʃ]
Gasleitung	conduta de gás [kõdutɒ də gaʃ]
Gasflasche	botija / *bras.* botijão de gás [butiʒɒ / butiʒɑ̃u də gaʃ]
Strom	**corrente** [kuRẽntə]
Glühbirne	lâmpada [lɑ̃mpɒdɒ]
Schalter	interruptor *m* [ĩntəRuptor]
Sicherung	fusível *m* [fuzivəl]
Steckdose	tomada [tumadɒ]
Stecker	ficha [fiʃɒ]

4

Steckdosen und Stecker sind wie in Deutschland. Die Stromspannung beträgt 220 Volt. Allzu viele elektrische Geräte können normalerweise nicht betrieben werden, da die Sicherungen es nicht erlauben.

Abreise

Wo kann ich die Schlüssel abgeben?	Onde posso entregar as chaves? [õndə posu ẽntrəgar ɒʃ ʃavəʃ]
Soll ich ... abstellen?	**Devo desligar ...?** [dɛvu diʒligar]
das Wasser	a água [ɒ agwɒ]
das Gas	o gás [u gaʃ]
den Strom	a electricidade [ɒ ilɛktrəsidadə]

Leider ist ... kaputtgegangen.	Infelizmente, avariou-se ... . [ĩfəliʒmẽntə ɒvɒrjo sə]
Es hat uns gut gefallen.	Gostámos muito. [guʃtamuʃ mũintu]
Wir würden (nächstes Jahr) gern wiederkommen.	Gostávamos de voltar (no próximo ano). [guʃtavɒmuʃ də voltar (nu prɔsimu ɒnu)]

▶ Kap. 1, Bezahlen S. 22

Camping

Wild campen wird in Portugal nicht gerne gesehen. Die zahlreichen Zeltplätze sind gut ausgestattet und nicht teuer.

Gibt es hier in der Nähe einen Campingplatz?	Há aqui perto um parque de campismo? [ɒ ɒki pɛrtu ũ parkə də kɐ̃mpiʒmu]
Kann ich mein Zelt hier aufschlagen?	Posso montar aqui a minha tenda / *bras.* barraca? [posu mõntar ɒki ɒ miɲɒ tẽndɒ / bɒRakɒ]
Kann man ... hier stehenlassen?	**Pode deixar-se aqui ...?** [podə deiʃar-sə ɒki]
das Wohnmobil	a caravana [ɒ karɛvɒnɒ]
den Wohnwagen	a roulote / *bras.* o trailer [ɒ rulotə / u treilɒ]
Kann man hier campen?	Pode acampar-se aqui? [podə ɒkɐ̃mpar sə ɒki]
Ist es gefährlich?	É perigoso? [ɛ pərigozu]

Ausrüstung

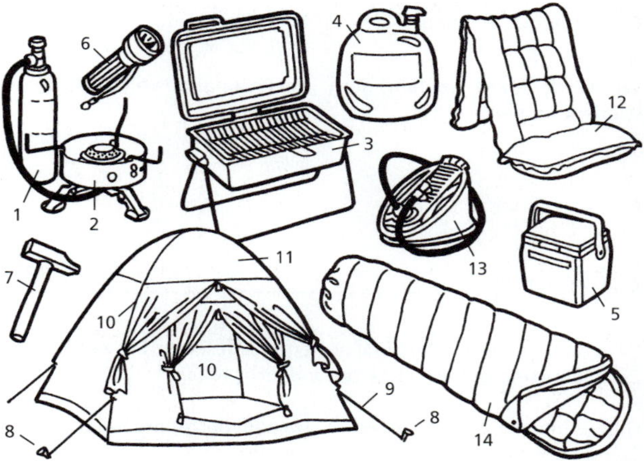

1	Campinggas	gás [gaʃ]
2	Gaskocher	fogão a gás [fugɐ̃u ɒ gaʃ]
3	Grill	grelhador *m* [grɛʎɒdor]
4	Kanister	bidão [bidɐ̃u]
5	Kühltasche	geladeira [ʒəlɒdeirɒ]
6	Taschenlampe	lanterna de bolso [lɐ̃ntɛrnɒ də bolsu]
7	Hammer	martelo [mɒrtəlu]
8	Heringe	espias [iʃpiɒʃ]
9	Zeltschnur	cordel *m* [kurdɛl]
10	Zeltstange	estaca [iʃtakɒ]
11	Zelt	tenda [tẽndɒ]
12	Luftmatratze	colchão pneumático [kolʃɐ̃u pneumatiku]
13	Blasebalg	bomba de ar [bõmbɒ də ar]
14	Schlafsack	saco-cama [saku-kɒmɒ]

► Wörterbuch

Anmeldung

Haben Sie einen Platz für ...?	**Tem lugar para ...?** [tẽi lugar pɒrɒ]
ein Wohnmobil	uma roulote [umɒ rulotə]
ein Zelt	uma tenda [umɒ tẽndɒ]
Könnten wir einen Platz ... haben?	**Podemos ficar ...?** [pudemuʃ fikar]
am Zaun	perto da vedação [pɛrtu dɒ vədɒsɑ̃u]
im Schatten	à sombra [a sõmbrɒ]
Haben Sie noch einen anderen Platz?	Tem outro lugar? [tẽi otru lugar]
Wie teuer ist eine Übernachtung ...?	**Quanto custa uma noite ...?** [kwɑ̃ntu kuʃtɒ umɔ noitə]
für ein kleines Zelt	para uma tenda pequena [pɒrɒ umɒ tẽndɒ pəkenɒ]
mit Wohnwagen	com roulote [kõ rulotə]
Bis wieviel Uhr ist der Campingplatz geöffnet?	Até que horas está aberto o parque? [ɒtɛ kə ɔrɒʃ iʃta ɐbɛrtu u parkə]

▶ Kap. 4, Allgemein S. 58

Einrichtungen vor Ort

Wo ist / sind ...?	**Onde é / são ...?** [õndə ɛ / sɑ̃u]
die Toiletten	as casas-de-banho [ɒʃ kazɒʃ də bɒɲu]
die Duschen	os duches [uʃ duʃəʃ]
die Waschräume	os lavadouros [uʃ lɒvɒdoruʃ]
der Supermarkt	o supermercado [u supərmərkadu]

4

Wo kann man ...? — **Onde posso ...?** [õndə posu]
einkaufen — fazer compras [fɒzer kõmprɒʃ]
Wäsche waschen — lavar roupa [lɒvar ropɒ]
telefonieren — telefonar [tələfunar]

▶ Wörterbuch

ESSEN & TRINKEN 5

Allgemein

Einfach, aber gut! So läßt sich die portugiesische Küche charakterisieren. Qualität und Geschmack verdankt das Essen weniger raffinierten Gewürzkünsten als den verwendeten Zutaten, wie dem *peixe* (= Fisch), der zahlreich auf der Speisekarte vertreten ist, den *mariscos* (= Meeresfrüchten) oder den deftigen Fleischgerichten wie dem *cozido à portuguesa* (= eine Schlachtplatte). Typisch ist die Zubereitung mit Olivenöl (= *azeite*), Knoblauch (= *alho*), frischem Koriander (= *coentros*), Lorbeer (= *louro*) oder dem scharfen *piri piri* (= gemahlene rote Pfefferschoten). Am besten schmeckt das traditionelle Essen, wie das in vielen Varianten bekannte Nationalgericht *bacalhau* (= Stockfisch). Und manchmal ißt man in einer billigen *tasca* (= einfache Kneipe) genauso gut wie in deutlich teureren Restaurants.

Wann & Wo?

Frühstück
pequeno almoço,
bras. café de manhã

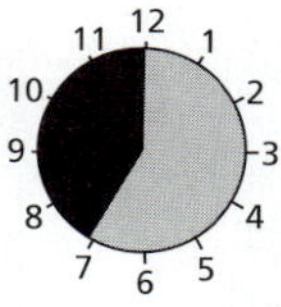

pastelaria,
café,
snack bar

Mittagessen
almoço

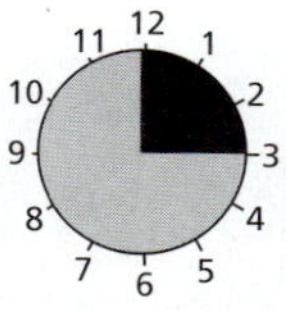

restaurante,
cervejaria,
marisqueira
pastelaria

Abendessen
jantar

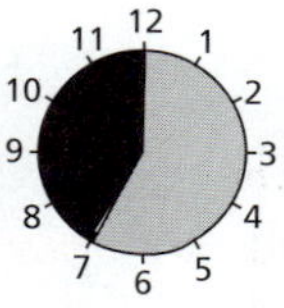

bis 22 Uhr:
restaurante, pastelaria
bis 24 Uhr:
cervejaria,
marisqueira

Nur selten trifft man sich in Portugal im eigenen Heim. Lieber gehen Portugiesen mit ihren Freunden zum Essen, oder sie treffen sich – zu allen Tageszeiten – in einer *pastelaria*, *cervejaria* oder *marisqueira* auf ein Bier oder ein Glas Wein und *petiscos* [pətiʃkuʃ] (= kleine Häppchen, die zu den Getränken gereicht werden). Diese Lokalitäten entsprechen oft nicht dem deutschen Geschmack: Das Mobiliar ist zumeist einfach und aus Plastik, von der Decke strahlen Neonlichter, Rauchen ist noch in Mode, und der Fernseher läuft ununterbrochen. Und dennoch herrscht hier ein ganz eigener Charme.

restaurante [Rəʃtaurɑ̃ntə]	Restaurants in allen Preisklassen; Abendessen bis 22.00 Uhr
cervejaria [sərviʒɒriɒ]	eine Art Brauhaus, in dem Bier und Snacks angeboten werden; man kann hier auch nach 22 Uhr noch zu Abend essen
pastelaria [pɒʃtəlɒriɒ]	eine Mischung aus Konditorei und Café; serviert werden Frühstück und Zwischenmahlzeiten, oft auch Mittagessen
marisqueira [mɒriʃkeirɒ]	auf Meeresfrüchte spezialisierte Restaurants; häufig noch bis nach Mitternacht geöffnet
tasca [taʃkɒ]	meist sehr einfache Kneipe, in der man essen und ein Glas Wein trinken kann, oft noch direkt aus der *pipa* [pipɒ] (= Faß); traditioneller Treffpunkt für Männer
bar *m* [bar]	Kneipe, die auch kleine Mahlzeiten anbietet
snack bar [snɛk bar]	Gaststätte für kleine Imbisse, meistens auch mit einfachem Mittag- und Abendessen

Tip: In vielen *pastelarias* und *snack bars* bezahlt man beim Bestellen an der Kasse. Die Kasse am Eingang ist dann mit dem Vermerk *pré pagamento* (= Vorauszahlung) versehen.

5

Können Sie mir sagen, wo man hier in der Nähe gut essen kann?

Pode-me dizer onde há um bom restaurante, aqui perto?
[podə mə dizer õndə a ũ bõ Rəʃtaurãntə ɒki pɛrtu]

Wo kann man hier gut zu Mittag / Abend essen?

Pode-me recomendar um bom restaurante para almoçar / jantar? [podə mə Rəkumẽndar ũ bõ Rəʃtaurãntə pɒrɒ ɒlmusar / ʒãntar]

Ich suche ... .

Eu estou a procura de ... .
[eu iʃto ɒ prukurɒ də]

ein gutes Restaurant

um bom restaurante
[ũ bõ Rəʃtaurãntə]

eine gute Marisqueira

uma boa marisqueira
[umɒ boɒ mɒriʃkeirɒ]

5

Getränke

Ich hätte gern ein Bier!

Queria uma cerveja, se faz favor!
[kəriɒ umɒ sərveʒɒ sə faʃ fɒvor]

Ein Wasser (mit Kohlensäure), bitte!

Uma água (com gás), por favor!
[umɒ agwɒ (kõ gaʃ) pur fɒvor]

Mengen

copo de ... [kɔpu də]	Glas ...
imperial *f* [ĩmpərjal]	Glas (0,2) Bier vom Faß
caneca [kɒnɛkɒ]	Glas (0,4) Bier vom Faß
mini *f* [mini]	kleine Flasche Bier

garrafa de cerveja [gɒRafɒ də sərveʒɒ]	Flasche Bier (0,33)
taça de vinho [tasɒ də viɲu]	kleines Glas Wein (0,1)
copo de vinho [kɔpu də viɲu]	großes Glas Wein (0,2)
penalty [pənalti]	Glas Wein (umgangsspr.)
jarro de vinho [ʒaRu də viɲu]	Krug Wein
(meia) garrafa de vinho [(mejɒ) gɒRafɒ də viɲu]	(halbe) Flasche Wein
pipa [pipɒ]	Weinfaß aus Holz
calice [kalisə]	Schnapsglas
(meio) litro [(meju) litru]	(halber) Liter

Ich hätte gern … .	**Eu queria … .** [eu kəriɒ]
ein Glas Wasser	um copo de água [ũ kɔpu də agwɒ]
einen Orangensaft	um sumo / *bras.* suco de laranja [ũ sumu / suku də lɒrɑ̃ʒɒ]
eine Flasche Wein / Wasser	uma garrafa de vinho / água [umɒ gɒRafɒ də viɲu / agwɒ]

Kaffee & Tee

Deutsche in Portugal vermissen oft ihren gewohnten Kaffee. In Portugal trinkt man üblicherweise eine *bica* (wörtlich übersetzt »ein Mündchen voll«), einen starken, espressoähnlichen Kaffee, der mit Zucker (= *açucar*) und seltener mit Milch (= *leite*) getrunken wird. Diesen Kaffee gibt es in vielen Variationen. Wer einen Kaffee möchte, der mehr dem deutschen Geschmack entspricht, bestellt am besten einen *galão* (= Milchkaffee).
Chá (= Tee) wird selten bestellt, man bekommt ihn meistens in Beuteln und mit einer Kanne heißem Wasser.

bica [bikɒ]	starker espressoähnlicher Kaffee
bica cheia [bikɒ ʃejɒ]	wie oben, nur mit ein bißchen mehr Wasser
italiana [itɒljɒnɒ]	besonders starke *bica*
carioca de café [karjɔkɒ də kɒfɛ]	schwächere *bica*
galão [gɒlãu]	Milchkaffee, im Glas serviert
~ escuro [iʃkuru]	~ mit viel Kaffee und wenig Milch
~ claro [klaru]	~ mit viel Milch und wenig Kaffee
garoto [gɒrotu]	kleiner Milchkaffee
chá [ʃa]	Tee, meistens im Beutel
chá de limão [ʃa də limãu]	Tee aus aufgebrühten Zitronenschalen
chã com limão [ʃa kõ limãu]	Tee mit ein wenig Zitronensaft

Ich hätte gerne ..., bitte!	**Eu queria ..., por favor!** [eu kəriɒ pur fɒvor]
einen Tee	um chá [ũ ʃa]
einen Milchkaffee	um galão [ũ gɒlãu̯]
Ich hätte gerne etwas Zucker!	Se faz favor, um pouco de açúcar! [sə faʃ fɒvorŋ ũ poku də ɒsukar]

Erfrischungsgetränke

Wie in fast allen Ländern der Welt bekommt man auch in Portugal die üblichen Erfrischungsgetränke der großen Getränkekonzerne. Wer einen frisch gepreßten Fruchtsaft möchte, bestellt einen *sumo natural*, im Sommer mit *gelo* (= Eis). Portugiesen trinken viel Wasser, aber ohne Kohlensäure! Oft bitten sie um ein Glas Leitungswasser (= *copo de água*), das ihnen unentgeltlich gereicht wird.

Coca-Cola	Coca-Cola [kɔkɒ kɔlɒ]
Orangensaft	sumo de laranja [sumu də lɒrãnʒɒ]
Apfelsaft	sumo de maçã [sumu də mɒsã]
Mineralwasser	água [agwɒ]
~ mit / ohne Kohlensäure	~ com / sem gás [kõ / sẽi gaʃ]

Eine Coca-Cola, bitte!	Uma Coca Cola, se faz favor! [umɒ kɔkɒ kɔlɒ sə faʃ fɒvor]
Mit Eis, bitte!	Com gelo, por favor! [kõ ʒɛlu pur favor]
Ich hätte gern einen Strohhalm!	Queria uma palhinha, por favor! [kəriɒ umɒ pɒʎiɲɒ pur fɒvor]
Eisgekühlt, bitte!	Fresco, se faz favor! [freʃku sə faʃ fɒvɔr]

5

Alkoholische Getränke

Zum Essen in Portugal gehört der Wein (= *vinho*), den es als *vinho tinto* (= Rotwein), *vinho branco* (= Weißwein) oder *vinho verde* (= grünen Wein) gibt. Nicht umsonst besagt die Statistik, daß in Europa Portugal nach Frankreich den höchsten Weinkonsum pro Kopf aufweist. In den Restaurants bestellt man zum Essen normalerweise Flaschenwein. Einen *jarro* (= Krug) Wein oder gar ein *copo* (= Glas) Wein bekommt man eher in Restaurants der unteren Preisklasse, den *tascas* oder *tavernas*. Nach dem Essen trinken viele Portugiesen einen Schnaps (= *aguardente*) zum Kaffee, sei es als *bagaço* (= Tresterschnaps) oder als *brandy* (= Weinbrand). Entgegen der deutschen Gewohnheit wird es vermieden, gezapftes Bier mit einer Schaumkrone zu servieren! Unbedingt probieren sollte man die für Portugal typischen Liköre, wie den *ginja* [ʒĩʒɒ] (= Sauerkirschlikör), den man am besten in einer der typischen Ginjastuben einnimmt.

5

cerveja [sərveʒɒ]	Bier
cerveja preta [sərveʒɒ pretɒ]	dunkles Bier
imperial [ĩmpərjal]	Glas gezapftes Bier
caneca [kɒnɛkɒ]	großes Glas gezapftes Bier
vinho tinto [viɲu tĩntu]	Rotwein
vinho branco [viɲu brãnku]	Weißwein
vinho verde [viɲu verdə]	grüner Wein
vinho do Porto [viɲu du portu]	Portwein (weiß oder rot)
moscatel de Setúbal [muʃkɒtɛl də sətubɒl]	süßer Dessertwein aus der Gegend von Setubal
favaios [fɒvajuʃ]	ähnlich dem Moscatel
ginjinha [ʒĩʒiɲɒ]	Sauerkirschlikör (portugiesische Spezialität)
amêndoa amarga [ɒmẽndwɒ ɒmargɒ]	Bittermandellikör
abafado [ɒbɒfadu]	ein dem Portwein ähnlicher starker süßer Wein
aguardente [agwɒrdẽntə]	Schnaps
bagaço [bɒgasu]	Tresterschnaps
bagaceira [bɒgɒseirɒ]	edlerer Tresterschnaps
brandy [brãndi]	Weinbrand
medronho [mədroɲu]	typischer Obstbrand aus der Algarve, der aus Baumerdbeeren gewonnen wird

Apropos: Man streitet sich über die Herkunft der Bezeichnung *vinho verde*, dieses erfrischenden leichten jungen Weines, der aus der nördlichen Provinz Minho stammt. Ist es der Umstand, daß es sich um einen jungen Wein handelt oder ist es der Anblick des satten Grüns der Weinberge in dieser Region, der bei der Namensgebung Pate stand? Ausländer sind oft überrascht, daß es auch einen *vinho verde tinto* [viɲu verdə tĩntu] (= roter grüner Wein) gibt!

▶ Wörterbuch
▶ Kap. 5, Weine genießen S. 140, Mengen S. 112

Frühstück

So viel Muße sich die Portugiesen beim Mittagessen und Abendessen auch lassen, so hastig und überstürzt pflegen sie ihr Frühstück einzunehmen. Meistens besteht dieses nämlich ausschließlich aus einem in einer *pastelaria*, *cafetaria* oder *snack bar* eingenommenen Kaffee, zu dem entweder ein *Croissant*, ein *bolo* (= Teilchen mit verschiedenen Füllungen) oder ein mit Käse oder Schinken belegtes Brot (= *sandes*) heruntergeschlungen wird. Wer etwas mehr Zeit hat, setzt sich eventuell an einen Tisch und bestellt einen *tosta mista* (= Toast mit Käse und gekochtem Schinken). Natürlich bietet sich in den größeren Hotels immer die Möglichkeit, sich ein dem deutschen Geschmack entsprechendes Frühstück zusammenzustellen.

Frühstücksliste

Brot	pão [pãu]
Brötchen	pãozinho [pãuziɲu]
Butter	manteiga [mãnteigɒ]
Croissant	croissant [kruɒsã]
Ei	ovo [ovu]
gekochtes ~	~ cozido [kuzidu]

Käse	queijo [keiʒu]
Margarine	margarina [mɒrgɒrinɒ]
...-Marmelade	doce de ... [dosə də]
Erdbeer	morango [murãngu]
Pfirsich	pêssego [pesəgu]
Himbeer	framboesa [frãmbwezɒ]
Sauerkirsch	ginja [ʒĩʒɒ]
Milch	leite [leitə]
Voll~	~ gordo [gordu]
Mager~	~ magro [magru]
Salz	sal [sal]
Sandwich	sanduíche / sandes *f* [sãndwiʃə / sãndəʃ]
gekochter Schinken	fiambre [fjãmbrə]
roher Schinken	presunto [prəzũntu]

5

Ich hätte gern ein Brötchen mit ... .
Eu queria uma sandes de ..., se faz favor. [eu kəriɒ umɒ sãndəʃ də ... sə faʃ fɒvor]

gekochtem Schinken — fiambre [fjãmbrə]
Käse — queijo [keiʒu]

Zwei gekochte Eier, bitte!
Dois ovos cozidos, por favor! [doiʃ ovuʃ kuziduʃ pur favor]

Für mich bitte einen Toast mit Käse und Schinken!
Para mim, é uma tosta mista, por favor! [pɒrɒ mĩ ɛ umɒ toʃtɒ miʃtɒ pur fɒvor]

Haben Sie auch ...?
Tem ...? [tẽi]

Fruchtjoghurt — iogurte com frutas [jugurtə kõ frutɒʃ]

Kondensmilch — leite condensado [leitə kõndẽnzadu]

Bitte bringen Sie mir ein Kännchen mit Milch!	Traga-me um pouco de leite, se faz favor! [tragɒ mə ũ poku də leitə sə faʃ fɒvor]

▶ Kap.5, Kaffee & Tee S. 113

Der kleine Imbiß zwischendurch

Portugiesen lieben es, sich auch zwischen den Mahlzeiten mit Freunden zu einem kleinen Schwatz gesellig zusammenzusetzen. Man trinkt bei dieser Gelegenheit ein Glas Wein oder ein Bier. Dazu werden *petiscos* [pətiʃkuʃ] (= kleine Häppchen) gereicht, zum Beispiel *presunto* (= roher Schinken), *queijo da serra* (= Schafskäse aus der Serra da Estrela) oder *salada de polvo* (= Tintenfischsalat).

azeitonas [ɒzeitonɒʃ]	Oliven von verschiedener Farbe und Größe, besonders schmackhaft, wenn in Knoblauch eingelegt
croquetes de carne [krɔkɛtəʃ də karnə]	mit einer Art Hackfleisch gefüllte Pasteten
pastel de bacalhau [pɒʃtɛl də bɒkɒʎau]	Pastete aus Stockfisch und Brot, in Öl fritiert
chamuça [ʃɒmusɒ]	mit Curry scharf gewürzte Hackfleischpastete nach indischer Art
chouriço assado [ʃorisu ɒsadu]	geräucherte Rinderwurst, die über starkem Tresterschnaps flambiert wird und zusammen mit *broa* [broɒ] (= Maismehlbrot) und Oliven gereicht wird

5

salada do polvo [sɒladɒ də polvu]	Tintenfischsalat mit Zwiebeln, Essig, frischem Koriander und gekochten Eiern
bifana [bifɒnɒ]	kleines fritiertes Schweineschnitzel in einem Brötchen, oft mit Knoblauch gewürzt
prego [prɛgu]	kleines dünnes Rindersteak in einem Brötchen, mit Knoblauch gewürzt
presunto [prəzuntu]	roher Schinken, besonders bekannt und gut ist der aus Chaves
petingas [pətĩngɒʃ]	kleine fritierte Fischchen, die mit Schwanz und Kopf gegessen werden
caracóis [kɒrɒkoiʃ]	kleine Schnecken, die besonders im Sommer gern zu einem Glas Bier gegessen werden

Einen Teller mit rohem Schinken und Käse, bitte!
Um pires com presunto e queijo, se faz favor! [ũ piriʃ kõ prəzuntu i keiʒu sə faʃ fɒvor]

Noch eine Stockfischpastete, bitte!
Mais um pastel de bacalhau, se faz favor! [maiʃ ũ pɒʃtɛl də bɒkɒʎau sə faʃ fɒvor]

Sind die *chamuças* sehr scharf?
As chamuças são muito picantes? [ɒʃ ʃɒmusɒʃ sɐ̃u mũintu pikɐ̃ntəʃ]

Haben Sie ...?
Tem ...? [tẽi]

Tintenfischsalat
salada do polvo [sɒladɒ də polvu]

Oliven
azeitonas [ɒzeitonɒʃ]

Wieviel kostet ein Tintenfischsalat?

Quanto é uma salada do polvo?
[kwɐ̃ntu ɛ umɒ sɔladɒ du polvu]

Ich möchte das da gerne probieren.

Gostaria de experimentar isso.
[guʃtɒriɒ də iʃpərimẽntar isu]

S Damen	H Herren

Apropos: In einigen Gaststätten muß man den Schlüssel zur Toilette extra anfordern.

Ich hätte gerne den Toilettenschlüssel!

Queria a chave para a casa de banho, se faz favor!
[kəriɒ ɒ ʃavə pɔrɒ ɒ kasɒ də baɲu sə faʃ fɒvor]

▶ Kap. 5, Bestellen S. 133, Bezahlen S. 137

Im Restaurant

Das Mittagessen (= *almoço*) wird zwischen 12 Uhr und 15 Uhr und das Abendessen (= *jantar*) zwischen 19 und 22 Uhr eingenommen. Mittags speist man ausführlich mit Suppe, Hauptmahlzeit und Nachspeise, dazu trinkt man Wasser, eine Flasche Wein oder Bier. Nach dem Essen trinkt man üblicherweise einen Kaffee, oft begleitet von einem *bagaço* (= Tresterschnaps), Kognac oder Whisky. Die Restaurants bieten neben den Standardmenüs jeweils eine Reihe von Tagesgerichten (= *pratos de dia* [pratuʃ də diɒ]) an.

Reservieren & Platz nehmen

Ich möchte gern einen Tisch … reservieren.
Queria reservar uma mesa … .
[kəriɒ Rəzərvar umɒ mezɒ]

für zwei Personen
para duas pessoas
[pɒrɒ duɒʃ pəsoɒʃ]

für heute abend
para o jantar hoje
[pɒrɒ u ʒɑ̃ntar hoʒə]

für morgen mittag
para o almoço, amanhã
[pɒrɒ u ɒlmosu ɒmɒɲɑ̃]

• Em que nome?
[ẽi kə nomə]
Auf welchen Namen?

Auf den Namen Schmidt.
Em nome do Sr. Schmidt.
[ẽi nomə du siɲor ʃmit]

Guten Tag, wir sind … .
Bom dia, nós somos … .
[bõ diɒ nɔʃ somuʃ]

zu zweit
dois [doiʃ]

zu viert
quatro [kwatru]

Können wir uns an diesen Tisch setzen?
Podemos sentar-nos nesta mesa?
[pudemuʃ sẽntarnuʃ nɛʃtɒ mezə]

Wir haben einen Tisch auf den Namen »Mendes« reserviert.
Nós reservamos uma mesa em nome do Sr. »Mendes«.
[nɔʃ Rəsərvamuʃ umɒ mezə ẽi nomə du siɲor mɛndəʃ]

• Aqui temos a sua mesa.
[ɒki tɛmuʃ ɒ suɒ mezə]
Dieser Tisch ist für Sie.

Tip: In portugiesischen Restaurants wartet der Gast normalerweise an der Tür, um dann vom Ober einen Platz zugewiesen zu bekommen.

Die Speisekarte: Ein Überblick

Zu einem kompletten portugiesischen Mittag- oder Abendessen gehören Brot, Butter, Käse, Oliven u.a., die meistens ohne Aufforderung sofort nach der Bestellung an den Tisch gebracht werden. Es folgt ein Fleisch- oder Fischgericht mit Beilagen als Hauptgang und eine Nachspeise. Salat muß man meistens extra bestellen. Jedes Restaurant bietet einen meist relativ preiswerten Hauswein (= *vinho da casa*) an, der aber durchaus gut sein kann.

EMENTA

Couvert	*Brot, Butter, Oliven etc.*	
Entradas	*Vorspeisen*	*S. 125*
Sopas	*Suppen*	*S. 125*
Saladas	*Salate*	*S. 125*
Pratos principais	*Hauptgerichte*	
Peixe & Mariscos	*Fisch & Meeresfrüchte*	*S. 126*
Carne	*Fleischgerichte*	*S. 130*
Doces	*Desserts*	*S. 132*
Frutas	*Obst*	*S. 157*
Bebidas	*Getränke*	*S. 112*
IVA incluído	*Mehrwertsteuer inbegriffen*	

Jedes Restaurant in Portugal ist verpflichtet, ein sogenanntes *menu turístico* [məny turiʃtiku] (= Touristenmenü) anzubieten – eine komplette Mahlzeit mit Nachspeise und Getränken zu einem Pauschalpreis.

Zubereitungsarten

no forno [nu fornu]	im Backofen zubereitet
grelhado [griʎadu]	gegrillt
cozido [kozidu]	gekocht
bem passado [bẽi pɒsadu]	gut durch (Fleisch)
mal passado [mal pɒsadu]	noch blutig
estufado [iʃtufadu]	geschmort
na brasa [nɒ brazɒ]	auf dem Holzkohlengrill zubereitet
frito [fritu]	fritiert
assado [ɒsadu]	gebraten
guisado [gizadu]	gekocht / geschmort
panado [pɒnadu]	paniert
recheado [rəʃjadu]	gefüllt
fumado [fumadu]	geräuchert
picante [pikɑ̃ntə]	scharf
ao natural [au nɒtural]	naturbelassen (ohne Soße)
à / com piri piri [a / kõ piri piri]	mit scharfem roten Pfeffer
na frigideira [nɒ friʒədeirɒ]	in der Pfanne zubereitet
na canoa [nɒ kɒnoɒ]	in einer speziellen Fischpfanne zubereitet
na cataplana [nɒ kɒtɒplanɒ]	in der traditionellen Kupferpfanne zubereitet
no espeto [nu iʃpetu]	am Spieß

Zutaten

sal [sal]	Salz
pimenta [pimẽntɒ]	Pfeffer
cebola [səbolɒ]	Zwiebel
alho [aʎu]	Knoblauch
salsa [salsɒ]	Petersilie
mostarda [muʃtardɒ]	Senf
azeite *m* [ɒzeitə]	Olivenöl
vinagre *m* [vinagrə]	Essig
limão [limɑ̃u]	Zitrone
louro [loru]	Lorbeer
piri piri [piri piri]	scharfer roter Pfeffer
coentros *pl* [kwẽntruʃ]	frischer Koriander
oregãos *pl* [uregɑ̃uʃ]	Oregano
açafrão [ɒsɒfrɑ̃u]	Safran

Vorspeisen, Suppen & Salate

In portugiesischen Restaurants ist es üblich, daß der Gast vor der eigentlichen Hauptspeise ein sogenanntes *couvert* bekommt, das extra bezahlt wird und aus verschiedenen Zutaten bestehen kann, wie: Brot, Butter, Oliven, Frischkäse, rohem Schinken, Thunfisch- oder Sardinenpasteten etc. Das Dressing zum Salat stellt sich der Gast normalerweise selber aus Olivenöl und Essig zusammen. Viele Portugiesen essen ihre Suppe übrigens erst nach dem Hauptgang.

queijo fresco [keiʒu freʃku]	Frischkäse
queijo seco [keiʒu seku]	kleiner Hartkäse

azeitonas [ɒzeitonɒʃ]	Oliven
presunto [prəzũntu]	roher Schinken
pasta de atum [paʃtɒ də ɒtũ]	Thunfischpastete
pasta de sardinha [paʃtɒ də sɒrdiɲɒ]	Sardinenpastete
salada mista [sɒladɒ miʃtɒ]	gemischter Salat (normalerweise aus Kopfsalat, Tomaten und Zwiebeln)
salada de tomate [sɒladɒ də tumatə]	Tomatensalat
sopa do dia [sopɒ du diɒ]	Tagessuppe
sopa de legumes [sopɒ də ləgumәʃ]	Gemüsesuppe
caldo verde [kaldu verdə]	Kohlsuppe
sopa à alentejana [sopɒ a alәntәʒɒnɒ]	Suppe nach einem Rezept aus dem Alentejo
creme de mariscos [krɛmə də mɒriʃkuʃ]	pürierte Meeresfrüchtesuppe
canja [kãʒɒ]	Hühnersuppe

5

Bei der *caldo verde* handelt es sich um eine aus der nördlichen Provinz Minho stammende Suppe aus feingeschnittenem Kohl und pürierten Kartoffeln, die pro Portion eine Scheibe geräucherte Dauerwurst enthält. Die *sopa à alentejana* enthält viel Knoblauch und ein pochiertes Ei, obenauf schwimmt eine Scheibe Toastbrot.

Fisch & Meeresfrüchte

Beliebt sind die vielen verschiedenen Bacalhau-Gerichte – Fachleute schätzen ihre Zahl auf rund 300. Nicht umsonst besteht das typische Weihnachtsessen aus *bacalhau com todos* [bɒkɒʎau kõ toduʃ]

(= gekochter Stockfisch mit Kartoffeln, Kohl und gekochten Eiern). Der deutsche Tourist sollte den portugiesischen *bacalhau* nicht mit dem in Deutschland nach dem Krieg als Notessen bekannten Stockfisch verwechseln, sondern den Mut haben, diese auf Trockenfisch basierende Delikatesse zu probieren. Für den »Anfänger« seien besonders *bacalhau com natas, bacalhau a braz* oder *bacalhau assado* zu empfehlen. Köstlich sind auch die *caldeiradas* [kɒldeiradɒʃ]: verschiedene Fischsorten werden in einer Kupferpfanne (= *cataplana* [kɒtɒplanɒ]) zusammen mit Kartoffeln, Zwiebeln, Tomaten, Paprika und Knoblauch zu einer Art Fischeintopf zubereitet.

atum [ɒtũ]	Thunfisch
bacalhau [bɒkɒʎau]	Stockfisch
~ a braz [ɒ braʃ]	mit Zwiebeln, Eiern und fritierten Kartoffeln
~ assado [ɒsadu]	gebackener Stockfisch (mit kleinen Pellkartoffeln, Zwiebeln und viel Knoblauch)
~ com natas [kõ natɒʃ]	überbackener Auflauf mit Stockfisch, Sahne, Zwiebeln
~ cozido [kuzidu]	gekochter Stockfisch, oft mit Salzkartoffeln und Kichererbsen
carapau [kɒrɒpau]	Knochenfisch (wie Sardine nur etwas größer)
cherne [ʃɛrnə]	Silberbarsch
chocos *pl* [ʃokuʃ]	Tintenfisch
~ com / sem tinta [kõ / sẽi tĩntɒ]	~ mit / ohne Tinte
enguia [ẽngiɒ]	kleine Aale, die als Eintopf mit Kartoffeln und Zwiebeln zubereitet werden

5

espadarte [iʃpɒdartə]	Sägefisch
garoupa [gɒropɒ]	Barsch
lampreia [lɑ̃mprejɒ]	Neunauge (Süßwasserfisch)
lulas [lulɒʃ]	Kalmar
ovas *f* [ɔvɒʃ]	Fischrogen
pargo [pargu]	Seebrasse
peixe espada [peiʃə iʃpadɒ]	Schwertfisch
pescada [piʃkadɒ]	Schellfisch
polvo [polvu]	ganzer gekochter Tintenfisch (serviert mit Kartoffeln und grünen Bohnen)
robalo [Rubalu]	Seebarsch
salmão [sɒlmɑ̃u]	Lachs
sargo [sargu]	Seebarbe
tamboril [tɑ̃mburil]	Stachelrochen / Seeteufel

mariscos [mɒriʃkuʃ]	**Meeresfrüchte**
açorda de gambas [ɒsordɒ də gɑ̃mbɒʃ]	Garnelen mit einem Brotbrei, der am Tisch mit Koriander, Olivenöl und einem Eigelb vermischt wird
ameijôa [ɒmeiʒwɒ]	Miesmuschel
arroz de mariscos [ɒRoʃ də mɒriʃkuʃ]	Reistopf mit Meeresfrüchten
berbigão à Bulhão Pato [bərbigɑ̃u a buʎɑ̃u patu]	Herzmuscheln in einer Soße aus Olivenöl, Knoblauch und Koriander
búzio [buzju]	Hornschnecke
camarão [kɒmɒrɑ̃u]	Krabbe
canilha [kɒniʎɒ]	Spule
carracois *pl* [kɒrɒkoiʃ]	Schnecken
conquilha [kunkiʎɒ]	kleine Muschel
gamba [gɑ̃mbɒ]	Garnele
lagosta [lɒgoʃtɒ]	Languste
percebes [pərsebəʃ]	kleine Schalentiere
santola [sɑ̃ntolɒ]	Seespinne
sapateira [sɒpɒteirɒ]	Schusterkrebs

► Kap. 6, Fisch & Meeresfrüchte S. 155
► Speisefische, Abb. 2 im Anhang

Tip: Zu den Schusterkrebsen (= *sapateira*) wird üblicherweise ein Brettchen und ein Holzhämmerchen gereicht, mit dem der Gast die Scheren am Tisch aufklopft. Besonders köstlich ist das Innere des Schalentiers, das mit Senf, Bier und Eigelb vermischt und zusammen mit warmem Toastbrot direkt aus der Schale gelöffelt wird. Wer sich vor so viel Mühe scheut, sollte einmal ein *arroz de mariscos* (= Reistopf mit Meeresfrüchten) probieren, in dem viele der Meeresfrüchte wie Krabben, Muscheln und Stücke von Schusterkrebsen enthalten sind. Seinen typischen Geschmack erhält dieses Gericht durch frischen Koriander (= *coentros*). Viele Portugiesen trinken – gerade im Sommer – kühles Bier zu den Meeresfrüchten.

Typische Fleischgerichte

caldeirada de cabrito [kɒldeiradɒ də kabritu]	Eintopf aus Zicklein, Kartoffeln und Gemüse
carne de porco à alentejana [karnə də porku a ɒlẽntəʒɒnɒ]	fritierte Würfel von Schweinefleisch garniert mit Muscheln; dazu Pommes frites
chanfana [ʃɑ̃fanɒ]	Ziegenfleisch, das im Backofen in Rotwein gebacken wird
cozido à portuguesa [kuzidu a purtugezɒ]	ein äußerst nahrhaftes deftiges Gericht aus weißen Bohnen, Kohl, Möhren und verschiedenen gekochten Fleisch- und Wurstsorten; Reis als Beilage
favas guisadas *f pl* [favɒʃ gizadɒʃ]	Eintopf aus dicken Bohnen, Blutwurst und verschiedenen Fleischsorten
feijoada [feiʒwadɒ]	ein Gericht aus verschiedenen Bohnensorten, gekochtem Fleisch (manchmal sehr fett) und Kohl; dazu Reis
feijoada à brasileira [feiʒwadɒ a brɒzileirɒ]	verschiedene gekochte Fleischsorten mit kleinen schwarzen Bohnen, die mit Maniokmehl überstreut werden; dazu ißt man Apfelsinenscheiben

tripas *f pl* [tripɒʃ]	Eintopf aus Kutteln, weißen Bohnen, Wurst und Speck (Spezialität aus Porto)

Apropos: Aufgrund der kolonialen Vergangenheit und des relativ hohen Anteils von Portugiesen afrikanischer Abstammung findet man in Portugal auch Restaurants mit afrikanischem Essen: Bei der *moamba de galinha* [muambɒ də gɒliɲɒ] handelt es sich um ein in Palmöl zubereitetes Hähnchen, das mit einer Art Polenta (= *fuba de milho* [fubɒ də miʎu]) und reichlich *piri piri* (= scharfem roten Pfeffer) gegessen wird.

Beilagen & Gemüse

batata cozida [bɒtatɒ kuzidɒ]	gekochte Salzkartoffeln
batata frita [bɒtatɒ fritɒ]	Pommes frites
puré de batata [purɛ də bɒtatɒ]	Kartoffelpüree
arroz [ɒRoʃ]	Reis
arroz malandrinho [ɒRoʃ mɒlɐ̃drinu]	Reis mit viel Soße
legumes *pl* [ləguməʃ]	Gemüse
massa [masɒ]	Nudeln

► Kap. 6, Glossar: Gemüse S. 156
► Wörterbuch

Apropos: Die Auswahl an unterschiedlichen Gemüsearten, die in den durchschnittlichen portugiesischen Restaurants als Beilage angeboten wird, ist sehr bescheiden.

Nachspeisen

Bei den portugiesischen Nachspeisen zeigt sich das maurisch-arabische Erbe in der Vorliebe für äußerst süße Ingredienzien wie Zukker, Eigelb und Mandeln. Auf der Basis dieser Zutaten sind Nachspeisen mit so vielversprechenden Namen wie *doce de avó* [dosə də ɒvo] (= Omas Süßspeise) oder *barriga de freira* [bɒğigɒ də freirɒ] (= Nonnenbäuchlein) zubereitet. Wem diese Nachspeisen zu süß sind, ist ein Fruchtsalat (= *salada de frutas* [sɒladɒ də frutɒʃ]) zu empfehlen. Sehr schmackhaft sind die Bananen und Maracujafrüchte von der Insel Madeira.

5

Doce [dosə]	**Süßspeise**
arroz doce [ɒRoʃ dosə]	Milchreis, mit Zimt bestreut
baba de camelo [babɒ də kɒmelu]	Süßspeise aus karamelisierter Kondensmilch
bolo de bolacha [bolu də bulaʃɒ]	Stück Kuchen, das aus Keksschichten mit Cremefüllungen besteht
bolo de amêndoa [bolu də ɒmẽnduɒ]	Mandelkuchen
frutas *pl* [frutɒʃ]	Obst
leite creme [leitə krɛmə]	ein aus Milch, Eiern, Zucker und Zitronenschale zubereiteter Pudding, auf dessen Oberfläche mit einem Brenneisen ein Muster einkaramelisiert wird
maçã assada [mɒsã ɒsadɒ]	mit Zuckerguß überzogener Bratapfel, der kalt serviert wird
molotov [molotɔf]	zuckriger Eischnee mit einem Überzug aus Eigelb, der mit Karamelsoße übergossen wird

mousse de chocolate *f* [musə də ʃokulatə]	Diese Art von Schokoladenpudding gibt es in sehr unterschiedlicher Qualität: aus der Packung oder vom Koch mit echter Schokolade nach einem alten Rezept zubereitet.
mousse com cheirinho [musə kõ ʃeiriɲu]	Manche Portugiesen lassen sich einen Schuß Tresterschnaps oder Kognac über ihre Mousse gießen.
pudim flan [pudĩ flã] com chantily [kõ ʃãtili]	Karamelpudding mit Schlagsahne

▶ Kap. 5, In der Pastelaria S. 137
▶ Kap. 6, Glossar: Obst S. 157

In Portugal werden ausgezeichnete Käse produziert, die man auch zum Nachtisch essen kann. Beim *queijo da ilha* [keiʒu dɒ iʎɒ] handelt es sich um einen leicht pikanten Käse, der sehr gut mit einem Bier oder einem Glas Wein harmoniert. Der *queijo da serra* [keiʒu dɒ sɛRɒ] ist ein Schafskäse, der sowohl als *curado* [kuradu] (= reif) wie auch als *amanteigado* [ɒmãnteigadu] (= überreife, butterähnliche Konsistenz) hervorragend mundet. *Queijo fresco* [keiʒu freʃku] (= Frischkäse) bietet man oft als Vorspeise an. Kleine *queijos secos* [keiʒuʃ sekuʃ] (= Hartkäse), die je nach Alter und Konsistenz unterschiedlich schmecken, sind als Nachspeise ebenfalls sehr zu empfehlen.

Bestellen

Oft empfiehlt es sich, eines der Tagesgerichte zu nehmen, weil diese frischere Bestandteile enthalten und schneller zubereitet werden können. Wissen Sie nicht, was Sie bestellen sollen, fragen Sie den Wirt nach seiner Empfehlung: *O que pode recomendar, hoje?* [u kə podə rəkumẽndar oʒə].

Bringen Sie bitte die Speisekarte!	Traga a lista, se faz favor! [tragɒ ɒ liʃtɒ sə faʃ fɒvor]
• Já escolheram? [ʒa iʃkuʎerãu]	Haben Sie schon gewählt?
Ich möchte / Wir möchten … .	Eu queria / Nós queremos … . [eu kəriɒ / nɔʃ kəremuʃ]
Die Dame / Der Herr möchte … .	A Senhora / O Senhor quer … . [ɒ siɲorɒ / u siɲor ker]
Für mich … .	Para mim … . [pɒrɒ mĩ]
Wir möchten dasselbe, was der Herr am Nachbartisch ißt.	Nós queremos a mesma coisa que o senhor tem na mesa vizinha. [nɔʃ kəremuʃ ɒ meʃmɒ koizɒ kə u siɲor tẽi nɒ mezɒ viziɲɒ]
• O que vão beber? [u kə vãu bəber]	Was möchten Sie trinken?
• **Querem …?** [kerẽi] um aperitivo [ũ ɒpəritivu] uma entrada [umɒ ẽntradɒ]	**Möchten Sie …?** einen Aperitif eine Vorspeise
Gibt es zum Steak / zum Fisch auch Salat?	O bife / O peixe é acompanhado por uma salada? [u bifə / u peiʃə ɛ ɒkompɒɲɒdu pur umɒ sɒladɒ]
Statt Salzkartoffeln möchte ich Pommes frites!	Queria batata frita em vez de batata cozida! [kəriɒ bɒtatɒ fritɒ ĩ vɛʃ də bɒtatɒ kuzidɒ]
Haben Sie auch halbe Portionen?	Também tem meias dozes / *bras.* porcões? [tãmbẽi tẽi mejɒʃ dozəʃ / pursõis]

Haben Sie etwas für ...?

Tem um prato para ...?
[tẽi ũ pratu pɒrɒ]

Vegetarier
vegetarianos [viʒətɒrjɒnuʃ]

Diabetiker
diabéticos [djɒbɛtikuʃ]

• Querem mais alguma coisa?
[kerẽi maiʃ ɒlgumɒ koizɒ]

Möchten Sie noch etwas?

5

Beanstanden

Haben Sie meinen Fisch vergessen?

Esqueceu-se do meu peixe?
[iʃkɛseu sə du meu peiʃə]

Das Essen ist etwas ... .

A comida está um pouco ... .
[ɒ kumidɒ iʃta ũ poku]

kalt
fria [friɒ]

salzig
salgada [sɒlgadɒ]

scharf
picante [pikãntə]

Hier fehlt noch eine Gabel.	Falta ainda um garfo. [faltɒ ɒĩndɒ ũ garfu]
Können Sie uns noch ein/e/n … bringen?	Pode trazer-nos outro / outra …? [pɔde trɒzer nuʃ otru / otrɒ]

► Wörterbuch

1 Tisch	mesa [mezɒ]
2 Stuhl	cadeira [kɒdeirɒ]
3 Hochstuhl	cadeira alta [kɒdeirɒ altɒ]
4 Tischtuch	toalha de mesa [twaʎɒ də mezɒ]
5 Serviette	guardanapo [gwardɒnapu]
6 Teller	prato [pratu]
7 Glas	copo [kɔpu]
8 Messer	faca [fakɒ]
9 Gabel	garfo [garfu]
10 Löffel	colher *f* [kuʎer]
11 Pfeffer	pimenta [pimẽntɒ]
12 Salz	sal *m* [sal]
13 Zahnstocher	palito [pɒlitu]
14 Aschenbecher	cinzeiro [sĩzeiru]

Bezahlen

In Portugal ist es üblich, die Rechnung (= *conta* [kõntɒ]) für einen Tisch zusammen zu bestellen. Trotzdem ist es natürlich auch möglich, den Kellner um *contas separadas* [kõntɒʃ səpɒradɒʃ] (= getrennte Rechnungen) zu bitten. Normalerweise hinterläßt man ein Trinkgeld (= *gorjeta* [gurʒɛtɒ]) von ungefähr 5%.

Die Rechnung, bitte!	A conta, se faz favor! [ɒ kõntɒ sə faʃ fɒvor]
• Junto on separado? [ʒũnto u səpɒradu]	Zusammen oder getrennt?
Getrennt / Zusammen, bitte!	Separado / Junto, se faz favor! [səpɒradu / ʒũntu sə faʃ fɒvor]
Hier scheint ein Fehler vorzuliegen.	Aqui, parece-me um erro. [ɒki pɒresə mə ũ eRu]
Wofür sind diese vierhundert Escudos?	Para que são esses quatrocentos escudos? [pɒrɒ ke sãu ɛsəʃ kwatrusẽntuʃ iʃkuduʃ]
Ich hätte gerne eine Quittung.	Eu queria uma factura, se faz favor. [eu kəriɒ umɒ fɒtu-ɒ sə faʃ fɒvor]

5

Süße Leckereien

In der Pastelaria

In einer portugiesischen *pastelaria* (= Konditorei) findet der Besucher eine große Auswahl an Süßigkeiten wie Kuchen, Torten und

Gebäck, die für den deutschen Geschmack allerdings häufig etwas zu süß ausfallen. Eine Spezialität sind die *pasteis de natas* (= mit Vanillecreme gefüllte kleine Teilchen), die es in fast jeder *pastelaria* in Portugal gibt, die original aber nur in der *pastelaria de Belem* [pɒʃtəlɒriɒ də bəlẽi] (Belem ist ein Stadtteil von Lissabon) hergestellt werden. Man ißt diese Delikatesse mit etwas Zimt (= *canela* [kɒnɛlɒ]), den man auf die Teilchen streut.

bolacha [bulaʃɒ]	Keks
bolo [bolu]	Name für verschiedene Teilchen mit unterschiedlichen Füllungen; *bolo* ist aber auch die Sammelbezeichnung für Kuchen, Torten und Gebäck
~ de coco [də koku]	mit Kokosnuß
~ de amêndoa [də ɒmẽndwɒ]	mit Mandeln
~ de chocolate [də ʃokulatə]	mit Schokolade
~ de morango [də murãngu]	mit Erbeeren
bombom [bõmbõ]	Praline
pastel de nata [pɒʃtɛl də natɒ]	Teilchen mit Vanillecremefüllung
queijadas *pl* [keiʒadɒʃ]	kleiner süßer Käsekuchen
rebuçado [Rəbusadu]	Bonbon

• O que deseja? [u kə dəzeʒɒ]	Was wünschen Sie?
Womit ist dieses Teilchen gefüllt?	Que tem este bolo? [kə tẽi eʃtə bolu]
Ich hätte gerne fünf von diesen Teilchen (zum Mitnehmen).	Queria cinco desses bolos (para levar), se faz favor. [kəriɒ sĩnku desəʃ boluʃ (pɒrɒ ləvar) sə faʃ fɒvor]

► Kap. 5, Nachspeisen S. 132

5

In der Eisdiele

Eis	gelado [ʒəladu], *bras.* picolé [pikolɛ]
Eiskugel	bola [bolɒ]
gemischtes Eis	gelado misto [ʒəladu miʃtu]
Vanilleeis	gelado de baunilha [ʒəladu də bauniʎɒ]
Erdbeereis	gelado de morango [ʒəladu də murɐ̃ngu]
Schokoladeneis	gelado de chocolate [ʒəladu də ʃokulate]
Mandeleis	gelado de amêndoa [ʒəladu də ɒmẽndwɒ]

Ich hätte gerne ein Eis mit … .
Eu queria um gelado com … . [eu kəriɒ ũ ʒəladu kõ]

einer Kugel
uma bola [umɒ bolɒ]

zwei Kugeln
duas bolas [duɒʃ bolɒʃ]

• Quais são os sabores? [kwais sɐ̃u uʃ sɒborəʃ]
Welche Sorten möchten Sie?

Wieviel kostet eine Kugel?
Quanto custa uma bola? [kwɐ̃ntu kuʃtɒ umɒ bolɒ]

• Quantas bolas quer? [kwɐ̃ntɒʃ bolɒʃ ker]
Wie viele Kugeln möchten Sie?

• Quer o gelado num copo ou num cone? [ker u ʒəladu nũ kɔpu o nũ kɔnə]
Möchten Sie das Eis im Becher oder in der Waffel?

▶ Wörterbuch ▶ Kap. 6, Glossar: Obst S. 157

Weine genießen

Portugal ist ein Weinland. In fast allen Regionen, vom *Minho* im Norden bis zum *Alentejo* im Süden, wird Wein angebaut. Wegen der kleinbäuerlichen Strukturen und des hohen Pro-Kopf-Konsums der Portugiesen wird fast der gesamte Wein im Lande selbst verbraucht, so daß für den Export nur die süßen Dessertweine wie der Portwein, der Moscatel oder der Madeirawein übrigbleiben.

Ich möchte	**Queria ... .** [kerɒ]
eine Flasche	uma garrafa [umɒ gɒRafɒ]
ein Glas	um copo [ũ kɔpu]
ein kleines Glas	uma taça [umɒ tasɒ]
einen Krug	um jarro [ũ ʒaRu]
Ich hätte gerne einen ... Wein.	**Queria um vinho ... .** [kərɒ ũ viɲu]
Weiß-	branco [brãnku]
Rot-	tinto [tĩntu]
grünen (= jungen)	verde [verdə]
Port-	do Porto [du portu]
Madeira-	da Madeira [də mɒdeirɒ]
(halb-)trockenen	(meio) seco [(meju) seku]
lieblichen	suave [swavə]
süßen	doce [dosə]
leichten	ligeiro [liʒeiru]

Rund um den Wein

colheita [kuʎeitɒ]	Jahrgang
pipa [pipɒ]	Weinfaß

cooperativa [kwopərɒtivɒ]	Weingenossenschaft
engarrafado por … [ẽngɒRɒfadu pur]	abgefüllt von …
região demarcada [Riʒjɑ̃u dəmɒrkadɒ]	gesetzliches Gütesiegel für die Herkunft aus einem bestimmten Anbaugebiet
V.Q.P.R.C [ve ke pe ɛrə se]	ein Wein gehobener Qualität
C.V.R.A. [se ve ɛrə a]	Garantie dafür, daß ein Wein aus einer bestimmten Region kommt und aus ganz bestimmten Traubensorten hergestellt worden ist
vinho verde [viɲu verdə]	ein alkoholarmer (8-9%), fruchtig bis trockener junger Wein aus dem Minho
vinho maduro do / de … [viɲu mɒduru du / də]	(Sammelname für) reife Weine aus (dem) … Gebiet des Flusses
Douro [doru]	*Douro* und seiner Nebenflüsse im Norden Portugals
Dão [dɑ̃u]	ein nördlicher Nebenfluß des *Mondego* gibt diesen Weinen (im Geschmack dem Burgunder ähnlich) seinen Namen
Bairrada [baiRadɒ]	aus dem Gebiet zwischen *Aveiro* und *Coimbra* stammender Wein
Covilhã [kuviʎɑ̃]	aus *Covilã, Bucelas, Colares*
Bucelas [buselɒʃ]	
Colares [kularəʃ]	
Borba, Redondo, Reguengos, Lagos, Portimão [borbɒ Rədõndu Rəgẽnguʃ laguʃ purtimɑ̃u]	diese Weine aus dem Alentejo und dem Algarve sind relativ alkoholreiche und säurearme Tischweine

Beim *vinho do porto* (= Portwein) handelt es sich um einen im Norden Portugals angebauten kräftig-aromatischen Dessertwein, der seinen Namen von der Stadt Porto hat. Man unterscheidet die Portweine ihrer Farbe nach in: *Red/Ruby* (rubinrot und süß), *Tawny, Light Tawny* (hellgelb, älter, halbtrocken bis trocken) und *White* (honigfarben, jung bis mittelalt, überwiegend trocken). Außerdem unterscheidet man Portweine ihrem Alter nach in *Vintage Port* (sehr teure Spitzenjahrgänge, spätestens 3 Jahre nach der Ernte aus den Fässern in Flaschen abgefüllt), *Late Bottles Vintage = LBV* (Wein aus einem Jahrgang, der 6 Jahr in Fässern lagern darf) und *Colheitas* (erst kurz vor dem Verkauf in Flaschen abgefüllte mittlere Jahrgänge).

▶ Weinkarte, Abb. 1 im Anhang

EINKAUFEN 6

Orientierung

In Portugal haben fast alle Orte bzw. Stadtteile einen eigenen *mercado* (= Markt), der von frühmorgens bis mittags 13 Uhr geöffnet ist. Kleinere Läden schließen zwischen 13 und 15 Uhr, während die Supermärkte (= *supermercados*) und großen Einkaufszentren (= *centros comerciais*) durchgehend geöffnet sind.

▶ Kap. 1, Öffnungszeiten S. 25

6

Ist hier in der Nähe ein Supermarkt?	Há aqui perto algum supermercado? [a ɒki pɛrtu algũ supɛrmərkadu]
Wo kann man hier (günstig) Schuhe kaufen?	Onde se pode comprar aqui sapatos (em conta)? [õndə sə podə kõmprar ɒki sɒpatuʃ (ẽi kõntɒ)]
Wo finde ich hier ein Geschäft für …?	Onde posso encontrar uma loja de …? [õndə posu ẽnkõntrar umɒ lɔʒɒ də]

Was?		**Wo?**
Antiquitäten	antiguidades *f pl* [ãntigwidadəʃ]	antiquário [ãntikwarju]
Bekleidung	roupa [Ropɒ]	boutique [butikə]
Blumen	flores *f pl* [florəʃ]	florista [fluriʃtɒ]
Briefmarken	selos [seluʃ]	correio [kuReju]
Brillen	óculos [ɔkuluʃ]	oculista [ɔkuliʃtɒ]
Bücher	livros [livruʃ]	livraria [livrɒriɒ]
Elektroartikel	artigos eléctricos [ɒrtiguʃ ilɛktrikuʃ]	loja de artigos eléctricos [lɔʒɒ də ɒrtiguʃ ilɛktrikuʃ]

Fahrkarten	bilhetes de comboio [biʎetəʃ də kõmboju]	estação ferroviária [iʃtɒsɑ̃u fəRuvjarjɒ]
Fahrräder	bicicletas [bəsiklɛtɒʃ]	loja de bicicletas [lɔʒɒ də bəsiklɛtɒʃ]
Fotoartikel	artigos fotográficos [ɒrtiguʃ futugrɒfikuʃ]	fotógrafo [futɔgrɒfu]
Glas und Porzellan	vidro e porcelana [vidru i pursəlɒnɒ]	loja de louças [lɔʒɒ də losɒʃ]
Haushaltswaren	artigos domésticos [ɒrtiguʃ dumɛstikuʃ]	drogaria [drugɒriɒ]
Kassetten und CDs	cassetes e CDs [kasətəʃ i sɛdɛʃ]	loja de música [lɔʒɒ də muzikɒ]
Kosmetik	cosmética [kuʒmɛtikɒ]	perfumaria [pərfumɒriɒ]
Kunst	arte [artə]	galeria de arte [gɒləriɒ də artə]
Kunstgewerbe	artesanato [artəzɒnatu]	loja de artesanato [lɔʒɒ də artəzɒnatu]
Kurzwaren	quinquilharias *f pl* [kĩkiʎɒriɒʃ]	bric-a-brac [brikabrakə]
Lebensmittel	víveres [vivəriʃ]	supermercado [supɛrmərkadu], minimercado [minimərkadu]
Brot	pão [pɑ̃u]	padaria [pɒdɒriɒ]
Fisch	peixe [peiʃə]	peixaria [peiʃəriɒ]
Geflügel	aves *f pl* [avəʃ]	talho [taʎu]
Gemüse und Obst	legumes e fruta [ləguməʃ i frutɒ]	frutaria [frutɒriɒ], *bras.* fruteira [fruteirɒ]
Kuchen und Süßigkeiten	bolos e doces [boluʃ i dosəʃ]	pastelaria [pɒʃtəlɒriɒ]
Meeresfrüchte	mariscos [mɒriʃkuʃ]	peixaria / viveiro [peiʃɒriɒ / viveiru]

6

Milch	leite [leitə]	leitaria [leitɒriɒ]
Wein	vinho [viɲu]	loja de bebidas [lɔʒɒ də bəbidɒʃ]
Wurst und Käse	enchidos e queijos [ẽnʃiduʃ i keiʒuʃ]	charcutaria [ʃarkutariɒ]
Lederwaren	artigos de couro [ɒrtiguʃ də koru]	pelaria [pəlɒriɒ]
Möbel	móveis [mɔveiʃ]	loja de móveis [lɔʒɒ də mɔveiʃ]
Schmuck	bijuteria [biʒutəriɒ]	loja de bijuteria [lɔʒɒ də biʒutəriɒ]
Schreibwaren	artigos de papelaria [ɒrtiguʃ də papəlɒriɒ]	papelaria [papəlɒriɒ]
Schuhe	sapatos [sɒpatuʃ]	sapataria [sɒpɒtɒriɒ]
Spielzeug	brinquedos [brĩnkeduʃ]	loja de brinquedos [lɔʒɒ də brĩnkeduʃ]
Sportartikel	artigos de desporto [ɒrtiguʃ də diʃportu]	loja de artigos de desporto [lɔʒa də ɒrtiguʃ də diʃportu]
Tabakwaren	tabaco [tɒbaku]	tabacaria [tɒbɒkɒriɒ]
Uhren	relógios [Rəlɔʒjuʃ]	relojoaria [Rəluʒwɒriɒ]
Zeitungen	jornais [ʒurnaiʃ]	tabacaria / quiosque [tɒbɒkɒriɒ / kiɔʃkə]

6

Verkaufsgespräche

Allgemein

- Posso ajudá-lo/la? [posu ɒʒuda lu/lɒ] — Kann ich Ihnen helfen?

● Que deseja? [kə dəzẽiʒɒ]	Was wünschen Sie?
● Já está a ser atendido/a? [ʒa iʃta ɒ ser ɒtẽndidu/ɒ]	Werden Sie schon bedient?
● Quem é a seguir? [kẽi e ɒ səgir]	Wer ist der nächste?
Ich bin dran.	Sou eu. [so eu]
Ich hätte gerne … .	Queria … . [kəriɒ]
Ich suche … .	Procuro … . [prɔkuru]
Wo finde ich …?	Onde posso encontrar …? [õndə posu ẽnkõntrar]
Ich habe … im Schaufenster gesehen.	Vi … na montra. [vi … nɒ mõntrɒ]
Ich sehe mich nur etwas um.	Só estou a dar uma vista d'olhos. [sɔ iʃto ɒ dar umɒ viʃtɒ də oʎuʃ]
Haben Sie auch …?	Também tem …? [tãmbẽi tẽi]
● Sim, no 1° andar. [sĩ nu primeiru ãndar]	Ja, im ersten Stock.
● Isso não temos. [isu nãu temuʃ]	Das führen wir leider nicht.
● Faz favor, mais alguma coisa? [fɒʃ fɒvor maiʃ algumɒ koizɒ]	Bitte sehr, sonst noch etwas?
Ja, ich hätte gerne noch … .	Sim, ainda queria … . [sĩ ɒĩndɒ kəriɒ]
Danke, das wär's.	Obrigado/a, é só. [ubrigadu/ɒ e sɔ]
Können Sie mir bitte eine Tüte geben!	Pode dar-me um saco / *bras.* uma sacola, por favor? [podə dar mə ũ saku / umɒ sɔkɔlɒ pur fɒvor]

Packen Sie es mir bitte als Geschenk ein! — É para embrulhar como presente. [e pɒrɒ ẽmbruʎar komu prəzẽntə]

Apropos: In Portugal bedankt sich der Verkäufer für den Einkauf, nicht der Kunde.

Die Ware beschreiben

Ich suche ein Geschenk für ... . — **Procuro um presente para ... .** [prukuru ũ prəzẽntə pɒrɒ]
eine Frau — senhora [siɲorɒ]
einen Mann — homem [ɔmẽi]
einen Jungen von 5 Jahren — um rapaz de 5 anos [ũ Rapaʃ də sinku ɒnuʃ]

Es sollte ... sein. — **Devia ser ... .** [dəviɒ ser]

6

elegant — elegante [ələgãntə]
sportlich — desportivo [diʃpurtivu]
typisch portugiesisch — tipicamente português [tipikɒmẽntə purtugeʃ]

Es sollte nicht zu teuer sein. — Não devia ser muito caro. [nãu dəviɒ ser mũintu karu]

Woraus ist das? — De que é? [də kə e]

• É de ... . [e də] — Das ist aus ... .

Materialien
Baumwolle — algodão [algudãu]
Glas — vidro [vidru]

Holz	madeira [mɒdeirɒ]
Leder	couro [koru]
Metall	metal *m* [mətal]
Papier	papel *m* [pɒpɛl]
Pappe	papelão [pɒpəlɑ̃u]
Plastik	plástico [plaʃtiku]
Seide	seda [sedɒ]
Stein	pedra [pɛdrɒ]
Stoff	tecido [təsidu]
Wolle	lã *f* [lɑ̃]
Formen	
rund	redondo [rədõndu]
oval	oval [uval]
viereckig	quadrado [kwɒdradu]
rechteckig	rectangular [Rɛtɑ̃ngular]

▶ Wörterbuch
▶ Kap. 1, Farben S. 36
▶ Kap. 6, Stoffe, Muster & Schnitte S. 161

Bewerten & sich entscheiden

Das nehme ich.	Vou levar. [vo ləvar]
Das gefällt mir sehr gut.	Gosto muito. [goʃtu mũintu]
Das gefällt mir nicht so gut.	Não gosto muito. [nɑ̃u goʃtu mũintu]
Diese Farbe / Diese Form gefällt mir (nicht).	(Não) Gosto desta cor / forma. [(nɑ̃u) goʃtu dəʃtɒ kor / fɔrmɒ]

Ich muß es mir noch mal überlegen. — Tenho de pensar melhor. [təɲu də pẽnsar miʎor]

Haben Sie das auch ...? — **Também tem ...?** [tɒmbẽi tẽi]
in einer anderen Größe — noutro tamanho [notru tɒmɑ̃ɲu]
in einer anderen Farbe — noutra cor [notrɒ kor]

- Infelizmente, não. [infəliʒmẽntə nɑ̃u] — Leider nicht.
- Se calhar, ainda temos no armazém. [sə kaʎar ɒĩndɒ temuʃ nu ɒrmɒzẽi] — Vielleicht haben wir es noch im Lager.
- Se esperar um momento, vou ver. [sə iʃpərar ũ mumẽntu vo ver] — Wenn Sie einen Moment warten, schaue ich nach.

Können Sie es mir zurücklegen? — Pode guardar-me? [podə gwɒrdar mə]

6

Fragen zum Preis

OFERTA ESPECIAL Sonderangebot

Apropos: Prozentuale Preisnachlässe werden oft durch Hinweisschilder angezeigt, während die Ware selber noch den alten Preis aufweist. Die reduzierten Preise werden dann an der Kasse ausgerechnet.

Wie teuer ist das? — Quanto custa? [kwɑ̃ntu kuʃtɒ]

- Quanto quer gastar? [kwɑ̃ntu ker gɒʃtar] — Wieviel möchten Sie ausgeben?

Etwa ... Escudos. — Cerca de ... Escudos. [serkɒ də ... iʃkuduʃ]

▶ Kap. 1, Bezahlen S. 22

Umtausch & Reklamation

Kann ich das umtauschen / zurückgeben? — Posso trocar / devolver? [posu trukar / dəvolver]

Sehen Sie, das ist ... . — **Veja, isto está ... .** [veiʒɒ iʃto iʃta]

kaputt — estragado [iʃtrɒgadu]
schmutzig — sujo [suʒu]

Hier ist die Quittung. — Aqui tem o recibo. [ɒki tẽi u Rəsibu]

Ich möchte lieber das Geld zurück. — Prefiro que me devolva o dinheiro. [prəfiru kə mə dəvolvɒ u diɲeiru]

▶ Kap. 4, Beanstandungen S. 92

Lebensmittel

In den Supermärkten zieht man an der Theke oft eine Nummer (= *senha)* und wartet dann, bis man aufgerufen wird.

Mengenangaben

• Quanto quer? [kwɑ̃ntu ker] — Wieviel möchten Sie?

6

Ich möchte gern … .	**Queria … .** [kəriɒ]
1 kg Hackfleisch	1 kg de carne picada [ũ kilu də karnə pikadɒ]
200 g Käse	200 gr de queijo [duzẽntuʃ grɒmɒʃ də keiʒu]
1 l Milch	1 l de leite [ũ litru də leitə]
• Pode passar um bocadinho? [podə pɒsar ũ bukɒdiɲu]	Darf es auch etwas mehr sein?
Geben Sie mit bitte … .	**Por favor, dê-me … .** [pur fɒvor dɛ mə]
etwas mehr / weniger	um pouco mais / menos [ũ poku maiʃ / menuʃ]
die Hälfte	a metade [ɒ mətadə]
Das ist genug / zu viel.	Chega / É demais. [ʃegɒ / e dəmaiʃ]
Ich hätte gern … .	**Queria … .** [kəriɒ]
ein Stück Käse	um pedaço de queijo [ũ pədasu də keiʒu]
6 Scheiben rohen Schinken	seis fatias de presunto [seiʃ fɒtiɒʃ də prəzũntu]
eine Dose Tomaten	uma lata de tomates [umɒ latɒ də tumatəʃ]
eine Packung Spaghetti	um pacote de esparguete [ũ pɒkɔtə də iʃpɒrgɛtə]
eine Flasche Portwein	uma garrafa de vinho do Porto [umə gɒRafɒ də viɲu du portu]
eine Tafel Schokolade	um tablette de chocolate [ũ tɒblətə də ʃukulatə]
etwas Petersilie	um pouco de salsa [ũ poku də salsɒ]

► Kap. 1, Maß- & Mengeneinheiten S. 20

6

Glossar: Getreideprodukte

Mehl	farinha [fɒriɲɒ]
Brot	pão [pɑ̃u]
Vollkorn~	~ inteiro [inteiru]
Mais~	~ de milho [də miʎu]
Brötchen	pãozinho [pɑ̃uziɲu]
Milchbrötchen	pãozinho de leite [pɑ̃uziɲu də leitə]
Nudeln	massa [masɒ]
Reis	arroz [ɒRoʃ]

Glossar: Käse & Milchprodukte

iogurte [jogurtə]	Joghurt
leite [leitə]	Milch
~ inteiro [inteiru]	Voll~
~ meio gordo [meju gordu]	halbfette ~
~ magro [magru]	Mager~
~ condensado [kõndẽsadu]	Kondens~
manteiga [mɑ̃nteigɒ]	Butter
natas *f pl* [natɒʃ]	Sahne
queijo [keiʒu]	Käse
~ de cabra [də kabrɒ]	Ziegen~
~ de ovelha [də uveʎɒ]	Schafs~
~ fresco [freʃku]	Frisch~
queijinho seco [keiʒiɲu seku]	kleine Trockenkäse

▶ Kap. 5, Nachspeisen S. 132

Glossar: Wurstwaren

enchido [ẽiʃidu]	**Wurst**
alheira [aʎeirɒ]	Knoblauchwurst
chouriçāo [ʃorisã]	Aufschnittwurst
fiambre [fjɑ̃mbrə]	gekochter Schinken
linguiça [linguisɒ]	Mettwurst aus Rindfleisch
morcela [mursɛlɒ]	Blutwurst
paio [paju]	magere Wurst aus verschiedenen Fleischsorten
presunto [prəzũntu]	roher Schinken
salame [sɒlamə]	Salami
toucinho [tosiɲu]	Speck

Glossar: Fleisch

Fleisch	**Carne** *f* [karnə]
Rind~	~ de vaca [də vakɒ]
Kalb~	~ de vitela [də vitɛlɒ]
Schweine~	~ de porco [də porku]
Ochsen~	~ de boi [də boi]
Lamm~	~ de borrego [də buRegu]
Ziegen~	~ de cabrito [də kɒbritu]
Filet	lombo [lõmbu]
Gehacktes	carne picada *f* [karnə pikadɒ]
Haxe	pernil [pernil]
Kotelett	costeletas *f pl* [kuʃtəletɒʃ]
Rippchen	entrecosto [ẽntrəkɔʃtu]
Schnitzel	escalope [iʃkɒlopə]

Steak	bife [bifə]
Würstchen	salsicha [salsiʃɒ]
Aves *f pl* [avəʃ]	**Geflügel**
Hähnchen	frango [frɐ̃ngu]
~brust	peito de ~ [peitu də]
~schenkel	perna de ~ [pɛrnɒ də]
Gans	ganso [gɐ̃zu]
Pute	peru [pəru]
Ente	pato [patu]

► Kap. 5, Typische Fleischgerichte S. 130
► Wörterbuch

Fisch & Meeresfrüchte

Portugal ist bekannt für die Vielzahl seiner Fische und Meerestiere. Wenn Sie nicht wissen, um was für einen Fisch es sich handelt, fragen Sie *Que peixe é esta?* (= Was für ein Fisch ist das?).

6

Haben Sie frischen Fisch?	Tem peixe fresco? [tɐ̃i peiʃə freʃku]
Ist dieser Fisch tiefgefroren?	Este peixe é congelado? [ɛʃtə peiʃə e kõʒəladu]
Hat dieser Fisch viele Gräten?	Este peixe tem muitas espinhas? [ɛʃtə peiʃə tɐ̃i mũintɒʃ iʃpiɲɒʃ]

Fisch	**Peixe** [peiʃə]
Forelle	truta [trutɒ]

Lachs	salmão [sɒlmãu]
Sardine	sardinha [sɒrdiɲɒ]
Schellfisch	pescada [piʃkadɒ]
Schwertfisch	peixe espada [peiʃə iʃpadɒ]
Seebarsch	robalo [Rubalu]
Stockfisch	bacalhau [bɒkɒʎau]
Thunfisch	atum *m* [ɒtũ]
Tintenfisch	chocos *m pl* [ʃokuʃ], polvo [polvu]
Meeresfrüchte	**Mariscos** [mɒriʃkuʃ]
Garnele	gamba [gãmbɒ]
Herzmuschel	berbigão [bərbigãu]
Krabbe	camarão [kɒmɒrãu]
Languste	lagosta [lɒgoʃtɒ]
Miesmuschel	amêijoa [ɒmeiʒwɒ]

▶ Kap. 5, Fisch & Meeresfrüchte S. 126
▶ Speisefische, Abb. 2 im Anhang
▶ Wörterbuch

6

Glossar: Gemüse

Artischocke	alcachofra [alkɒʃofrə]
Aubergine	beringela [bərĩʒɛlɒ]
Avocado	abacate *m* [ɒbɒkɒtə]
Blumenkohl	couve-flor [kovə flor]
Bohnen	feijão [feiʒãu]
grüne / weiße ~	~ verde / branco [verdə / brãnku]
dicke ~	favas *f pl* [favɒʃ]

Champignons	cogumelos [kugumɛluʃ]
Erbsen	ervilha [irviʎɒ]
Gurke	pepino [pəpinu]
Kartoffel	batata *f* [bɒtatɒ]
Knoblauch	alho [aʎu]
Kohl	couve *f* [kovə]
Kürbis	abóbora [ɒbɔburɒ]
Lauch	alho-porro [aʎu poRu]
Linsen	lentilhas *f pl* [lẽntiʎɒʃ]
Mais	milho [miʎu]
Möhre	cenoura *f* [senorɒ]
Paprika	pimento [pimẽntu]
Pilze	cogumelos *pl* [kugumɛluʃ]
Salat (grüner)	alface *f* [alfasə]
Spargel	espargos *pl* [ʃparguʃ]
Spinat	espinafre *m* [iʃpinafrə]
Tomate	tomate *m* [tumatə]
Zwiebel	cebola [səbolɔ]

6

Glossar: Obst

Obst	**Fruta** [frutɒ]
Ananas	ananás *m* [ɐnɒnaʃ], *bras.* abacaxi *m* [ɒbakaʃi]
Apfel	maçã [mɒsɑ̃]
Apfelsine	laranja [lɒrɐ̃ʒɒ]
Aprikose	alperce [alpɛrsə]
Banane	banana [bɒnɒnɒ]
Birne	pêra [perɒ]

Erdbeere	morango [murãngu]
Feige	figo [figu]
Grapefruit	toranja [turanʒɒ]
Himbeere	framboesa [frãmbwezɒ]
Honigmelone	melão [məlãu]
Kirsche	cereja [səreʒɒ]
Maracuja	maracujá [mɒrɒkuʒa]
Melone	melão [məlãu]
Pfirsich	pêssego [pesəgu]
Pflaume	ameixa [ɒmeiʃɒ]
Traube	uva [uvɒ]
Wassermelone	melancia [məlãsiɒ]
Weintraube	uva [uvɒ]
Zitrone	limão [limãu]

6

Kleidung & Textilien

- Que número usa? [kə numəru uzɒ] — Welche Größe tragen Sie?

Ich trage ... . — **Uso o ... .** [uzu u]
Größe 40 — 40 [kwɒrẽntɒ]
S(mall) — S(mall) [smol]
M(edium) — M(edium) [midiəm]
L(arge) — L(arge) [ladʒ]

Anprobe

Wo kann ich das anprobieren? — Onde posso provar? [õndə posu pruvar]

• Fica-lhe muito bem. [fikɒ ʎə mũintu bẽi]	Das steht Ihnen sehr gut.
Das paßt mir nicht.	Não me serve. [nɑ̃u mə servə]
• Podemos arranjá-lo/la. [pudemuʃ ɒRɑ̃ʒa lu/la]	Wir können es für Sie ändern.
Das ist zu ...!	**Está demasiado ...!** [iʃta dəmɒzjadu]
eng	apertado [ɒpərtadu]
weit	largo [largu]
kurz	curto [kurtu]
lang	comprido [kõmpridu]

► Kap. 6, Verkaufsgespräche S. 146

Glossar: Kleidungsstücke

Mantel	casaco comprido [kɒzaku kõmpridu]
Regen~	gabardina [gɒbɒrdinɒ]
Hut	chapéu [ʃɒpeɹ]
Mütze	boné [bunɛ]
Handschuhe	luvas *f pl* [luvɒʃ]
Schal	cachecol [kɒʃəkɔl]
Jacke	casaco [kɒzaku]
Blazer	blazer [bleizɛ]
Weste	colete [kɔletə]
Hemd	camisa [kɒmizɒ]
Pullover	camisola [kɒmizɔlɒ]
Sweatshirt	sweatshirt [ʒwetʃɜ:t]
T-Shirt	t-shirt [ti ʃɜ:t]

Hose	calças *f pl* [kalsɒʃ]
Jeans	calças de ganga [kalsɒʃ də gãngɒ], *bras.* Jeans
Shorts	calções [kalsoiʃ]
Socken	peúgas *f pl* [pjugɒʃ]
Morgenmantel	roupão [ropãu]
Pyjama	pijama [píʒɒmɒ]
Damenbekleidung	**roupa de senhora** [ropɒ də siɲorɒ]
Kleid	vestido [viʃtidu]
Kostüm	fato [fatu]
Rock	saia [sajɒ]
Bluse	blusa [bluzɒ]
BH	soutien [sutjen]
Slip	cuecas *f pl* [kwɛkɒʃ]
Strümpfe	meias *f pl* [mejɒʃ]
Feinstrumpfhose	collants [kɔlã]
Nachthemd	camisa de dormir [kɒmizɒ də durmir]
Herrenbekleidung	**roupa de homem** [ropɒ də ɔmẽi]
Anzug	fato [fatu]
Jackett	blazer [bleizə]
Fliege	laço [lasu]
Krawatte	gravata [grɒvatɒ]
Hosenträger	suspensórios [suʃpẽnsorjuʃ]
Unterhemd	camisola interior[kɒmizɔlɒ intərjor], *bras.* camiseta [kɒmizɛtɒ]
Unterhose	ceroulas *f pl* [sərolɒʃ]

▶ Kap. 7, Glossar: Badeurlaub S. 180
▶ Wörterbuch

6

Stoffe, Muster & Schnitte

Was ist das für ein Stoff?	Que tecido é este? [kə təsidu e ɛʃtɛ]
• **É (de) … .** [e (də)]	**Das ist (aus) … .**
algodão [algudãu]	Baumwolle
lã [lã]	Wolle
linho [liɲu]	Leinen
seda [sedɒ]	Seide

Muster	
einfarbig	de uma só cor [də umɒ sɔ kor]
gemustert	com padrão [kõ pɒdrãu]
gestreift	às riscas [ɒʃ riʃkɒʃ]
kariert	aos quadrados [ɒuʃ kwɒdraduʃ]
Schnitte	
Ärmel	manga [mãngɒ]
mit kurzen / langen ~n	com curtas / compridas ~s [kõ kurtɒʃ / kõmɔridɒʃ mãngɒʃ]
ohne ~	sem ~ [sẽi]
Ausschnitt	decote [dəkɔtə]
Kragen	gola [gɔlɒ]
gefüttert	forrado [fuRadu]
Kapuze	capuz [kɒpuʃ]
Knopf	botão [butãu]
Reißverschluß	fecho [feʃu]
Tasche	bolso [bolsu]

► Kap. 1, Farben S. 36
► Kap. 6, Schuhe & Lederwaren S. 162

6

Schuhe & Lederwaren

Die portugiesischen Schuhgrößen fallen in der Regel eine halbe bis eine Nummer kleiner aus als die entsprechenden Größen in Deutschland.

Schuhkauf

Ich suche ein Paar … Schuhe.	**Procuro um par de sapatos de … .** [prokuru ũ par də sɒpatuʃ də]
Damen-	senhora [siɲorɒ]
Herren-	homem [ɔmẽi]
Kinder-	criança [krjãsɒ]
Ich habe ein Paar Schuhe im Schaufenster gesehen.	Vi um par de sapatos na montra. [vi ũ par de sɒpatuʃ nɒ mõntrɒ]
• Quais? [kwaiʃ]	Welche?
• É melhor mostrar-mos. [e miʎor muʃtrar muʃ]	Am besten zeigen Sie sie mir.
• Que número usa? [kə numəru uzɒ]	Welche Schuhgröße tragen Sie?
Größe $39\frac{1}{2}$.	Número $39\frac{1}{2}$. [numəru trintɒ i nɔvə e meju]
Haben Sie die auch in Braun?	Também tem estes em castanho? [tɒmbẽi tẽi ɛʃtəʃ ẽi kɒʃtɒɲu]
• Como lhe estão? [komu ʎə iʃtãu]	Wie passen sie Ihnen?
Sie drücken hier.	Apertam-me aqui. [ɒpərtãu mə ɒki]

Sie sind	**São ... .** [sɐ̃u]
zu groß	demasiado grandes [dəmɒzjadu grɐ̃ndəʃ]
sehr eng	muito apertados [mũintu ɒpərtaduʃ]

▶ Kap. 1, Farben S. 36, Kardinalzahlen S. 18

Schuhe	**Sapatos** [sɒpatuʃ]
~ mit niedrigem / hohem Absatz	~ com salto baixo / alto [kõ saltu baiʃu / altu]
Sandalen	sandálias *f pl* [sɐ̃ndaljɒʃ]
Stiefel	botas *f pl* [bɔtɒʃ]
Sportschuhe	sapatos de desporto [sɒpatuʃ də dəzportu], *bras.* tenis [tɛnis]
Wanderschuhe	sapatos de montanha [sɒpatuʃ də mõntɒɲɐ]
Badeschuhe	chinelos de praia [ʃinɛluʃ də prajɒ]
Tennisschuhe	sapatilhas *f pl* [sɒpɐtiʎɒʃ]
Hausschuhe	chinelos [ʃinɛluʃ]

Glossar: Lederwaren

Leder	**Couro** [koru]
echt ~	~ verdadeiro [vərdɐdeiru]
Nappaleder	napa [napɒ]
Pelz	pele *f* [pɛlə]
Wildleder	camurça [kɒmursɒ]

Lederwaren	**artigos de couro** [ɒrtiguʃ də koru]
Koffer	mala [malɒ]
Reisetasche	mala de viagem [malɒ də vjɑ̃ʒẽi]
Rucksack	mochila [muʃilɒ]
Aktenkoffer	pasta [paʃtɒ]
Handtasche	mala de mão [malɒ də mɑ̃u]
Brieftasche	carteira [kɒrteirɒ]
Portemonnaie	porta-moedas *f* [pɔrtɒ mwɛdɒʃ]
Gürtel	cinto [sintu]
Handschuhe	luvas *f pl* [luvɒʃ]

Glossar: Körperpflege & Kosmetik

Seife	sabonete *m* [sɒbunetə]
Duschgel	gel de banho *m* [ʒel də bɒɲu]
Shampoo (für trockenes / fettiges Haar)	champô / *bras.* shampoo (para cabelo seco / oleoso) [ʃɑ̃mpu (pɒrɒ kɒbelu seku / ɔljosu)]
Bürste	escova [iʃkovɒ]
Kamm	pente *m* [pẽntə]
Nagelschere	tesoura das unhas [təzorɒ dɒʃ uɲɒʃ]
Nagelfeile	lima [limɒ]
Deo	desodorizante *m* [dəzodɔrizɑ̃ntə]
Body Lotion	loção corporal *f* [lusɑ̃u kurpural]

Creme	creme *m* [krɛmə]
Sonnencreme	bronzeador *m* [brõzəjador]
Zahnbürste	escova de dentes [iʃkovɒ də dẽntəʃ]
Zahnpasta	pasta de dentes [paətɒ də dẽntəʃ]
Spezial: Männer	
Rasierapparat	máquina de barbear [mɒkinɒ də bɒrbjar]
Rasierklinge	lâmina de barbear [lɒminɒ də bɒrbjar]
Rasierpinsel	pincel da barba *m* [pĩsɛl dɒ barbɒ]
Rasierschaum / -seife	espuma / sabão de barbear [iʃpumɒ / sɒbãu də bɒrbjar]
Aftershave	aftershave *m* [a:ftəʃeiv]
Spezial:Frauen	
Make-up	maquilhagem *f* [mɒkilaʒẽi]
Lippenstift	batôn *m* [batõ]
Lidschatten	sombras *f pl* [sõmbrɒʃ]
Wimperntusche	rimel *m* [Riməl]
Rouge	rouge *m* [ruʒ]
Nagellack	verniz *m* [verniʃ]
Nagellackentferner	acetona [ɒsətonɒ]
Parfum	perfume *m* [pərfumə]
Tampons	tampões *m pl* [tɒmpoiʃ]
Binden	pensos higiénicos [pẽsuʃ iʒienikuʃ]
Slipeinlage	salva-slip [salvɒ s ip]

► Wörterbuch
► Kap. 9, In der Apotheke S. 221

Glossar: Babyartikel

Babynahrung	comida de bebé [kumidɒ də bɛbɛ]
Plätzchen	bolachas *f pl* [bulaʃɒʃ]
Milchpulver	leite em pó [leitə ẽi pɔ]
Brei	papa [pɒpɒ]
Kräuter- / Fencheltee	chá de ervas / funcho [ʃɑ̃ də ɛrvɒʃ / funʃu]
Fläschchen	biberão [bibərɑ̃u], *bras.* mamadeira [mamɒdeirɒ]
Fläschchenwärmer	aquecedor de biberão [ɒkɛsədor də bibərɑ̃u]
Schnuller	chucha [ʃuʃɒ], *bras.* chupeta [ʃupɛtɒ]
Windeln	fraldas *f pl* [fraldɒʃ]
Babycreme	creme para bebé [krɛmə pɒrɒ bɛbɛ]
Puder	pó de talco [pɔ də talku]
Kinderbekleidung	roupa de bebé [Ropɒ də bɛbɛ]
Strampelanzug	babygrow [beibigrou]
Lätzchen	jardineiras *f pl* [ʒɒrdineirɒʃ], *bras.* babe(i)ro [babe(i)ru]
Mütze	boné *m* [bunɛ]
Kindersitz	cadeira de bebé [kɒdeirɒ də bɛbɛ]
Spielzeug	brinquedo [brĩnkedu]

► Wörterbuch
► Kap. 9, In der Apotheke S. 221

6

Foto & Film

Ich möchte einen 24/36er … .	**Quero um … de 24/36 fotografias.** [keru ũ … də vĩntə i kwatru / trintɒ i seiʃ futugrɒfiɒʃ]
Farbfilm	rolo a cores [Rolu ɒ korəʃ]
Schwarzweißfilm	rolo a preto e branco [Rolu ɒ pretu i brɑ̃nku]
Diafilm	rolo para slides [Rolu pɒrɒ slaids]
Haben Sie Batterien / Blitzlichter?	Tem baterias / flash? [tẽi batəriɒʃ / flaʃ]
Können Sie mir …?	**Pode …?** [poɔə]
den Film entwickeln	revelar-me o rolo [Rəvəlar mə u Rolu]
den Film einlegen	colocar-me o rolo [kulukar mə u Rolu]
die Batterie auswechseln	mudar as baterias [mudar ɒʃ batəriɒʃ]
Ich möchte Paßbilder machen lassen.	Quero mandar fazer fotografias tipo passe. [keru mɒndar fɒzer futugrɒfiɒʃ tipu pasə]
• De que formato? [də kə furmatu]	Welches Format bitte?
• Com brilho ou mate? [kõ briʎu o matə]	Hochglanz oder matt?
Wann sind die Bilder fertig?	Quando é que as fotografias estão prontas? [kwɑ̃ndu e kə ɒʃ futugrɒfiɒʃ iʃtɑ̃u prõntɒʃ]

Apropos: Im Brasilianischen heißt Film *filme.*

6

Tabakwaren

Feuerzeug	isqueiro [iʃkeiru]
Streichhölzer	fósforos [fɔʃfuruʃ]
Zigarette (mit / ohne Filter)	cigarros (com / sem filtro) [sigaRuʃ (kõ / sẽi filtru)]
Pfeife	cachimbo [kɒʃĩmbu]
Pfeifentabak	tabaco para ~ [tɒbaku pɒrɒ]
Pfeifenreiniger	limpador de ~ [lĩmpɒdor də]
Pfeifenfilter	filtro para ~ [filtru pɒrɒ]
Zigarre	charuto [ʃɒrutu]
Zigarillo	cigarrilhos [sigɒRiλuʃ]

Ich möchte bitte ... . — **Queria ... .** [kəriɒ]
eine Schachtel ... — um maço de ... [ũ masu də]
eine Stange ... — um pacote de ... [ũ pɒkɔtə də]
eine Schachtel Streichhölzer — uma caixa de fósforos [umɒ kaiʃɒ də fɔʃfuruʃ]

6

Apropos: In Portugal ist es weitgehend unüblich, sich die Zigaretten selber zu drehen. Daher gibt es kaum Tabak und Papierblättchen.

Zeitungen, Bücher & Schreibwaren

Ausländische Zeitungen finden Sie normalerweise mit eintägiger Verspätung in den zentralen Bücher- und Zeitungsläden sowie Kiosken (= *quiosque*) der größeren Städte und in den Badeorten am Meer.

Haben Sie deutschsprachige ...?	**Tem ... alemãs / alemães?** [tẽi ... ɒləmɑ̃ʃ / ɒləmaiʃ]
Zeitungen	jornais [ʒurnaiʃ]
Zeitschriften	revistas [Rəviʃtɒʃ]
Bücher	livros [livruʃ]
• Estão esgotados/as. [iʃtɑ̃u iʃgutaduʃ/ɒʃ]	Sie sind ausverkauft.
• Só a partir de amanhã. [sɔ ɒ pɒrtir də ɒmɒɲɑ̃]	Erst wieder ab morgen.
Haben Sie ...?	**Tem ...?** [tẽi]
Ansichtskarten	postais ilustrados [puʃtaiʃ iluʃtraduʃ], *bras.* cartões postais [kartõiʃ pɔʃtɒiʃ]
Landkarten	mapas do país [mapɒʃ du pɒiʃ]
Stadtpläne	mapas da cidade [mapɒʃ dɒ sidadə]

6

Haben Sie ...?	**Tem ...?** [tẽi]
Wörterbücher	dicionário [disjunarju]
Reiseführer	guias de viagem [giɒʃ də vjaʒẽi]
Bücher über / von ...	livros sobre / de ... [livrus sobrə / də]

Schreibwaren	**artigos de papelaria** [ɒrtiguʃ də pɒpəlɒriɒ]
Papier	papel [pɒpəl]
Geschenk~	~ de embrulho [də ẽmbruʎu]
Brief~	~ de carta [də kartɒ]
Briefumschlag	envelope *m* [ẽvəlɔpə]
Heft	caderno [kadɛrnu]
Block	bloco [blɔku]
Kugelschreiber	esferográfica [iʃfɛrɔgrafikɒ]
Mine	carga [kargɒ]
Füller	caneta [kɒnetɒ]
Tinte	tinta [tintɒ]
Bleistift	lápis *m* [lapiʃ]
Buntstift	lápis de cor [lapiʃ də kor]
Radiergummi	borracha [buRɒʃɒ]
Anspitzer	afiador [ɒfjɒdor]
Filzstift	caneta de feltro [kɒnetɒ də feltru]
Klebstoff	cola [kɔlɒ]
Schere	tesoura [tezorɒ]
Lineal	régua [Rɛgwɒ]

▶ Wörterbuch
▶ Kap. 10, Bürobedarf & Ausstattung S. 245

6

Musik

Ich suche die neueste ... von Madre Deus.	**Procuro o/a mais recente ... dos Madre Deus.** [prokuru u/ɒ maiʃ Rəsẽntə ... duʃ madrə deuʃ]
CD	CD [sɛdɛ]
Kassette	cassete [kɒsetə]
Welche CD würden Sie mir empfehlen?	Que CD me aconselha? [kə sɛdɛ mə ɒkɔ̃siʎa]
Was ist zur Zeit aktuell?	O que é que está na moda? [u kə e kə iʃta nɔ modɒ]

Walkman	walkman [wɔ:kman]
Radiorekorder	rádio-gravador [Radju grɒvɒdor]
Batterie	bateria [batəriɒ]
Kopfhörer	auscultador [auʃkultɒdor], *bras.* fone de ouvidos [fɔnə də ovidus]

► Wörterbuch
► Kap. 7, Musikrichtungen S. 196

6

Souvenirs & Geschenke

Ob gehäkelte und geklöppelte Deckchen, Arbeiten aus Kork, kunstvoll bemalte Kacheln (= *azulejos*), mit den verschiedensten Motiven bunt bedruckte T-Shirts, Kassetten mit Folklore oder Fado – für jeden Geschmack und Geldbeutel findet sich bestimmt ein hübsches Mitbringsel aus Portugal.

Was gibt es Typisches aus dieser Region? — O que é que é típico desta região? [u kə e tipiku dɛʃtɒ Rəʒjãu]

Ist das handgemacht? — É feito à mão? [e feitu ɒ mãu]

Kunsthandwerk — **artesanato** [artəzɒnatu]
bemalte Kacheln — azulejos pintados [ɒzuleʒu pintaduʃ]
Holzschnitzerei — esculturas em madeira *f pl* [iʃkulturɒʃ ẽi mɒdeirɒ]
Teppiche aus Arraiolos — tapetes de Arraiolos [tɒpetəʃ də ɒRɒjɔluʃ]

Arbeiten aus Kork	trabalhos em cortiça [trɒbɒʎuʃ ẽi kurtisɒ]
Töpferware	objectos de barro [ubʒɛktuʃ də baRu]
Klöppelarbeiten	rendas de bilros [Rẽndɒʃ də bilRuʃ]
Lederwaren	artigos de couro [ɒrtiguʃ də koru]

▶ Wörterbuch
▶ Kap. 6, Lebensmittel S. 151, Schuhe & Lederwaren S. 162
▶ Portugiesische Kacheln, Abb. 3 im Anhang

Antiquitäten, Kunst & Kunsthandwerk

6

Woher kommt das? — De onde vem isto? [də õndə vẽi iʃtu]

Aus welcher ... stammt das? — **De que ... é?** [də kə ... ɛ]
Gegend — região [Rəʒjãu]
Epoche — época [ɛpukɒ]

• É do século XVI. [e du sɛkulu dəsɒseiʃ] — Das ist aus dem 16. Jahrhundert.

Aus welchem Material ist das? — De que material é? [də kə mɒtərjal ɛ]

Ist das echt? — É verdadeiro? [ɛ verdɒdeiru]

▶ Wörterbuch
▶ Kap. 6, Die Ware beschreiben S. 148, Schmuck & Uhren S. 174

Schmuck & Uhren

Ich suche ein Geschenk für	**Procuro um presente para ... .** [prukuru ũ prəzẽntə pɒrɒ]
eine Frau	senhora [siɲorɒ]
einen Mann	homem [ɔmẽi]
• Quanto quer gastar? [kwɑ̃ntu ker gɒʃtar]	Wieviel möchten Sie ausgeben?
Etwa ... Escudos.	Cerca de ... Escudos. [serkɒ də ... iʃkuduʃ]
Woraus ist das?	De que é? [də kə ɛ]
• É de prata. [ɛ də pratɒ]	Das ist aus Silber.
Könnten Sie ... ?	**Pode ...?** [podə]
diese Uhr reparieren	reparar este relógio [Rəpɒrar ɛʃtə Rəlɔʒju]
die Batterie austauschen	mudar as baterias [mudar ɒʃ batəriɒʃ]

6

Anhänger	medalhão [mədɒʎɑ̃u]
Armband, -reif	pulseira [pulzeirɒ]
Brosche	alfinete de peito [alfinetə də peitu]
Kette	fio [fiu]
Gold~	~ de ouro [də oru]
Perlen~	colar de pérolas [kular də pɛrulɒʃ]
Ohrklips	brincos de mola [brĩnkuʃ də molɒ]

Ohrringe	brincos [brĩnkuʃ]
Ring	anel *m* [ɒnɛl]
Armbanduhr	bracelete *m* [ɔrɒsəletə]
Brillant	brilhante *m* [briʎɑ̃ntə]
Diamant	diamante *m* [djɒmɑ̃ntə]
Gold / vergoldet	ouro / dourado [oru / doradu]
Silber / versilbert	prata / prateado [pratɒ / pratjacu]
echt	verdadeiro [vərdɒdeiru]

▶ Kap. 6, Bewerten & sich entscheiden S. 149
▶ Wörterbuch

Brillen & mehr

Können Sie die Brille reparieren?
Pode arranjar os óculos? [podə ɒRɒnʒar uʃ ɔkuluʃ]

Das Gestell / Das Glas ist kaputt.
A armação / A lente está partida. [ɒ ɒrmɒsɑ̃u / ɒ lẽntə iʃta pɒrtidɒ]

Ich bin kurzsichtig / weitsichtig.
Sou míope / presbita. [so miupə / priʒb tɒ]

Ich benötige Gläser mit vier Dioptrien.
Preciso de lentes com quatro dioptrias. [prəsizu də lẽntəʃ kõ kwatru dioptriɒʃ]

Ich habe eine Kontaktlinse verloren.
Perdi uma lente de contacto. [pɛrdi umɒ lẽntə cə kõntatu]

Brille	óculos *m pl* [ɔkuluʃ]
Sonnenbrille	óculos de sol [ɔkuluʃ də sɔl]
Gläser	lentes [lẽntəʃ]
getönte ~	~ de cor [də kor]
Brillenetui	estojo [iʃtoʒu]
Kontaktlinsen	lentes de contacto *f pl* [lẽntəʃ də kõntatu]
harte / weiche ~	~ macias / duras [mɒsiɒʃ / durɒʃ]
Aufbewahrungs- / Reinigungslösung für ~	solução anti-séptica / de limpeza para ~ [sulusɑ̃u ɑ̃nti sɛptikɒ / də lĩmpezɒ pɒrɒ]
Fernglas	binóculo [binɔkulu]

6

ENTSPANNUNG, SPORT & KULTUR

7

Badeurlaub

Portugal ist wegen seiner Strände berühmt. An der Algarve ist das Wasser allerdings deutlich wärmer und ruhiger als an der Westküste.

Gibt es hier in der Nähe ...? — **Há aqui perto ...?** [a ɒki pɛrtu]
einen schönen Strand — uma praia bonita [umɒ prajɒ bunitɒ]
einen See — um lago [ũ lagu]
ein Schwimmbad — uma piscina [umɒ piʃsinɒ]

Wie kommt man zum Strand? — Como é que se vai para a praia? [komu e kə sə vai pɒrɒ ɒ prajɒ]

Am Strand

Obwohl es nicht verboten ist, sieht man Portugiesinnen nur selten topless. An der Algarve, wo mehr Touristen sind, ist es schon eher üblich.

7

Ist es erlaubt zu ...? — **Pode-se ...?** [podə sə]
schwimmen — nadar [nɒdar]
surfen — fazer surf [fɒzer sɜ:f]
angeln — pescar [pəʃkar]

Ist das Wasser ...? — **A água é ...?** [ɒ agwɒ e]
kalt — fria [friɒ]
warm — quente [kẽntə]
sauber — limpa [lĩmpɒ]
tief — funda [fũndɒ]

Ist es für Kinder gefährlich? — É perigoso para as crianças? [e pərigozu pɒrɒ aʃ krjãsɒʃ]

Gibt es ...?	**Há ...?** [a]
Strömungen	correntes [kuRẽntəʃ]
Quallen	medusas [məduzɒʃ]
Seeigel	ouriços-do-mar [orisuʒ du mar]
Wie weit kann man schwimmen?	Até onde se pode nadar? [ɒtɛ õndə sə podə nɒdar]
Wo kann man ... leihen?	**Onde se pode alugar ...?** [õndə sə podə ɒlugar]
einen Sonnenschirm	um guarda-sol [ũ gwardɒ sɔl]
eine Liege	uma espreguiçadeira [umɒ iʃprəgisɒdeirɒ]
Ich möchte gern ein ... mieten.	**Queria alugar ... .** [kəriɒ ɒlugar]
Segelboot	um barco à vela [ũ barku ɒ vɛlɒ]
Surfbrett	uma prancha de surf [umɒ prɑ̃ʃɒ də sɜːf]
Wie teuer ist es ...?	**Quanto custa ...?** [kwɑ̃ntu kuʃtɒ]
für einen Tag	um dia [ũ diɒ]
für eine Stunde	uma hora [umɒ ɔrɒ]
Ich gehe ins Wasser / schwimmen.	Vou à água / nadar. [vo ɒ agwɒ / nɒdar]
Kommst du mit?	Também vens? [tɑ̃mbẽi vẽiʃ]
Könnten Sie auf meine Sachen aufpassen?	Pode deitar um olho às minhas coisas? [podə deitar ũ oʎu ɒʃ miɲɒʃ koizɒʃ]

▶ Kap. 7, Glossar: Badeurlaub S. 180
▶ Kap. 7, Glossar: Sportarten S. 183, Glossar: Sportgeräte & Ausrüstung S. 184

Im Schwimmbad

Da das Meer fast immer direkt vor der Haustür ist, gibt es recht wenige öffentliche Schwimmbäder. Dafür entstehen gerade in Feriengebieten immer mehr Spaßbäder, die für viele Portgugiesen eine Alternative zum Strand sind.

(öffentliches) Freibad	piscina (pública) [piʃsinɒ (publikɒ)]
Hallenbad	piscina coberta [piʃsinɒ kubɛrtɒ]
Bademeister	banheiro [baɲeiru]
Sprungbrett	prancha [prɐ̃ʃɒ]

Wo sind die ...?	**Onde são ...?** [õndə sɐ̃u]
Umkleidekabinen	os vestiários [uʃ viʃtjarjuʃ]
Schließfächer	os armários [uʃ ɒrmarjuʃ]
Duschen	os duches [uʃ duʃəʃ]
Toiletten	a casa-de-banho [ɒ kazɒ də bɒɲu]
Gibt es hier eine Sauna?	Há aqui uma sauna? [a ɒki umɒ saunɒ]

Glossar: Badeurlaub

Am Strand

Strand	praia [prajɒ]
Liegestuhl	espreguiçadeira [iʃprəgisɒdeirɒ]
Strandmatte	esteira [iʃteirɒ]
Sonnenschirm	guarda-sol [gwardɒ sɔl]
Sonnenbrille	óculos de sol [ɔkuluʃ də sɔl]
Sonnencreme	bronzeador [brõzjɒdor]

Umkleidekabine	vestiário [viʃtjarju]
Dusche	duche *f* [duʃə]
Badesachen	
Badeanzug	fato-de-banho [fatu də bɒɲu]
Bikini	biquini *m* [bikini]
Badehose	calções de banho *f pl* [kalsoiʃ də bɒɲu]
Badekappe	boné *m* [bunɛ]
Badetuch	toalha [twaʎɒ]
Schwimmflügel	braçadeiras *f pl* [brɒsɒdeirɒʃ]
Sport und Spiel	
Bootsverleih	aluguer de barcos [ɒlugɛr də barkuʃ]
Boot	barco [barku]
Surfbrett	prancha de surf [prɐ̃nʃɒ də sɜːf]
Wasserski	esqui aquático [iʃki ɒkwatiku]
Luftmatratze	colchão pneumático [kolʃɐ̃u pneumatiku]
Schnorchel	respirador *m* [Riʃpirɒdor]
Schwimmflosse	barbatanas *f pl* [bɒrbɒtanɒʃ]
Taucherbrille	óculos de mergulho [ɔkuluʃ də mərguʎu]
Ball	bola [bolɒ]
Aktivitäten	
schwimmen	nadar [nɒdar]
sich sonnen	apanhar banhos de sol [ɒpɒɲar bɒɲuʃ də sɔl]
spielen	jogar [ʒugar]
surfen	fazer surf [fɐzer sɜːf]

▶ Kap. 7, Glossar: Sportarten S. 183 ▶ Wörterbuch

Sport

Erst seit einigen Jahren sind außer Fußball auch andere Sportarten bei breiteren Schichten populär geworden: Jogger bevölkern Strände und Flußufer, es wird Golf gespielt, geritten und inzwischen auch gewandert. Und Segeln und Schwimmen sind bei einer alten Seefahrernation natürlich beliebt.

Orientierung & Anmeldung

7

Wo kann man hier ...?	**Onde se pode ...?** [õndə sə podə]
reiten	andar a cavalo [ãndar də kɒvalu]
angeln	pescar [piʃkar]
Wo ist der nächste ...?	**Onde fica o ... mais próximo?** [õndə fikɒ u ... maiʃ prɔsimu]
Golfplatz	campo de golfe [kɒmpu də golfə]
Tennisplatz	court de ténis [kɔ:t də tɛniʃ]
Kann man hier ... leihen?	**Pode alugar-se ...?** [podə ɒlugar sə]
ein Fahrrad	uma bicicleta [umɒ bəsiklɛtɒ]
Golfschläger	tacos de golfe [takuʃ də golfə]
Gibt es hier ...?	**Aqui há ...?** [ɒki a]
markierte Wanderwege	caminhos assinalados para passear [kɒmiɲuʃ ɒsinɒladuʃ pɒrɒ pɒsjar]
Touren mit Führung	passeios guiados [pɒsejuʃ giɒduʃ]
Wie lange dauert ...?	**Quanto tempo dura ...?** [kwɑ̃ntu tẽmpu durɒ]
die Tour	o passeio [u pɒseju]
die Wanderung	a caminhada [ɒ kɒmiɲadɒ]

Glossar: Sportarten

Wassersport	**Sportart**	**sportliche Aktivität**
Fischen	pesca [pɛʃkɒ]	pescar [piʃkar]
Schwimmen	natação *f* [nɒtɒsɑ̃u]	nadar [nɒdar]
Segeln	vela [vɛlɒ]	velejar [vəliʒar]
Surfen	surf [sɜ:f]	fazer surf [fɒzer sɜ:f]
Rudern	remo [Remu]	remar [Rəmar]
Tauchen	mergulho [məɾguʎu]	mergulhar [məɾguʎar]
Wasserski	esqui aquático [iʃki ɒkwatiku]	fazer esqui aquático [fɒzer iʃki ɒkwatiku]
Ballspiele		
Fußball	futebol [futəbɔl]	jogar (futebol) [ʒuçar (futəbɔl)]
Golf	golfe [golfə]	
Handball	andebol [ɑ̃ndəbɔl]	
Squash	squash [skwɔʃ]	
Tennis	ténis [tɛniʃ]	
Volleyball	voleibol [vɔleibɔl]	
weitere Sportarten		
Aerobic	aeróbica [ɒɛrobikɒ]	fazer (aeróbica) [fɒzer (ɒɛrobikɒ)]
Bergsteigen	alpinismo [alpiniʒmu]	
Drachenfliegen	asa-delta [azɒ dəltɒ]	
Gymnastik	ginástica [ʒinɒʃtikɒ]	
Joggen	corrida [kuRidɒ]	
Karate	karaté [kɒrɒtɛ]	
Radfahren	ciclismo [sikliʒmu]	
Reiten	equitação *f* [ikitɒsɑ̃u]	
Rollschuhlaufen	patinagem *f* [pɒtinaʒẽi]	
Wandern	caminhar [kɒmiɲar]	caminhar [kɒmiɲar]

7

Glossar: Sportstätten & Einrichtungen

Fitneßcenter	ginásio [ʒinasju]
Fußballplatz	campo de futebol [kɒmpu də futəbɔl]
Golfplatz	campo de golfe [kɒmpu də golfə]
Jachthafen	marina [mɒrinɒ]
Schwimmbad	piscina [piʃsinɒ]
Segelklub	clube de vela [klubə də vɛlɒ]
Sportplatz	campo de desportos [kɒmpu də diʃportuʃ]
Stadion	estádio [iʃtadju]
Tennisplatz	court *m* / *bras.* quadra de ténis [kɔ:t / kwadrɒ də tɛniʃ]

Glossar: Sportgeräte & Ausrüstung

7

Wassersport	
Angel	pesca [pɛʃkɒ]
Boot	barco [barku]
Segel~	~ à vela [ɒ vɛlɒ]
Ruder~	~ a remos [a Remuʃ]
Motor~	~ a motor [ɒ mutor]
Schwimmflossen	barbatanas *f pl* [bɒrbɒtanɒʃ]
Schnorchel	respirador [Rəʃpirɒdor]
Taucherbrille	óculos de mergulho [ɔkuluʃ də mərguʎu]
Taucheranzug	escafandro [iʃkɒfɑ̃ndru]
Wasserski	esqui aquático [iʃki ɒkwatiku]

weitere Ausrüstungsgegenstände	
Fahrrad	bicicleta [bəsiklɛtɒ]
Mountainbike	bicicleta de montanha [bəsiklɛtɒ də mõntɒɲɒ]
Golfschläger	taco de golfe [taku də golfə]
Reitkappe	boné de montar [bunɛ də mõntar]
Reitstiefel	botas de montar *f pl* [bɔtɒʃ də mõntar]
Sattel	sela [sɐlɒ]
Squash- / Tennisschläger	raquete de squash / ténis [Rɒketə də skwɔʃ / tɛniʃ]
Sportschuhe	sapatilhas *f pl* [sɒpatiʎɒʃ]
Wanderschuhe	sapatos de montanha [sɒpatuʃ də mõntɒɲa]

▶ Kap. 3, Mit dem Fahrrad S. 82

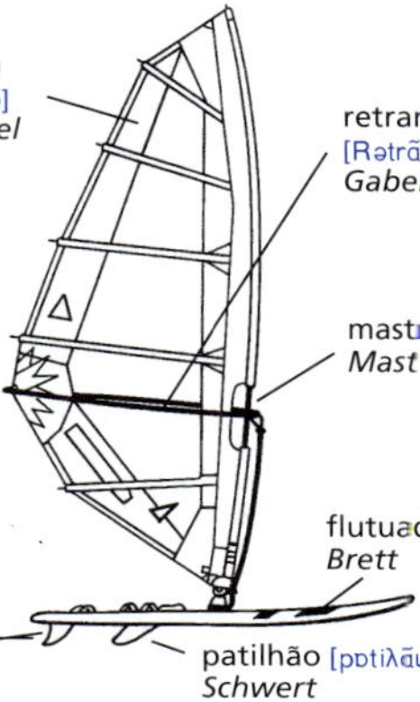

Apropos: Als Sonnenland ist Portugal für den Wintersport nicht besonders geeignet. In der Serra da Estrela aber gibt es einige Skilifte (= *teleféricos* [tələfɛrikuʃ]), und der weiße Sport erfreut sich dort großer Beliebtheit.

Sportveranstaltungen

Beliebteste Sportart in Portugal ist noch immer der Fußball. Und wichtiger als das Bekenntnis zu einer Partei ist das zu einem Verein. Kommt man aus dem Norden, ist es der F.C. Porto, in Lissabon muß man sich entscheiden: entweder Benfica oder Sporting.

Findet dieses Wochenende ... statt?	**Este fim-de-semana há ...?** [ɛʃtə fĩ də səmɒnɒ a]
ein Fußballspiel	algum jogo de futebol [algũ ʒogu də futəbɔl]
ein Tennisspiel	algum jogo de ténis [algũ ʒogu də tɛniʃ]
ein Autorennen	alguma corrida de automóveis [algumɒ kuRidɒ də autumɔveiʃ]
ein Fahrradrennen	alguma corrida de bicicletas [algumɒ kuRidɒ də bəsiklɛtɒʃ]
Wo kann man die Eintrittskarten kaufen?	Onde se podem comprar os bilhetes? [õndə sə podə kõmprar uʃ biʎetəʃ]
Zwei Karten für das Spiel Benfica gegen Sporting, bitte!	Dois bilhetes para o jogo Benfica / Sporting, por favor! [doiʃ biʎetəʃ pɒrɒ u ʒogu bẽifikɒ iʃpɔrting pur fɒvor]
Wie steht das Spiel?	Como está o jogo? [komu iʃta u ʒogu]

7

Dois a zero para o Benfica. [doiʃ ɒ zɛru pɒrɒ u bẽifikɒ]	Zwei zu Null für Benfica.
Welche Mannschaft ist die mit den roten Trikots?	Qual é a equipa das camisolas vermelhas? [kwal e ɒ ikipɒ dɒʃ kɒmizɔlɒʃ vərmɐʎɒʃ]

Glossar: Fußball

Fußball	**Futebol** [futɛbɔl]
Mannschaft	equipa [ikipɒ], *bras.* equipe [əkipə]
Spieler	jogador [ʒugɒdor]
Torwart	guarda-redes [gwardɒ Redəʃ], *bras.* goleiro [guleiru]
Trainer	treinador [trəinɒdor]
Schiedsrichter	árbitro [arbitru]
Zuschauer	espectador [iʃpɛtɒdor]
Stadion	estádio [iʃtadju]
Spielfeld	campo de futebol [kãmpu də futəbɔl]
Tor	baliza [bɒlizɒ], *bras.* goleira [guleirɒ]
Ball	bola [bɔlɒ]
Fußballspiel	**Jogo de futebol** [ʒogu də futɛbɔl]
Angriff	ataque [ɒtakə]
Verteidigung	defesa [dəfezɒ]
schießen	marcar [mɒrkar]
ein Tor schießen	marcar um golo [mɒrkar ũ golu]
Elfmeter	penalti [pənalti]
Freistoß	livre [livrə]

7

Eckball	canto [kɐ̃ntu], *bras.* escanteio [iʃkɐ̃nteju]
erste / zweite Halbzeit	primeira / segunda parte [primeirɒ / səgundɒ partə]
Ergebnis	resultado [Rəzultadu], *bras.* score

Kirchen, Museen & Ausflüge

Orientierung

Wo ist ...?	**Onde fica ...?** [õndə fikɒ]
die Touristeninformation	o turismo [u turiʒmu]
das Museum für alte Kunst	o museu de arte antiga [u muzeu də artə ɐ̃ntigu]
Haben Sie ...?	**Tem ...?** [tẽi]
einen Stadtplan von Lissabon	um mapa de Lisboa [ũ mapɒ də liʒboɒ]
einen Veranstaltungskalender	uma agenda cultural [umɒ ɒʒẽndɒ kultural]
Was muß man unbedingt besichtigen?	O que é que se deve visitar? [u kə e kə sə dəvə vizitar]
Können Sie mir eine interessante Route empfehlen?	Pode indicar-me um passeio interessante? [podə ĩndikar mə ũ pɒseju ĩntərəsɐ̃ntə]
Gibt es eine Stadtrundfahrt?	Há algum passeio organizado pela cidade? [a ɒlgũ pɒseju urgɒnizadu pəlɒ sidadə]

7

An der Kasse

Was kostet der Eintritt? — Quanto custa a entrada? [kwantu kuʃtɒ ɒ ẽntradɒ]

Gibt es eine Ermäßigung für ...? — **Há desconto para ...?** [a dəzkõntu pɒrɒ]

Kinder — crianças [krjɑ̃sɒʃ]

Behinderte — deficientes [dəfisjẽntəʃ]

Gruppen — grupos [grupɹʃ]

Studenten — estudantes [iʃtudɑ̃ntəʃ]

Senioren — terceira idade [tərseirɒ idadə]

● Quantos bilhetes? [kwɑ̃ntuʃ biʎetəʃ] — Wie viele Eintrittskarten?

Gibt es eine deutschsprachige Führung? — Há alguma visita com guia alemão? [a ɒlgumɒ vizitɒ ka giɒ ɒləmɑ̃u]

Wieviel kostet die Führung? — Quanto custa a visita? [kwɑ̃ntu kuʃtɒ ɒ vizitɒ]

Wann sind die Öffnungszeiten? — Qual é o horário de abertura ao público? [kwal e u ɔrarju də ɒbərturɒ au publiku]

Gibt es zur Ausstellung ...? — **Sobre a exposição, há algum ...?** [sobrə ɒ eiʃpuzisɑ̃u a ɒlgũ]

einen Katalog — catálogo [kɒtalugu]

ein Informationsblatt — folheto informativo [fuʎetu ĩfurmɒtivu]

Darf man fotografieren? — Podem tirar-se fotografias? [podẽi tirar sə futugrɒfiɒʃ]

▶ Kap. 1, Öffnungszeiten S. 25

7

Organisierte Fahrten

Organisieren Sie ...?	**Organiza ...?** [urgɒnizɒ]
Stadtrundfahrten	visitas guiadas à cidade [vizitɒʃ gjadɒʃ ɒ sidadə]
Ausflüge nach Sintra	excursões para Sintra [eiʃkursoiʃ pɒrɒ sĩntra]
In welchen Sprachen ist die Führung?	Em que língua é a excursão? [ẽi kə lĩngwɒ e ɒ eiʃkursɑ̃u]
Wann / Wo fährt der Bus ab?	A que horas / De onde parte o autocarro? [ɒ kə ɔrɒʃ / də õndə partə u autukaRu]
Hält der Bus auch in Cascais?	O autocarro pára em Cascais? [u autukaRu parɒ ẽi kɒʃkaiʃ]
Wann kommen wir wieder zurück?	A que horas voltamos? [ɒ kə ɔrɒʃ voltamuʃ]
Dauert die Fahrt den ganzen Tag?	A excursão dura o dia todo? [ɒ eiʃkursɑ̃u durɒ u diɒ todu]

7

Fragen zu Namen, Daten & Fakten

Wie heißt ...?	**Como se chama ...?** [komu sə ʃamɒ]
diese Kirche	esta igreja [ɛʃtɒ igreʒɒ]
dieses Museum	este museu [ɛʃtə muzeu]
Wo befindet sich ...?	**Onde fica ...?** [õndə fikɒ]
das Jerónimo-Kloster	o mosteiro dos Jerónimos [u muʃteiru duʃ ʒərɔnimuʃ]
das Grab von Camões	a sepultura de Camões [ɒ səpulturɒ də kamõiʃ]

Von wem ist ...?	**De quem é ...?** [də kẽi e]
dieses Gebäude	este edifício [εʃtə idəfisju]
dieses Bild	este quadro [εʃtə kwadru]
diese Skulptur	esta escultura [εʃtɒ iʃkulturɒ]
Aus welcher Epoche stammt das?	De que época é? [də kə εpukɒ e]

• **É ... .** [e]	**Das ist ... .**
fenício [fənisju]	phönizisch
romano [Rumanu]	römisch
árabe [arɒbə]	arabisch
românico [Rumaniku]	romanisch
gótico [gɔtiku]	gotisch
renascentista [Rənɒʃsẽntiʃtɒ]	aus der Renaissance
barroco [bɒRɔku]	barock
do século XVIII [du sekulu dəzoitu]	aus dem 18. Jahrhundert
neo-clássico [nεɔ klasiku]	neoklassisch
pós-moderno [pɔʒ mudεrnu]	postmodern

Glossar: Kunst & Natur

Malerei und Bildhauerei

Aquarell	aguarela [ɒgwɒrεlɒ]
Ausstellung	exposição *f* [eiʃpusisɑ̃u]
Bild	quadro [kwadru]
Büste	busto [buʃtu]
Galerie	galeria [gɒləriɒ]
Gemälde	pintura [pĩnturɒ]
Kunstmesse	feira de arte [feirɒ də artə]
Museum	museu [muzeu]
Skulptur	escultura [iʃkulturɒ]
Zeichnung	desenho [dəzeɲu]

Architektur	**Arquitectura** [ɒrkitɛturɒ]
Altstadt	cidade velha [sidadə vɛʎɒ]
Aquädukt	aqueduto [ɒkədutu]
Brücke	ponte *f* [põntə]
Brunnen	fonte *f* [fõntə]
Denkmal	monumento [munumẽntu]
Friedhof	cemitério [səmitɛrju]
Kirche	igreja [igreʒɒ]
Kloster	convento [kõnvẽntu]
Moschee	mesquita [meʒkitɒ]
Platz	praça [prasɒ]
Stadtmauer	muros da cidade *m pl* [muruʃ dɒ sidadə]
Stadtviertel	bairro [bairu]
Turm	torre [toRə]
Natur	**Natureza** [nɒturezɒ]
Aussichtspunkt	miradouro [mirɒdoru]
Berg	montanha [mõntaɲɒ]
Fluß	rio [Riu]
Garten (botanischer)	jardim (botânico) [ʒɒrdĩ (butɒniku)]
Hügel	colina [kulinɒ]
Landschaft	paisagem *f* [paizaʒẽi]
Meer	mar [mar]
Naturschutzgebiet	reserva natural [Rəzɛrvɒ nɒtural]
See	lago [lagu]
Tal	vale [valə]
Wald	floresta [flurɛʃtɒ]
Wasserfall	queda de água [kɛdɒ də agwɒ], *bras.* cachoeira [kaʃueirɒ]
Zoo	jardim zoológico [ʒɒrdĩ zuolɔʒiku]

7

Kulturveranstaltungen

Orientierung

Haben Sie einen Veranstaltungskalender? — Tem um programa cultural? [tẽi ũ prugrɒmɒ kultural]

Wo ist ...? — **Onde é ...?** [õndə e]
das Theater — o teatro [u tjatru]
das Kino — o cinema [u sinemɒ]

Wann beginnt ...? — **A que horas começa ...?** [ɒ kə ɔrɒʃ kumesɒ]
das Konzert — o concerto [u kõnsertu]
der Film — o filme [u filmə]
die Vorstellung — a apresentação [ɒ ɒprəsẽntɒsɐ̃u]

Muß man Karten vorbestellen? — É preciso reservar bilhetes? [e prəsizu Rəzərvar biʎetəʃ]

Kartenverkauf & Einlaß

Wo ist die Kasse? — Onde é a caixa? [õndə e ɒ kaiʃɒ]

Gibt es noch Karten für ...? — **Ainda há bilhetes para ...?** [ɒĩndɒ a biʎetəʃ pɒrɒ]
heute abend — hoje à noite [hoʒə ɒ noitə]
die Premiere — a estreia [ɒ iʃtreiɒ]

- Há, mas poucos. [a mɒʃ pokuʃ] — Ja, aber nur noch wenige.
- Não, estão esgotados. [nɐ̃u iʃtɐ̃u iʃgutaduʃ] — Nein, es ist schon ausverkauft.
- O espectáculo foi cancelado. [u iʃpɛtakulu foi kɐ̃səladu] — Die Veranstaltung fällt aus.

7

Zwei Karten, bitte! — Dois bilhetes, por favor!
[doiʃ biʎetəʃ pur fɒvor]

Könnten Sie bitte vier Karten für morgen abend reservieren? — Pode reservar quatro bilhetes para amanhã à noite?
[podə Rəservar kwatru biʎetəʃ pɒrɒ amɒɲã ɒ noitə]

Ich möchte Plätze ... . — **Queria lugares ... .**
[kəriɒ lugarəʃ]

im ersten Rang — na primeira fila [nɒ primeirɒ filɒ]
im Parkett — na plateia [nɒ plɒtejɒ]
in der Loge — no camarote [nu kɒmɒrɔtə]
in der Mitte — no centro [nu sẽntru]

Könnte ich bitte ein Programmheft haben? — Pode dar-me o programa, por favor?
[podə dar mə u prugrɒmɒ pur fɒvor]

Wie lange dauert die Vorstellung? — Quanto tempo demora o espectáculo?
[kwãntu tẽmpu dəmɔrɒ u iʃpɛtakulu]

Wo ist ...? — **Onde é ...?** [õndə e]
die Toilette — a casa-de-banho [ɒ kazɒ də bɒɲu]
die Garderobe — o bengaleiro [u bẽngɒleiru]

7

• Posso ver os seus bilhetes, por favor?
[posu ver uʃ seuʃ biʎetəʃ pur fɒvor]
— Könnte ich bitte Ihre Eintrittskarten sehen?

Musik, Konzerte & Theater

Was wird heute abend (im Theater) gespielt? — Qual é a peça de hoje à noite (no teatro)? [kwal e ɒ pɛsɒ də ɔʒə ɒ noitə (nu tjatru)]

Was ist das für ein Stück?

Que tipo de peça é?
[kə tipu də pɛsɒ ɒ]

• É uma comédia / revista.
[e umɒ kumɛdjɒ / Reviʃtɒ]

Es ist eine Komödie / Revue.

Können Sie mir ein Konzert empfehlen?

Pode aconselhar-me algum concerto?
[podə ɒkõsiʎar mə algũ kõnsertu]

Was für eine Musikrichtung ist das?

Que tipo de música é esta?
[kə tipu də muzikɒ e ɛʃtɒ]

Wer ...?
singt
dirigiert

Quem ...? [kẽi]
canta [kɒntɒ]
dirige a orquestra
[diriʒə ɒ ɔrkɛʃtrɔ]

7

Der Fado ist das schwermütige Lied der Portugiesen. Die Hochburgen dafür sind die Studentenstadt Coimbra und Lissabon. Heute allerdings ist Fado vor allem eine Attraktion für Touristen. In der Alfama oder im Bairro Alto in Lissabon gibt es zahlreiche Fado-Restaurants, die gute Musik bieten. Ganz billig ist das Vergnügen allerdings nicht.

Musik	**música** [muzikɒ]
klassische ~	~ clássica [klasikɒ]
moderne ~	~ moderna [mudɛrna]
Jazz	jazz [dʒɒz]
Pop	pop [pɔp]
Rock	rock [rɔk]
Oper	ópera [ɔpərɒ]

► Kap. 7, Kartenverkauf & Einlaß S. 193

Kino

7

Auch wer kein Portugiesisch kann, wird auf Kino in Portugal nicht verzichten müssen, denn Filme werden nicht synchronisiert, sondern untertitelt. Deutsche Filme sind allerdings recht selten, da die Sprache des Kinos meistens Englisch ist und auch in Portugal vor allem amerikanische Filme laufen.

Was läuft heute abend im Kino?	O que há hoje à noite no cinema? [u kə a ɔʒə ɒ noitə nu sinemɒ]
• **Um … .** [ũ]	**Ein / Eine … .**
filme de acção [filmə də asɑ̃u]	Actionfilm
filme cómico [filmə kɔmiku]	Komödie
filme de ficção científica [filmə də fiksɑ̃u sjẽntifikɒ]	Science-fiction-Film

Wovon handelt der Film? — De que trata o filme? [də kə tratɒ u filmə]

Von wem ist der Film? — De quem é o filme? [də kẽi e u filme]

Wer spielt die Hauptrolle? — Quem faz o papel principal? [kẽi faʃ u pɒpɛl prĩsipal]

Nachtleben

Zahlreich sind die Diskotheken und Bars in Portugal. Wer allerdings vor 23 Uhr ausgeht, wird nur wenige Leute treffen. Portugiesen gehen gerne erst spät aus, dafür ist aber bis in die frühen Morgenstunden viel los.

bar [bar]	Bar / Kneipe
bar com música ao vivo [bar kõ muzikɒ au vivu]	Kneipe mit Live-Musik
casino [kɒzinu]	Spielkasino
discoteca [diʃkutɛkɒ]	Diskothek
cabaret [kɒbɒrɛ]	Kabarett

Wir möchten heute abend gern ... . — **Hoje à noite queremos ... .** [ɔʒə ɒ noitə kəremuʃ]

ausgehen — sair [sɒir]

in eine Disko gehen — ir a uma discoteca [ir ɒ umɒ diʃkutɛkɒ]

in ein Spielkasino gehen — ir a um casino [ir ɒ ũ kɒzinu]

Wo kann man tanzen? — Onde se pode dançar? [õndə sə podə dãsar]

7

Ist es für Leute unseres Alters?	É para pessoas da nossa idade? [e pɒrɒ pəsoɒʃ dɒ nɔsɒ idadə]
Ist ein Abendkleid / Smoking vorgeschrieben?	É obrigatório ir de vestido de noite / smoking? [e ubrigɒtɔrju ir də vɛʃtidu də noitə / smokin]

► Kap. 5, Getränke S. 112

So vornehm wie in einigen anderen europäischen Ländern geht es in Portugal beim Glücksspiel nicht zu. Und selbst im bekanntesten Spielkasino – in Estoril bei Lissabon – brauchen Sie keine Krawatte.

Spielkasino	casino [kɒsinu]
Spielhalle	casa de jogos [kazɒ də ʒoguʃ]
Glücksspiel	jogo de azar [ʒogu də ɒzar]
Black Jack	black jack [blæk dʒæk]
Roulette	roleta [Ruletɒ]
Jeton	ficha [fiʃɒ]
Karten	cartas [kɒrtɒʃ]
Würfel	dado [dadu]
Wette	aposta [ɒpɔʃtɒ]
setzen (auf)	apostar (em) [ɒpuʃtar (ẽi)]

7

DIENSTLEISTUNGEN: BANKEN, POST, ...

8

Allgemein

Telekommunikation, Geldautomaten, Faxgeräte und Telefonkarten sind in Portugal selbstverständlich. Bei der Bank oder Post muß man allerdings fast immer mit Warteschlangen rechnen. Gut, daß es die Automaten in großer Anzahl gibt.

Gibt es hier in der Nähe ...?	**Há aqui perto ...?** [a ɒki pɛrtu]
eine Bank	um banco [ũ bɑ̃nku]
eine Post	uma estação de correio [umɒ iʃtɒsɑ̃u də kuReju]
einen Briefkasten	um marco de correio [ũ marku də kuReju]
einen Geldautomaten	um caixa multibanco [ũ kaiʃɒ multibɑ̃nku]
ein Telefon	um telefone [ũ tələfɔnə]
Wo kann man hier ...?	**Onde é que posso ...?** [õndə e kə posu]
Geld wechseln	cambiar dinheiro [kɑ̃mbjar diɲeiru]
Briefmarken kaufen	comprar selos [kõmprar seluʃ]
telefonieren	telefonar [tələfɔnar]

8

Banken & Geldverkehr

Mit Schecks und Kreditkarten kann man fast überall bezahlen. Die günstigste Art, Geld zu wechseln, ist am Geldautomaten mit der Scheckkarte, da die Banken sich auch die kleinste Dienstleistung außerordentlich honorieren lassen.

► Geldscheine, Abb. 4 im Anhang

Geldwechsel

CÂMBIO	MOEDA ESTRANGEIRA
Geldwechsel	Ausländische Währung

Ich möchte ... wechseln.	**Quero trocar ... .** [keru trukar]
Geld	dinheiro [diɲeiru]
D-Mark	marcos alemães [markuʃ ɒləmaiʃ]
Franken	francos [frãnkuʃ]
Schillinge	xelins [ʃəlĩʃ]
Ich möchte einen Reisescheck einlösen.	Quero trocar um cheque de viagem. [keru trukar ũ ʃɛkə də vjaʒẽi]
Wie ist der Höchstbetrag?	Qual é a quantia máxima? [kwal e ɒ kwãntjɒ masimɒ]
Wie steht der Wechselkurs?	A como está o câmbio? [ɒ komu iʃta u kãmbju]
Wie hoch sind die Umtauschgebühren?	Quais são as taxas de câmbio? [kwais sãu ɒʃ taʃɒʃ də kãmbju]
Geben Sie mir bitte ...!	**Dê-me, por favor ...!** [de mə pur fɒvor]
Kleingeld	dinheiro trocado [diɲeiru trukadu]
kleine Scheine	notas pequenas [nɔtɒʃ pəkenɒʃ]
• O seu passaporte, por favor! [u seu pɒsɒpɔrtə pur fɒvor]	Ihren Ausweis, bitte!
• Recebe o seu dinheiro no guichê 4. [Rəsebə u seu diɲeiru nu giʃe kwatru]	Sie bekommen ihr Geld am Schalter 4.

wechseln	cambiar [kɑ̃mbjar], *bras.* trocar [trɔkar]
Wechselkurs	taxa de câmbio [taʃɒ də kɑ̃mbju]
Währung	moeda [mwɛdɒ]
Ankauf	compra [kõmprɒ]
Verkauf	venda [vẽndɒ]
Kreditkarte	cartão de crédito [kɒrtɑ̃u də krɛditu]
Geheimzahl	código pessoal [kɔdigu pəswal]
Euroscheck	eurocheque [euruʃɛkə]
Reisescheck	cheque de viagem [ʃɛkə də vjaʒẽi]

Am Geldautomaten

Bargeld bekommt man am einfachsten und am günstigsten am Geldautomaten (= *multibanco*). An den Wochenenden sind sie allerdings häufig ohne Geld.

Introduza o seu cartão, por favor	Bitte Karte einführen
Escolha a língua	Sprache wählen
Marque o seu código pessoal	Geheimzahl eingeben
Escolha o montante	Betrag auswählen
Confirme com a tecla verde	Bestätigen mit grüner Taste
Espere, por favor	Bitte warten
Retire o seu cartão	Karte entnehmen
Retire o dinheiro	Geld entnehmen
Retire o recibo	Beleg entnehmen
Cancelar	Abbruch
Corrigir	Korrektur
Confirmar	Bestätigung

Überweisungen & mehr

Ich möchte Geld … .	**Quero … dinheiro.** [keru … diɲeiru]
abheben	levantar [ləvɐ̃ntar] *bras.* retirar [ʀətirar]
überweisen	transferir [trɐ̃ʃfərir]
Ich möchte einen Scheck … .	**Quero … um cheque.** [keru … ũ ʃɛkə]
einlösen	levantar [ləvɐ̃ntar]
sperren	cancelar [kɐ̃səlar]

Bank	banco [bɐ̃nku]
Bankleitzahl	NIB [nip] (= Número de identificação bancária)
Girokonto	conta corrente [kõntɒ kuRẽntə]
Kontonummer	número de conta [numəru də kõntɒ]
Kontostand	saldo [saldu]
Kontoauszug	extracto de conta [iʃtratu də kõntɔ]

Postdienste

Karten, Briefe & Päckchen

Die Post (= *correio*) ist normalerweise montags bis freitags von 8.30–13.00 Uhr und von 14.30–18.00 Uhr geöffnet. Viele Postämter haben aber auch über Mittag auf. Die Hauptpost an der Praça dos Restauradores in Lissabon ist rund um die Uhr geöffnet.

Was kostet ein Brief / eine Postkarte ...?	**Quanto custa uma carta / um postal ...?** [kwɑ̃ntu kuʃtɒ umɒ kartɒ / ũ puʃtal]
nach Deutschland	para a Alemanha [pɒrɒ ɒ ɒləmɒɲɒ]
nach Österreich	para a Áustria [pɒrɒ ɒ auʃtrjɒ]
in die Schweiz	para a Suíça [pɒrɒ ɒ swisɒ]
Fünf Briefmarken zu ... Escudos, bitte!	Cinco selos de ... Escudos, por favor! [sĩnku seluʃ də ... iʃkuduʃ pur fɒvor]
Ich möchte ... aufgeben.	**Quero enviar ... .** [keru ẽnvjar]
einen Eilbrief	uma carta por expresso [umɒ kartɒ pur eiʃprɛsu]
ein Einschreiben	uma carta registada [umɒ kartɒ Rəʒiʃtɒdɒ]
ein Paket	um pacote [ũ pɒkɔtə]
ein Päckchen	uma encomenda [umɒ ẽnkumẽndɒ]
Wie lange braucht die Sendung?	Quanto tempo demora a entrega? [kwɑ̃ntu tẽmpu dəmorɒ ɒ ẽntrɛgɒ]
Kann ich hier ein Fax / Telegramm verschicken?	Posso enviar um fax / telegrama? [posu ẽnvjar ũ faks / teləgrɒmɒ]

8

Glossar: Post

Absender	remetente [Rəmətẽntə]
Brief	carta [kartɒ]
Briefkasten	marco de correio [marku də kuReju]
Briefmarken	selo [selu]

Eilbrief	carta por expresso [kartɒ pur eiʃprɛsu]
Einschreiben	carta registada [kartɒ Rəʒiʃtadɒ]
Empfänger	destinatário [diʃtinɒtarju]
Fax	fax [faks]
Luftpost	correio aéreo [kuReju ɒɛrju]
Päckchen	encomenda [ẽnkumẽndɒ]
Paket	pacote [pɒkɔtə]
Postamt	correios [kuRejuʃ]
Postfach	apartado postal [ɒpɒrtadu puʃtal]
Postkarte	postal [puʃtal]
Postleitzahl	código postal [kɔdigu puʃtal]
Telegramm	telegrama [tələgrɒmɒ]

Telefonieren

Telefonieren vom Hotel aus ist meistens recht teuer. Inlands- und Auslandsgespräche können Sie aber auch beqeum entweder von den Kabinen der Postämter oder den öffentlichen Fernsprechern aus führen. Die meisten öffentlichen Fernsprecher funktionieren mit Telefonkarten (= *cartão credifone* [kɒrtɐ̃u kreɛdifonə]), die man bei der Post (= *correios*) und in vielen Tabakläden (= *tabaquarias*) kaufen kann.

8

Wo ist die nächste Telefonzelle?	Onde fica a próxima cabine telefónica? [õndə fikɒ ɒ prɔsimɒ kɒbinə tələfɔnikɒ]
Können Sie mir Geld wechseln?	Pode trocar-me dinheiro?

Telefonzelle	cabine telefónica [kɒbinə tələfɔnikɒ]
Münztelefon	telefone de moedas [tələfɔne də mwedɒʃ]
Kartentelefon	telefone de cartão [tələfɔnə də kɒrtɑ̃u]
Telefonkarte	cartão credifone [kɒrtɑ̃u krɛdifonə]
Telefonbuch	lista telefónica [liʃtɒ tələfɔnikɒ]
Gelbe Seiten	páginas amarelas [paʒinɒʃ ɒmɒrɛlɒʃ]
Auslandsgespräch	chamada internacional [ʃɒmadɒ ĩntərnɑ̃sjunal]
Ferngespräch	chamada interurbana [ʃɒmadɒ ĩntərurbanɒ]
Ortsgespräch	chamada local [ʃɒmadɒ lukal]
Vorwahl	indicativo [ĩndikɒtivu]

8

Nützliche Telefonnummern

Nationale Vorwahl

0049	von Portugal nach Deutschland
0041	von Portugal in die Schweiz
0043	von Portugal nach Österreich
00351	aus dem Ausland nach Portugal

Telefonauskunft

118	Inland
099	Ausland Europa
098	Ausland außerhalb Europas

Die internationale Auskunft funktioniert nicht direkt. Sie müssen Land, Ort und Namen nennen und Ihre Telefonnummer hinterlassen, unter der Sie dann zurückgerufen werden.

▶ Kap. 9, Wichtige Telefonummern S. 212

Am Telefon

Wundern Sie sich nicht: Auf Deutsche wirkt das Telefonieren in Portugal zuerst immer etwas unhöflich. Statt des Namens wird nur »*Estou*« gesagt, was soviel bedeutet wie »Ich bin's«. Auf weiteres Nachfragen wird dann oft nur die Telefonnummer genannt. Ein bißchen gewöhnungsbedürftig ist das schon.

- Estou. [iʃto] — Ich bin's.
- Com quem quer falar? [kõ kẽi ker fɒlar] — Wen möchten Sie sprechen?

Ich möchte mit ... sprechen. — Quero falar com ... . [keru fɒlar kõ]

- É engano. [e ẽigɒnu] — Sie haben sich verwählt.

Verbinden Sie mich bitte mit ...! — Ligue-me, por favor a ... . [ligə mə pur fɒvor ɒ]

- Um momento, por favor! [ũ mumẽntu pur fɒvor] — Einen Moment, bitte!
- Ele / Ela não está de momento. [ɛlə / ɛlɒ nɑ̃u iʃta də mumẽntu] — Er / Sie ist momentan nicht da.

Wann kommt er / sie zurück? — A que horas chega? [ɒ kə ɔrɒʃ ʃegɒ]

Kann ich eine Nachricht hinterlassen? — Posso deixar um recado? [posu deiʃar ũ Rəkadu]

Auf Wiederhören! — Adeus! [ɒdeuʃ]

▶ Kap. 10, Telefonieren S. 241

Beim Friseur

Haben Sie morgen noch einen Termin frei? — Ainda tem tempo livre amanhã? [ɒindɒ tẽi tẽmpu livrə amɒɲɑ̃]

Was soll gemacht werden?

• O que é que quer fazer? [u kə e kə ker fɒzer] — Was soll bei Ihnen gemacht werden?

Ich möchte mir die Haare schneiden lassen. — Quero cortar o cabelo. [keru kurtar u kɒbelu]

Bitte ... und ...! — **... e ..., por favor!** [i ... pur fɒvor]
waschen — lavar [lɒvar]
schneiden — cortar [kurtar]
fönen — secar [səkar]
färben — pintar [pintar]
rasieren — fazer a barba [fɒzer ɒ barbɒ]

Ich hätte gern ... . — **Queria ... .** [kəriɒ]
eine Tönung — pintar [pintar]
eine Dauerwelle — fazer uma permanente [fɒzer umɒ pərmɒnẽntə]

8

Ich möchte … . | **Queria … .** [kəriɒ]
einen Kurzhaarschnitt | cortar curto [kurtar kurtu]
einen neuen Haarschnitt | um novo corte [ũ novu kɔrtə]

Waschen, schneiden, fönen

• A água está demasiado quente? [ɒ agwɒ iʃta dəmɒzjadu kẽntə] — Ist das Wasser zu heiß?

Bitte etwas wärmer / kälter. — Mais quente / fria, por favor. [maiʃ kẽntə / friɒ pur fɒvor]

Ich hätte die Haare gern … . — **Queria o cabelo … .** [keriɒ u kɒbelu]
stufig geschnitten — escadeado [iʃkɒdjadu]
glatt — liso [lisu]
lockig — encaracolado [ẽikɒrɒkuladu]

Bitte nur den Pony etwas schneiden! — É só para cortar a franja, por favor! [e sɔ pɒrɒ kurtar a frãʒɒ pur fɒvor]

• Risca do lado esquerdo? [Riʃkɒ du ladu iʃkerdu] — Den Scheitel links?

• Que cor é que quer? [kə kor e kə ker] — Welche Farbe möchten Sie?

Ich möchte sie … . — **Quero-o … .** [keru u]
blond — louro [loru]
braun — castanho [kɒʃtɒɲu]
schwarz — preto [prətu]
rot — ruivo [Ruivu]

• Quer laca? [ker lakɒ] — Möchten Sie Haarspray?

• Gosta? [goʃtɒ] — Gefällt es Ihnen?

8

Reinigung

Reinigungen gibt es in Portugal viele, aber ein Waschsalon ist schwierig zu finden. Große Hotels nehmen Ihnen diese Aufgabe ab.

Ich möchte ... reinigen lassen.	**Queria mandar limpar ... .** [keriɒ mɑ̃ndar lĩmpar]
diese Hose	estas calças [ɛʃtɒʃ kalsɒʃ]
diese Sachen	estas coisas [ɛʃtɒʃ koizɒʃ]
Läßt sich dieser Fleck entfernen?	É possível tirar esta nódoa? [e pusivɛl tirar ɛʃtɒ nɔdwɒ]
Wann ist es fertig?	Quando é que está pronto? [kwɑ̃ndu e kə iʃta prõntu]

Chemische Reinigung	limpeza a seco [lĩmpezɒ ɒ seku]
Wäscherei	lavandaria [lɒvɑ̃ndɒriɒ]
waschen	lavar [lɒvar]
bügeln	passar a ferro [pɒsar ɒ fɛRu]
bügelfrei	não passar [nɑ̃u pɒsar]
Flecken	nódoa [nɔdwɒ]
Fleckentferner	tira-nódoas [tirɒ nɔdwɒʃ]
Spezialbehandlung	tratamento especial [trɒtɒmẽntu iʃpəsjal]
waschmaschinenfest	resistente à máquina de lavar roupa [Rəziʃtẽntə ɒ makinɒ də lɒvar ropɒ]
Waschmittel	detergente [dətərʒẽntə]

8

► Kap. 6, Glossar: Kleidungsstücke S. 159

FÜR ALLE FÄLLE 9

Das Allernotwendigste

Hilfe!	Socorro! [sukoRu]
Helfen Sie mir, bitte!	Ajude-me, por favor! [ɒʒudə mə pur fɒvor]
Achtung!	Atenção! [ɒtẽsɑ̃u]
Vorsicht!	Cuidado! [kwidadu]
Ein Unfall!	Um acidente! [ũ ɒsidẽntə]
Haltet den Dieb!	Apanhem o ladrão! [ɒpɒɲẽi u lɒdrɑ̃u]
Bitte rufen Sie ...!	**Por favor, telefone para ...!** [pur fɒvor tələfɔnə pɒrɒ]
einen Arzt	um médico [ũ mɛdiku]
die Polizei	a polícia [ɒ pulisjɒ]
die Feuerwehr	os bombeiros [uʃ bõmbeiruʃ]
Wo ist das nächste ...?	**Onde fica o próximo ...?** [õndə fikɒ u prɔsimu]
Krankenhaus	hospital [uʃpital]
Telefon	telefone [tələfɔnə]

Wichtige Telefonnummern

115	Nationaler Notruf: Polizei Feuerwehr Krankenwagen	Número Nacional de Socorro: polícia bombeiros ambulância
01-9 42 50 95	Portugiesischer Automobilclub Lissabon	Automóvel Club de Portugal (ACP)

02-8 30 11 27	ACP in Porto	
01-8 81 02 10	Deutsche Botschaft (in Lissabon)	Embaixada da República Federal da Alemanha
02-6 10 23 36	Deutsches Konsulat (in Porto)	Consulado da República Federal da Alemanha
01-395 82 20	Österreichische Botschaft (Lissabon)	Embaixada da Áustria
01-397 31 21	Schweizer Botschaft (Lissabon)	Embaixada da Suíça

Bei Verkehrsunfällen

Ist alles in Ordnung?	Está tudo bem? [iʃta tudu bẽi]
Sind Sie verletzt?	Está ferido/a? [iʃta fəridu/ɒ]
Das war meine / Ihre Schuld.	A culpa foi minha / sua. [ɒ kulpɒ foi miɲɒ / suɒ]
Sie haben die Vorfahrt nicht beachtet.	Não teve em conta a prioridade. [nɐ̃u tevə ẽi kõntɒ ɒ prjuridadə]
Sie sind zu schnell gefahren.	Vinha com demasiada velocidade. [viɲɒ kõ dəmɒsjadɒ vəlusidadə]
Sie sind zu dicht aufgefahren.	Vinha demasiado perto. [viɲɒ dəmɒsjadu pɛrtu]
Ich rufe die Polizei.	Vou chamar a polícia. [vo ʃɒmar ɒ pulisjɒ]
Würden Sie als Zeuge / Zeugin für mich aussagen?	Importa-se de ser minha testemunha? [ĩmportɒ sə də ser miɲɒ tiʃtəmuɲɒ]

9

Notruf 115

Ein Notfall!	Uma emergência! [umɒ imərʒẽsjɒ]
Ich heiße … .	Chamo-me … . [ʃamu mə]
Ich rufe von … an.	Estou a ligar de … . [iʃto ɒ ligar də]
Ein (Auto-)Unfall … .	**Um acidente (de automóvel) … .** [ũ ɒsidẽntə (də autumɔvɛl)]
auf der Straße … Richtung …	na rua … em direcção a … [nɒ Ruɒ … ẽi dirɛsɑ̃u ɒ]
auf der Autobahn …	na auto-estrada … [nɒ autu iʃtradɒ]
in der Nähe von …	perto de … [pɛrtu də]
Ein (Schwer-)Verletzter.	Um ferido (grave). [ũ fəridu (gravə)]

▶ Kap. 3, Mit dem Auto oder Motorrad S. 64
▶ Kap. 9, Das Allernotwendigste S. 212, In der Autowerkstatt S. 216

Unfall	acidente *f* [ɒsidẽntə]
(Personen- / Sach-)Schaden	dano (pessoal / material) [danu (pəswal / matərjal)]
Abschleppdienst	serviço de reboque [sərvisu də Rəbɔkə]
(Verkehrs-)Polizei	polícia (de trânsito) [pulisjɒ (də trɑ̃zitu)]
Protokoll	protocolo [prutukɔlu]

9

Anzeige (erstatten)	(apresentar) queixa [(ɒprəzẽntar) keiʃɒ]
Zeuge	testemunha [tiʃtəmuɲɒ]
Versicherung	seguro [səguru]

Autopanne

Hilfe herbeiholen

Von Portugal aus kann man die ADAC-Notrufzentrale in München rund um die Uhr unter der Nummer 0049-89-222 222 erreichen. Sie können sich aber auch an den portugiesischen Automobilclub (ACP) in Lissabon (01-9425095) oder in Porto (02-8301127) wenden.

Ich habe eine Autopanne.	Tenho uma avaria. [teɲu uma ɒvɒriɒ]
Mein Auto hat	**O meu carro ... .** [u meu kaRu]
einen Platten	tem um furo [tẽi ũ furu]
kein Benzin mehr	não tem gasolina [nɑ̃u tẽi gɒzulinɒ]
Haben Sie ...?	**Tem ...?** [tẽi]
ein Abschleppseil	uma corda de reboque [umɒ kɔrdɒ də rəbɔkə]
ein Radkreuz	uma chave de cruzeta [umɒ ʃavə də kruzɛtɒ]
einen Wagenheber	um macaco [ũ mɒkaku]
ein Starthilfekabel	um cabo de ajuda de arranque [ũ kabu də ɒʒuɗɒ də ɒRɑ̃kə]

9

Können Sie mir helfen, ...?	**Pode ajudar-me ...?** [podə ɒʒudar mə]
das Auto anzuschieben	a empurrar o carro [ɒ ẽmpuRar u kaRu]
den Reifen zu wechseln	a mudar o pneu [ɒ mudar u pneu]
Können Sie mir ...?	**Pode ...?** [podə]
eine Werkstatt empfehlen	indicar-me uma oficina [ĩndikar mə umɒ ufisinɒ]
einen Abschleppwagen schicken	enviar-me um reboque [ẽnviar mə ũ rəbɔkə]
Wo gibt es hier eine Vertragswerkstatt von ...?	Onde é que há aqui um representante de ...? [õndə ɛ kə a ɒki ũ Rəprəzẽntãntə də]

In der Autowerkstatt

Der Wagen / Motor	**O carro / motor ... .** [u kaRu / mutor]
ist kaputt	está avariado [iʃta ɒvɒrjadu]
springt nicht an	não pega [nãu pɛgɒ]
verliert Öl / Kühlwasser	está a perder óleo / água [iʃta ɒ pərder ɔlju / agwɒ]
macht ein seltsames Geräusch	faz um barulho estranho [faʃ ũ bɒruʎu iʃtraɲu]
wird zu heiß	aquece demais [ɒkɛsə dəmaiʃ]
Können Sie den Wagen reparieren?	Pode reparar o carro? [podə rəpɒrar u kaRu]
Wie lange wird die Reparatur dauern?	Quanto tempo demora a reparação? [kwãntu tẽmpu dəmorɒ ɒ rəpɒrasãu]

Haben Sie das Ersatzteil da?	Tem aí a peça de reserva? [tẽi ɒi ɒ pɛsɒ də Rəzɛrvɒ]
Wieviel wird es kosten?	Quanto vai custar? [kwɑ̃ntu vai kustar]

► Kap. 3, Tanken & Service S. 65

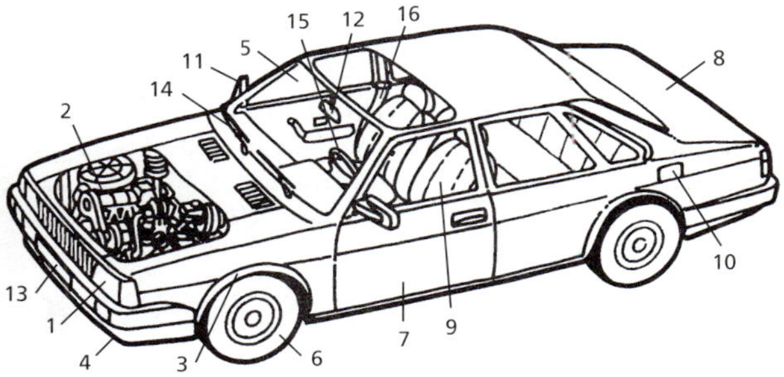

1	farol [fɒrɔl]	Scheinwerfer
2	motor [mutor]	Motor
3	guarda-lamas [gwardɒ lɒmɒʃ]	Kotflügel
4	pára-choque [parɒ ʃɔkə]	Stoßstange
5	pára-brisas [parɒ brizɒʃ]	Windschutzscheibe
6	pneus *pl* [pneuʃ]	Reifen
7	porta (do carro) [pɔrtɒ (du kaRu)]	(Wagen-)Tür
8	mala [malɒ]	Kofferraum
9	assento [ɒsẽntu]	Sitz
10	reservatório [Rəzərvɒtɔrju]	Tank
11	retrovisor exterior [Rətruvisor iʃtərjor]	Außenspiegel
12	retrovisor [Rətruvisor]	Rückspiegel
13	matrícula [mɒtrikulɒ]	Nummernschild
14	limpa-pára-brisas [lĩmpɒ parɒ brizɒʃ]	Scheibenwischer
15	volante [vulɑ̃ntə]	Lenkrad
16	cinto de segurança [sĩntu də səgurɑ̃sɒ]	Sicherheitsgurt

► Wörterbuch

Reparaturanfällige Teile

Auspuff	escape [iʃkapə]
Batterie	bateria [bɒtəriɒ]
Blinker	pisca-pisca [piʃkɒ piʃkɒ]
Bremse	travão [trɒvɑ̃u]
Bremsleuchte	luz de sinalização *f* [luʃ də sinɒlizɒsɑ̃u]
Licht	farol [fɒrɔl]
Keilriemen	correia trapezoidal [kuRejɒ trɒpəzoidal]
Kühler	radiador [rɒdjɒdor]
Kupplung	embraiagem *f* [ẽmbrɒjaʒẽi]
Motor	motor [mutor]
Reifen	pneus [pneuʃ]
Zündkerze	velas *f pl* [vɛlɒʃ]
Zündung	ignição *f* [ignisɑ̃u]

Diebstahl & Verlust

Allgemein

Wo ist ...?	**Onde ...?** [õndə]
das Fundbüro	ficam os perdidos e achados [fikɑ̃u uʃ pərdiduʃ i ɒʃaduʃ]
die Polizeiwache	fica a esquadra da polícia [fikɒ ɒ iʃkwadrɒ dɒ pulisjɒ]

9

Mir wurde ... gestohlen.	**Roubaram-me ... .** [Rubarɑ̃u mə]
meine Handtasche	a mala [ɒ malɒ]
die Kamera	a máquina fotográfica [ɒ makinɒ fɔtugrafikɒ]

Ich habe … verloren.	**Perdi … .** [pərdi]
meinen Paß	o meu passaporte [u meu pɒsɒpɔrtə]
meine Brieftasche	a minha carteira [ɒ miɲɒ kɒrteirɒ]
Ich habe meinen Mantel vergessen / hier liegenlassen.	Esqueci-me do / Deixei aqui o meu casaco. [iʃkəsi mə du / deiʃei ɒki u meu kɒzaku]
Haben Sie vielleicht … gesehen / gefunden.	Por acaso … viu / encontrou. [pur ɒkazu … viu / ẽnkõntro]

Anzeige erstatten

Um eine Anzeige bei der Polizei machen zu können, sollten Sie Ihre persönlichen Daten angeben können (→ Kap. 2, Glossar: Personalien S. 44).

Ich möchte einen … anzeigen.	**Quero apresentar queixa … .** [keru ɒprəzẽntar keiʃɒ]
Diebstahl	dum roubo [dũ Robu]
Überfall	dum assalto [dũ ɒsaltu]
Mir wurde mein/e … gestohlen.	**Roubaram-me … .** [Robarãu mə]
Reisegepäck	a bagagem [ɒ bɒgaʒẽi]
Handtasche	a mala [ɒ malɒ]
Portemonnaie	o porta-moedas [u pɔrtɒ mwɛdɒʃ]
Geld	o dinheiro [u diɲeiru]
Kreditkarte	o cartão de crédito [u kɒrtãu də krɛditu]
Mein Auto ist aufgebrochen worden.	Assaltaram-me o carro. [ɒsɒltarãu mə u kaRu]

In meine Wohnung ist eingebrochen worden. — Assaltaram-me a casa. [ɒsɒaltarɑ̃u mə ɒ kazɒ]

- Quando / Onde aconteceu? [kwɑ̃ndu / õndə ɒkõntəseu] — Wann / Wo ist es passiert?
- Qual é a matrícula do seu carro? [kwal ɛ ɒ mɒtrikulɒ du seu kaRu] — Welches Nummernschild hat Ihr Wagen?
- Descreva os objectos roubados. [diʃrevɒ uʃ ubʒɛtuʃ Robaduʃ] — Beschreiben Sie die gestohlenen Gegenstände!

▶ Kap. 2, Glossar: Personalien S. 44
▶ Wörterbuch

Bei Geld- & Kartenverlust

Geld aus Deutschland können Sie sich in dringenden Fällen auf folgenden Wegen besorgen: als internationale telegraphische Postanweisung (= *vale postal internacional*) oder per Swift-Überweisung der Bank(= *transferência bancária swift*). Kreditkarten können Sie unter Angabe des Kreditinstituts und Ihrer Kontonummer telefonisch in Deutschland sperren lassen.

Wo ist das Hauptpostamt? — Onde ficam os correios centrais? [õndə fikɑ̃u uʃ kuRejuʃ sẽntraiʃ]

Ich erwarte eine ... . — **Estou à espera de ... .** [iʃto a iʃpɛrɒ də]

9

telegraphische Postanweisung aus ... — um vale postal internacional de ... [ũ valə puʃtal ĩntərnɑ̃sjunal də]

SWIFT-Überweisung von ... — duma transferência swift de ... [dumɒ trɑ̃ʃfərẽsjɒ svift də]

Ist das Geld schon angekommen?	O dinheiro já chegou? [u diɲeiru ʒa ʃəgo]

Verlustmeldung von Karten

0049/69/740987	EC-Karten und Kundenkarten, Euroschecks
0049/69/79331910	Eurocard
0049/69/9797-1000	American Express
0049/69/2603590	Diners Club
0049/69/66305333	Visa Card

▶ Kap. 8, Nützliche Telefonnummern S. 206, Banken & Geldverkehr S. 200

In der Apotheke

Medikamente kaufen

Ich hätte gern (ein/e)	**Queria ... .** [kəriɒ]
Schmerzmittel	analgésicos [ɒnalʒɛzikuʃ]
Schlafmittel	soporíferos [suporifəruʃ]
Beruhigungsmittel	calmantes [kalmɑ̃ntəʃ]
Abführmittel	laxantes [lɒʃɑ̃ntəʃ]
Packung Präservative	uma embalagem de preservativos [umɒ ẽmbɒlagẽi də prəzərvɒtivuʃ]
Pflaster	adesivos [ɒdəzivuʃ]
• Este medicamento precisa de receita médica. [ɛʃtə mədikɒmẽntu prəsizɒ də rəseitɒ mɛdikɒ]	Dieses Medikament ist verschreibungspflichtig.

Bitte etwas gegen ...!	**Por favor, algo contra ...!** [pur fɒvor algu kõntrɒ]
Durchfall	a diarreia [ɒ djɒRejɒ]
Verstopfung	a prisão de ventre [ɒ prizɑ̃u də vẽntrə]
Sonnenbrand	as queimaduras solares [ɒʃ keimɒdurɒʃ solarəʃ]
Zahnschmerzen	as dores de dentes [ɒʃ dorəʃ də dẽntəʃ]
Mückenstiche	as picadas de mosquitos [ɒs pikadɒʃ də muʃkituʃ]

Apropos: Im Unterschied zu Deutschland gibt es in portugiesischen Apotheken sehr viele Medikamente rezeptfrei.

Darreichungsformen	
Kapseln	cápsulas [kapsulɒʃ]
Sirup	xarope [ʃɒrɔpə]
Salbe	pomada [pumadɒ]
Tablette	comprimido [kõmprimidu]
Tropfen	gotas [gotɒʃ]
Zäpfchen	supositórios [supuzitɔrjuʃ]

▶ Kap. 9, Beschwerden benennen S. 225
▶ Kap. 6, Glossar: Körperpflege & Kosmetik S. 164

9

Glossar: Packungsbeilage

Apropos: Die Gebrauchsanweisungen zu den Medikamenten sind meist in portugiesisch verfaßt. Achten Sie auf Gegenanzeigen (= *contra-indicações*) und Nebenwirkungen (= *efeitos secundários*).

Doseamento e utilização	**Dosierung und Anwendung**
adultos	Erwachsene
menores de 6 anos	Kinder unter 6 Jahren
10 gotas / comprimidos	10 Tropfen / Tabletten
1 colher de chá	1 Teelöffel
de 4 em 4 horas	alle 4 Stunden
2 vezes ao dia	zweimal täglich
durante 3 dias / uma semana	3 Tage / eine Woche lang
antes das / a seguir às / às refeições	vor / nach / zu den Mahlzeiten
de manhã / à noite	morgens / abends
em jejum	auf nüchternen Magen
oral	oral
engolir sem mastigar	unzerkaut schlucken
diluir em água	in Wasser auflösen
com muito líquido	mit viel Flüssigkeit
rectal	rektal
para utilização externa	zur äußeren Anwendung

Arztbesuch & Krankenhausaufenthalt

Bei einer akuten Verletzung oder Erkrankung sollten Sie umgehend die rund um die Uhr geöffnete Notaufnahme (= *urgência* [urʒẽsjɒ]) des nächsten Krankenhauses (= *hospital* [uʃpital]) aufsuchen. Kleinere ambulante Maßnahmen werden hier kostenlos vorgenommen. Die staatliche Gesundheitsversorgung erfolgt kostenlos in den *centros de saúde* [sẽntruʃ də sɒudə] (= staatlichen Gesundheitszentren). Lange Wartezeiten und bürokratische Umständlichkeit lassen dem Touristen aber tatsächlich keine andere Wahl, als einen Privatarzt aufzusuchen, dessen Honorar aus der eigenen Tasche und meist di-

9

rekt vor Ort bezahlt werden muß. Die Versicherten der gesetzlichen Krankenkassen sollten zur Abdeckung umfangreicherer Behandlungen oder längerer Krankenhausaufenthalte das Formular E 111 aus Deutschland mitbringen.

Orientierung

Wo ist der / die / das nächste ...?	**Onde fica o próximo ...?** [õndə fikɒ u prɔsimu]
Arzt	médico [mɛdiku]
Krankenhaus	hospital [uʃpital]
Notfallstation	serviço de urgências [sərvisu də urʒẽsjɒʃ]
Gibt es hier einen Arzt, der Deutsch spricht?	Há aqui algum médico que fale alemão? [a ɒki algũ mɛdiku kə falə ɒləmɑ̃u]
Können Sie mir einen guten Arzt / eine gute Ärztin empfehlen?	Pode indicar-me um bom médico / uma boa médica? [podə ĩndikar mə ũ bõ mɛdiku / umɒ boɒ mɛdikɒ]

Augenarzt/-ärztin	oftalmologista [ɔftalmuluʒiʃtɒ]
Chirurg	cirurgião [sirurʒjɑ̃u]
Chirugin	cirurgiã [sirurʒjɑ̃]
Frauenarzt/-ärztin	ginecologista [ʒinekuluʒiʃtɒ]
Hals-Nasen-Ohrenarzt/-ärztin	ortorrinolaringologista [ɔrtoRinulɒringuluʒiʃtɒ]
Hautarzt/-ärztin	dermatologista [dɛrmɒtuluʒiʃtɒ]
Internist/in	médico/a internista [mɛdiku/ɒ ĩntərniʃtɒ]

Kinderarzt/-ärztin	pediatra [pədjatrɒ]
Praktischer Arzt/Ärztin	médico/a de clínica geral [mɛdiku/ɒ də kliniкɒ ʒəral]
Urologe	urologista [uruluʒiʃtɒ]
Zahnarzt/-ärztin	dentista [dẽntiʃtɒ]

Beschwerden & Verletzungen benennen

Ich habe	**Tenho ... .** [ˈteɲu]
Bauchschmerzen	dores de barriga [dorəʃ də bɒRigɒ]
Kopfschmerzen	dores de cabeça [dorəʃ də kɒbesɒ]
eine Erkältung	uma constipação [umɒ kõnʃtipɒsɑ̃u]
Husten	tosse [tɔsə]
(hohes) Fieber	febre (alta) [fɛbrə (altɒ)]
Durchfall	diarreia [djɒɥFejɒ]
Verstopfung	prisão de ventre [prizɑ̃u də vẽnt-ə]
Ich fühle mich	**Sinto-me ... .** [sĩntu mə]
schlecht	mal [mal]
schwach	fraco/a [fraku/ɒ]
schwindelig	tonto/a [tõntu/ɒ]
Mir tut die Brust weh.	Dói-me o peito. [doi mə u peitu]
Mein Fuß / Knöchel ist geschwollen.	Tenho o pé / tornozelo inchado. [teɲu u pɛ / turnuzelu ĩʃadu]
Ich bin gestochen / gebissen worden.	Fui picado / mordido. [fui pikadu / murdidu]
Ich habe mich verletzt.	Feri-me. [fəri mə]

9

Ich habe mich geschnitten. — Cortei-me. [kurtei mə]

Ich bin gefallen. — Caí. [kɒi]

Ich kann meinen Arm nicht bewegen. — Não consigo mexer o braço. [nɐ̃u kõnsigu miʃer u brasu]

Ich habe krampfartige Schmerzen. — Tenho dores espasmódicas. [teɲu dorəʃ iʃpɒʒmɔdikɒʃ]

▶ Wörterbuch
▶ Kap. 9, Körperteile & Organe S. 229

Ärztliche Untersuchung

- Onde é que lhe dói? [õndə ɛ kə λə doi] — Wo tut es Ihnen weh?

Es tut mir hier weh. — Dói-me aqui. [doi mə ɒki]

- Há quanto tempo tem estas dores? [a kwɐ̃ntu tẽmpu tẽi ɛʃtɒʃ dorəʃ] — Seit wann haben Sie diese Schmerzen?
- Tire a camisa / camisola, por favor. [tirə ɒ kɒmizɒ / kɒmizɔlɒ pur fɒvor] — Bitten machen Sie sich (oben) frei!
- **Deite-se ... .** [deitɒ sə] — **Legen Sie sich bitte auf ... .**
  de barriga para baixo [də bɒRigɒ pɒrɒ baiʃu] — den Bauch
  de costas [də kɔʃtɒʃ] — den Rücken
  de lado [də ladu] — die Seite
- Inspire / Expire profundamente, por favor! [ĩʃpirə / iʃpirə prufũndɒmẽntə pur fɒvor] — Tief einatmen / ausatmen, bitte!

- Consegue mexer o / a …? [kõnsegə miʃer u / ɒ] — Können Sie den / das / die … bewegen?
- Os intestinos funcionam bem? [uʃ ĩntiʃtinuʃ fũsjunɑ̃u bẽi] — Wie ist der Stuhlgang?
- Tem febre? [tẽi fɛbrə] — Haben Sie Fieber?
- Teve alguma doença particular? [tevə algumɒ dwẽsɒ pɒrtikular] — Haben Sie besondere Krankheiten gehabt?

Ich hatte einen … . — **Tive … .** [tivə]
Herzinfarkt — um enfarte [ũ ẽnfartə]
Schlaganfall — um ataque de apoplexia [ũ ɒtakə də ɒpuplɛksiɒ]

Ich habe … . — **Tenho … .** [teɲu]
Diabetes — diabetes [djɒbɛtəʃ]
einen Herzschrittmacher — pace-maker [pɛsə mɛkər]
einen Bypass — bypass [beipɒs]
AIDS — SIDA [sidɒ]

- Toma medicamentos? [tomɒ mədikɒmẽntuʃ] — Nehmen Sie Medikamente?
- Fuma? [fumɒ] — Rauchen Sie?
- Está vacinado/a contra o tétano? [iʃta vɒsinadu/ɒ kõntrɒ u tɛtɒnu] — Sind Sie gegen Tetanus geimpft?
- É alérgico/a (a) …? [ɛ ɒlɛrʒiku/ɒ (ɒ)] — Sind Sie allergisch (gegen) …?
- Quando foi a sua última menstruação? [kwɑ̃ndu foi ɒ suɒ ultimɒ mẽʃtrwɒsɑ̃u] — Wann war Ihre letzte Regelblutung?

Ich nehme die Pille. — Tomo a pílula. [tomu ɒ pilulɒ]

9

Ich habe / benutze ... . — **Tenho / Uso ... .** [teɲu / uzu]
ein Diaphragma — um diafragma [ũ djɒfragmɒ]
Präservative — preservativos [prəzərvɒtivuʃ]

Ich bin schwanger. — Estou grávida. [iʃto gravidɒ]

Diagnose & Therapie

• Não é nada de sério. [nɐ̃u ɛ nadɒ də sɛrju] — Es ist nichts Ernstes.

• **Temos de mandar fazer ... .** [temuʃ də mɐ̃ndar fɒzer] — **Wir müssen eine ... machen lassen.**
uma análise ao sangue [umɒ ɒnalizə au sɐ̃ngə] — Blutuntersuchung
uma radiografia [umɒ Radjugrɒfiɒ] — Röntgenaufnahme
uma ecografia [umɒ ɛkugrɒfiɒ] — Ultraschalluntersuchung

• **Tem de ser ... .** [tẽi də ser] — **Das muß ... werden.**
cosido [kuzidu] — genäht
operado [upəradu] — operiert

• Está partido. [iʃta pɒrtidu] — Es ist gebrochen.

• **Precisa de ... .** [prəsizɒ də] — **Sie bekommen ... .**
uma injecção (contra ...) [umɒ ĩʒɛsɐ̃u (kõntrɒ)] — eine Spritze (gegen ...)
uma anestesia local [umɒ ɒniʃtəziɒ lukal] — eine örtliche Betäubung
uma ligadura de gesso [umɒ ligɒdurɒ də ʒesu] — einen Gipsverband

9

• **A sua tensão está demasiado ... .** [ɒ suɒ tẽsɐ̃u iʃta dəmɒzjadu] — **Ihr Blutdruck ist zu ... .**
alta [altu] — hoch
baixa [baiʃɒ] — niedrig

• **Isto é uma … .** [iʃtu ɛ umɒ] infecção [ĩfɛsãu] inflamação [ĩflɒmɒsãu]	**Das ist eine … .** Infektion Entzündung
• Tome estes comprimidos três vezes ao dia! [tõmə eʃtəʃ kõmprimiduʃ treʃ vezəʃ au diɒ]	Nehmen Sie diese Tabletten dreimal täglich!
• Fique de cama nos próximos dias. [fikə də kɒmɒ nuʃ prɔsimuʃ diɒʃ]	Bleiben Sie die nächsten Tage im Bett.
• **Não pode … .** [nãu podə] mexer o pé [miʃer u pɛ] beber álcool [bəber alkwɔl]	**Sie dürfen … .** den Fuß nicht bewegen keinen Alkohol trinken
• Vou mandá-lo a um especialista. [vo mãnda lu ɒ ũ iʃpəsjɒliʃtɒ]	Ich überweise Sie zu einem Spezialisten.
• Volte amanhã! [voltə ɒmɒɲã]	Kommen Sie morgen noch einmal!

▶ Kap. 9, In der Apotheke S. 221

Körperteile & Organe

Organe

coraçao [kurɒsãu]	Herz
fígado [figɒdu]	Leber
pulmão [pulmãu]	Lunge
rim [Rĩ]	Niere
estômago [iʃtomɒgu]	Magen
intestino [ĩntiʃtinu]	Darm
apêndice [ɒpẽndisə]	Blinddarm

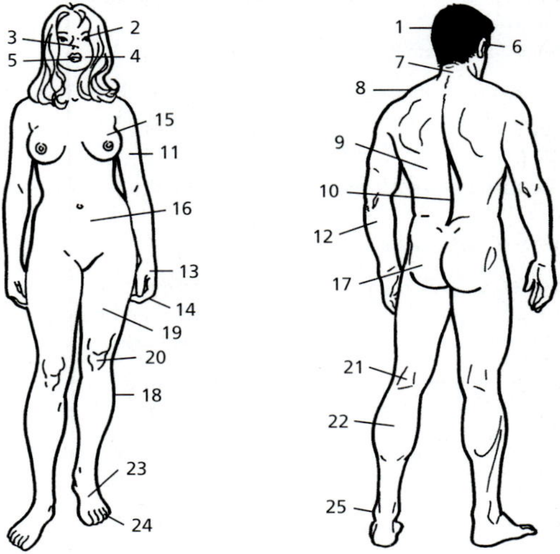

1	cabeça [kɒbesɒ]	Kopf
2	olho/s [oλu/ʃ]	Auge/n
3	nariz *m* [nɒriʃ]	Nase
4	boca [bocɒ]	Mund
5	lábio [labju]	Lippe
6	orelha [ureλɒ]	Ohr
7	pescoço [piʃkosu] / nuca [nukɒ]	Hals / Nacken
8	ombro [õmbru]	Schulter
9	costas *f pl* [kɔʃtɒʃ]	Rücken
10	coluna [kulunɒ]	Wirbelsäule
11	braço [brasu]	Arm
12	antebraço [ɑ̃ntəbrasu]	Unterarm
13	mão *f* [mɑ̃u]	Hand
14	dedo [dedu]	Finger
15	peito [peitu] / seio [seju]	Brust/ Busen
16	ventre *m* [vẽntrə]	Bauch
17	nádegas *f pl* [nadəgɒʃ]	Gesäß
18	perna [pɛrnɒ]	Bein
19	coxa [koʃɒ]	Ober-schenkel
20	joelho [ʒwəλ̮u]	Knie
21	articulação *f* [ɒrtikulɒsɑ̃u]	Gelenk
22	barriga da perna [bɒğigɒ dɒ pɛrnɒ]	Wade
23	pé *m* [pɛ]	Fuß
24	dedo/s do pé [dedu/ʃ du pɛ]	Zeh/en
25	tornozelo [turnuzelu]	Knöchel

Im Krankenhaus

Cirurgia [sirurʒiɒ]	Chirurgie
Ginecologia [ʒinəkuluʒiɒ]	Gynäkologie
Medicina interna [mədisinɒ ĩntɛrnɒ]	Innere Medizin
Ortopedia [ɔrtopədiɒ]	Orthopädie
Pediatria [pədjɒtriɒ]	Kinderstation
Urgências *f pl* [urʒẽsjɒʃ]	Unfallstation
Serviço de radiografias [sərvisu də Radjugrɒfiɒʃ]	Röntgenabteilung

URGÊNCIAS
Notfallstation

RECEPÇÃO
Aufnahme

Wo ist …? — **Onde está …?** [õndə iʃta]
der Krankenpfleger — o enfermeiro [u ẽfərmeiru]
die Krankenschwester — a enfermeira [ɒ ẽfərmeirɒ]
die Abteilung für … — a secção de … [ɒ səksɑ̃u də]
Zimmer Nr. … — o quarto nº … [u kwartu numeru]

Wo finde ich Herrn / Frau …? — Onde posso encontrar o senhor / a senhora …? [õndə posu ẽnkõntrar u siɲor / ɒ siɲorɒ]

Wann ist …? — **Quando é …?** [kwɑ̃ndu ɛ]
Arztvisite — a visita do médico [ɒ vizitɒ du mɛdiku]
Besuchszeit — a hora da visita [ɒ ɔrɒ dɒ vizitɒ]
Essenszeit — a hora das refeições [ɒ ɔrɒ dɒʃ Rəfeisõiʃ]

Ich habe Schmerzen / Durst. | Tenho dores / sede. [teɲu dorəʃ / sedə]

Ich möchte ... . | **Quero ... .** [keru]
ein Schmerzmittel | um analgésico [ũ ɒnalʒɛziku]
ein Schlafmittel | um soporífero [ũ suporifəru]
auf die Toilette gehen | ir à casa-de-banho [ir a kazɒ də bɒɲu]

Wie lange muß ich hier bleiben? | Quanto tempo tenho de ficar aqui? [kwɑ̃ntu tẽmpu teɲu də fikar ɒki]

Ich brauche eine Bescheinigung über den Krankenhausaufenthalt. | Preciso dum atestado médico. [prəsizu dũ ɒtiʃtadu mɛdiku]

Beim Zahnarzt

Können Sie mir einen guten Zahnarzt empfehlen? | Pode indicar-me um bom dentista? [podə ĩndikar mə ũ bõ dẽntiʃtɒ]

Ich habe Zahnschmerzen. | Tenho dores de dentes. [teɲu dorəʃ də dẽntəʃ]

Dieser (Zahn) hier ... . | **Este (dente) aqui ... .** [eʃtə (dẽntə) ɒki]

oben / unten | em cima / em baixo [ẽi simɒ / ẽi baiʃu]

vorn / hinten | à frente / atrás [a frẽntə / ɒtraʃ]

links / rechts | à esquerda / à direita [a iʃkerdɒ / a direitɒ]

9

Mir ist ... abgebrochen.	**Partiu-se-me ... .** [pɒrtiu sə mə]
ein (Stück vom) Zahn	um (pedaço do) dente [ũ (pədasu du) dẽntə]
eine Zahnkrone	uma coroa [umɒ kuroɒ]
Mir ist eine Füllung herausgefallen.	Caíu-me o chumbo. [kɒiu mə u ʃũmbu]
Können Sie den Zahn provisorisch behandeln?	Pode tratar-me o dente provisoriamente? [podə trɒtar mə u dẽntə pruvizorjɒmẽntə]
Das Zahnfleisch ist enzündet / blutet.	A gengiva está infectada / a sangrar. [ɒ ʒẽʒivɒ iʃtɐ ĩfɛtadɒ / ɒ sɐ̃ngrar]
Dieser Zahn wackelt.	Este dente abana / *bras.* está frouxo. [eʃtə dẽntə ɐbanɒ / iʃta frouʃu]
• Abra a boca! [abrɒ ɒ bokɒ]	Machen Sie den Mund auf!
• Dói? [dɔi]	Tut das weh?
• Temos de fazer uma radiografia. [temuʃ də fɒzer umɒ Radjugrɒfiɒ]	Das muß geröntgt werden.
• Vou dar-lhe uma injecção. [vo dar ʎə umɒ ĩʒɛsɐ̃u]	Ich gebe Ihnen eine Spritze.
• Infelizmente, tenho de lhe arrancar o dente. [ĩfəliʒmẽntə teɲu də ʎə ɒRɐ̃nkar u dẽntə]	Ich muß den Zahn leider ziehen.
• Pode bochechar! [podə buʃəʃar]	Bitte spülen!
• Não coma nada nas próximas duas horas. [nɐ̃u komɒ nadɒ nɒʃ prɔsimɒʃ duɒʃ ɔrɒʃ]	Bitte in den nächsten zwei Stunden nichts essen.

9

Kuraufenthalt

Personal	**Pessoal** [pəswal]
Badearzt	médico das termas [mɛdiku dɒʃ tɛrmɒʃ]
Bademeister	banheiro [bɒɲeiru]
Krankengymnast/in	instrutor/a de ginástica terapêutica [ĩʃtrutor/ɒ də ʒinaʃtikɒ tərɒpeutikɒ]
Masseur/in	massagista [mɒsɒʒiʃtɒ]
Einrichtungen	**Instalações** [ĩʃtɒlɒsõiʃ]
Kurhaus	estabelecimento balnear [iʃtɒbələsimẽntu balnjar]
Hallenbad	piscina coberta [piʃsinɒ kubɛrtɒ]
Dampfbad	banho turco [bɒɲu turku]
Thermalschwimmbad	piscina termal [piʃsinɒ tərmal]
Quellen	fontes / nascentes [fõntəʃ / nɒʃsẽntəʃ]
Anwendung und Behandlung	**Utilização e tratamento** [utilizɒsɐ̃u i trɒtɒmẽntu]
Kurplan	plano de tratamentos [plɒnu də trɒtɒmẽntuʃ]
Bäder	**banhos** [bɒɲuʃ]
Thermal~	~ termais [tərmaiʃ]
Fuß~	~ aos pés [auʃ pɛʃ]
Packung	embalagem *f* [ẽmbɒlaʒẽi]
Massage	massagem *f* [mɒsaʒẽi]
Physiotherapie	fisioterapia [fizjutərɒpiɒ]

9

► Kap. 7, Badeurlaub S. 178, Sport S. 182

DIENSTLICH UNTERWEGS 10

Kontaktaufnahme

Informationen, mögliche Kontaktadressen und gegebenenfalls Kontaktvermittlungen bietet die Portugiesisch-Deutsche Handelskammer (= *Câmara de comércio Luso-Alemã*) an. Die jeweiligen Telefonnummern sind entweder über die Auskunft, die deutschen Konsulatsvertretungen (→ S. 212) oder über die Bundesstelle für Außenhandelsinformation (BfAI) in Köln (0221/2057-0, Fax 0221/2057212) erhältlich.

▶ Kap. 2, Einladungen & Verabredungen S. 50, Begrüßung & Verabschiedung S. 40, Bei Verständigungsschwierigkeiten S. 38, Small talk S. 53, Höflichkeitsformeln S. 47
▶ Kap. 10, Messen S. 248

Sich vorstellen

Bei internationalen Firmen können Sie Englischkenntnisse voraussetzen, gerade ältere Portugiesen sprechen oft auch Französisch. Es gilt aber als höflich und wird Ihnen sicherlich hoch angerechnet, wenn Sie ein wenig Portugiesisch können.

Ich bin Verkaufsleiter bei	Sou chefe de vendas no / na ... . [so ʃɛfə də vẽndɒʃ nu / nɒ]
Ich bin in der Elektrobranche tätig.	Trabalho na área da electrónica. [trɒbaʎu nɒ arjɒ dɒ ilɛtrɔnikɒ]
Ich komme von der Firma	Trabalho na empresa ... . [trɒbaʎu nɒ ẽmprezɒ]
Ich arbeit für	Trabalho para ... . [trɒbaʎu para]
Hier ist meine Karte.	Aqui tem o meu cartão. [ɒki tẽi u meu kɒrtɑ̃u]

Wir ... die neueste Software.	**... o mais recente software.** [u maiʃ Rəsẽntə sɔftwɛə]
exportieren	Exportamos [iʃpurtamuʃ]
importieren	Importamos [ĩmpurtamuʃ]
produzieren	Produzimos [pruduzĩmuʃ]
Wir sind ein ... Unternehmen.	**Somos uma empresa ... .** [somuʃ umɒ ẽmprezɒ]
kleines / großes	pequena / grande [pəkenɒ / grɑ̃ndə]
mittelständisches	média [mɛdjɒ]
internationales	internacional [ĩntərnɑ̃sjunal]

▶ Kap. 2, Sich vorstellen S. 41
▶ Kap. 10, Glossar: Positionen & Hierarchien S. 239, Glossar: Abteilungen S. 238

Den Ansprechpartner ausfindig machen

Ich möchte zu Herrn / Frau	Queria falar com o senhor / a senhora ... . [kəriɒ fɒlar kõ u siɲor / ɒ siɲora]
Ich habe einen Termin mit	Tenho uma entrevista com ... . [teɲu umɒ ẽntrəviʃtɒ kõ]
Ich suche den / die	**Procuro o / a ... .** [prukuru u / ɒ]
Zuständige/n für ...	responsável por ... [Rəʃpõnsavɛl pur]
Ansprechpartner/in für ...	interlocutor/a para ... [ĩntərlukutor/ɒ pɒrɒ]
Koordinator/in	coordenador/a [kwordənɒdor/a]
Könnte ich mit dem Abteilungsleiter sprechen?	Posso falar com o chefe do departamento? [pɔsu fɒlar kõ u ʃɛfə du dəpɒrtɒmẽntu]

Sind Sie ... von Herrn Campos?	**O senhor / A senhora é ... do senhor Campos?** [u siɲor / ɒ siɲora e ... du siɲor kɒmpuʃ]
die Sekretärin	a secretária [ɒ səkrətɒrjɒ]
der / die Assistent/in	o / a assistente [u / ɒ ɒsiʃtẽntə]
ein Mitarbeiter	um colaborador [u kulɒburɒdor]
ein Kollege / eine Kollegin	um / uma colega [ũ / umɒ kulɛgɒ]

▶ Kap. 10, Glossar: Positionen & Hierarchien S. 239, Glossar: Abteilungen S. 238
▶ Wörterbuch

Glossar: Abteilungen

Buchhaltung	contabilidade *f* [kõntɒbilidadə]
Distribution	distribuição *f* [diʃtribwisãu]
Einkauf	compras *f pl* [kõmprɒʃ]
Geschäftsführung	direcção *f* [dirɛsãu]
Kundendienst	serviço de clientes [sərvisu də kljẽntəʃ]
Marketing	marketing [ma:kiting]
Personalabteilung	departamento de pessoal [dəpɒrtɒmẽntu də pəswal]
PR-Abteilung	departamento de relações públicas [dəpɒrtɒmẽntu də Rəlɒsoiʃ publikɒʃ]
Produktion	produção *f* [prudusãu]
Reklamationsabteilung	departamento de reclamações [dəpɒrtɒmẽntu də Rəklɒmɒsoiʃ]
Sekretariat	secretariado [səkrətɒrjadu]
Verkauf / Vertrieb	vendas *f pl* [vẽndɒʃ]

Glossar: Positionen & Hierarchien

Director/a (geral) [dirɛtor/ɒ (ʒəral)]	(General-) Direktor/in
Director/a [dirɛtor/a]	Geschäftsführer/in
Director/a administrativo [dirɛtor/a ɒdminiʃtrɒtivu]	Verwaltungsdirektor/in
Chefe de vendas [ʃɛfə də vẽndɒʃ]	Verkaufsleiter/in
Chefe de departamento [ʃɛfə də dəpɒrtɒmẽntu]	Abteilungsleiter/in
Proprietário/a [pruprjetarju/a]	Inhaber/in

Glossar: Unternehmensformen

Empresa [ẽmprezɒ]	Betrieb, Unternehmen
firma [firmɒ]	Firma
sociedade *f* [susjedadə]	Gesellschaft
~ de responsabilidade limitada [də Rəʃpõsɒbilidadə limitadɒ]	~ mit beschränkter Haftung
~ anónima (SA) [ɒnɔnimɒ]	Aktiengesellschaft (AG)
~ em comandita [ẽi kumɒnditɒ]	Kommanditgesellschaft (KG)
cooperativa [kwopərɒtivɒ]	Genossenschaft

Termine vereinbaren

Wir sollten einen Termin ausmachen.

Devíamos marcar uma reunião. [dəviɒmuʃ mɒrkar umɒ Rjunjɑ̃u]

10

Wir sollten … .	**Devíamos … .** [dəvimuʃ]
über das Angebot sprechen	discutir a proposta [diʃkutir ɒ prupɔʃtɒ]
das weitere Vorgehen abstimmen	acertar os procedimentos futuros [ɒsərtar uʃ prusədimẽntuʃ futuruʃ]
Einzelheiten abstimmen	acertar os detalhes [ɒsərtar uʃ dətɒʎəʃ]
einen Vertrag aushandeln	negociar um contrato [nəgusjar ũ kõntratu]
• Quando é que lhe dava jeito? [kwɐ̃ndu e kə ʎə dɒvɒ ʒeitu]	Wann würde es Ihnen passen?
Mir würde es übermorgen um 15.00 Uhr passen.	A mim, dava-me jeito amanhã às 15.00 horas. [ɒ mĩ dɒvɒ mə ʒeitu amɒɲɐ̃ ɒʃ kĩzə ɔrɒʃ]
• Para mim, está bem. [pɒrɒ mĩ iʃta bẽi]	Das ist mir recht.
• Infelizmente, não posso. [ĩfəliʒmẽntə nɐ̃u posu]	Das geht leider nicht.
Wie wäre es mit morgen früh?	E se fosse amanhã de manhã? [e sə fosə amɒɲɐ̃ də mɒɲɐ̃]
• Onde é que nos encontramos? [õndə e kə nuʃ ẽikõntramuʃ]	Wo treffen wir uns?
Könnten wir uns … treffen?	**Podemos encontrar-nos …?** [pudemuʃ ẽikõntrar nuʃ]
am Bahnhof	na estação [nɒ iʃtɒsɐ̃u]
im Hotel	no hotel [nu ɔtɛl]
am Flughafen	no aeroporto [nu ɒɛruportu]

► Kap. 1, Zeiten S. 23, Datum S. 30
► Kap. 2, Sich verabreden S. 50

Telefonieren

Könnte ich mit ... sprechen?	**Poderia falar com ...?** [pudəriɒ fɒlar kõ]
Herrn Soares	o senhor Soares [u siɲor swarəʃ]
dem Zuständigen für ...	o responsável por ... [u Rəʃpõnsavɛl pur]
Verbinden Sie mich bitte mit Frau Ramos.	Ligue-me à senhora Ramos, por favor. [ligə mə ɒ siɲora Ramuʃ pur fɒvor]
• Com quem estou a falar? [kõ kẽi iʃto ɒ fɒlar]	Mit wem spreche ich?
• Um momento, por favor! [ũ mumẽntu pur fɒvor]	Einen Moment, bitte!
• Não desligue! [nɐ̃u diʒligə]	Bleiben Sie am Appparat!
• **Lamento, mas ... .** [lɒmẽntu mɒʃ]	**Es tut mir leid, aber ... .**
ele / ela está de momento ao telefone [ɛlə / ɛlɒ iʃta nu mumẽntu nu tələfonə]	er / sie spricht gerade
ele / ela está numa reunião [ɛlə / ɛlɒ iʃta numɒ Rjunjɐ̃u]	er / sie ist in einer Konferenz
ele / ela só volta na próxima semana [ɛlə / ɛlɒ sɔ voltɒ nɒ prɔsima səmɒnɒ]	er / sie ist erst nächste Woche wieder da
• Quer deixar algum recado? [ker deiʃar algũ Rəkadu]	Möchten Sie eine Nachricht hinterlassen?
Richten Sie bitte aus, daß ich angerufen habe.	Diga-lhe, por favor, que eu telefonei. [digɒ ʎə pur fɒvor kə eu tələfunei]

► Kap. 8, Telefonieren S. 205, Am Telefon S. 207

Schriftliche Korrespondenz

confidencial	vertraulich
anexo	Anlage
Anrede	
a/c	z.Hd.
Sra. Dra. L. Reis	Frau Dr. L. Reis
Ex.mo Senhor ...	Sehr geehrter Herr ...
Ex.ma Senhora ...	Sehr geehrte Frau ...
Ex.mos Senhores e Ex. mas Senhoras	Sehr geehrte Damen und Herren
Cara Senhora ...	Liebe Frau ...
Caro Senhor ...	Lieber Herr ...
Abschied	
Atenciosamente	Hochachtungsvoll
Com os melhores cumprimentos	Mit freundlichen Grüßen
Muitos cumprimentos	Herzliche Grüße
p.o. / por ordem	i.A. / im Auftrag

In der Firma

Sekretariat & Empfang

- Com quem quer falar? [kõ kẽi ker fɒlar] — Mit wem möchten Sie sprechen?

Ich bin mit ... um 12.00 Uhr verabredet. — Tenho uma entrevista marcada com ... às 12.00 horas. [teɲu umɒ ẽntrəviʃtɒ mɒrcadɒ kõ ... ɒʃ dozə ɔrɒʃ]

- Um momento, por favor! [ũ mumẽntu pur fɒvor] — Einen Moment, bitte!
- O senhor / A senhora ... vem já. [u siɲor / ɒ siɲorɒ ... vẽi ʒa] — Herr / Frau ... kommt sofort.
- Faça o favor de me acompanhar! [fɒsɒ u fɒvor də mə ɒkõmpaɲar] — Kommen Sie bitte mit!
- Sala 21 no 2° andar. [salɒ vĩntə i ũ nu səgundu ɑ̃ndar] — Raum 21 im zweiten Stock.

Small talk

- Sente-se, por favor! [sẽntə sə pur fɒvor] — Nehmen Sie bitte Platz!
- Posso oferecer-lhe alguma coisa. [posu ufərəser ʎə algumɒ koizɒ] — Darf ich Ihnen etwas anbieten?

Ja, gern. — Com muito gosto. [kõ mũintu goʃtu]

- Quando chegou? [kwɑ̃ndu ʃəgo] — Wann sind Sie angekommen?
- Espero que esteja satisfeito com o hotel. [iʃperu kə iʃteʒɒ sɒtiʃfeitu kõ u ɔtɛl] — Ich hoffe, Sie sind mit dem Hotel zufrieden.

► Kap. 2, Sich begrüßen S. 40, Small talk S. 53

Verhandlungen führen

Wir sind sehr interessiert an ... . — Estamos muito interessados em ... . [iʃtamuʃ mũintu ĩntərəsaduʃ ẽi]

Wir benötigen	**Precisamos ... .** [prəsizamuʃ]
Ihr Angebot	da sua proposta [dɒ suɒ prupɔʃtɒ]
Ihre Preisliste	da sua lista de preços [dɒ suɒ liʃtɒ də presuʃ]
einen Kostenvoranschlag	dum orçamento [dũ ursɒmẽntu]
Ihre Lieferbedingungen	das suas condições de fornecimento [dɒʃ suɒʃ kõndisois də furnəsimẽntu]
eine schriftliche Bestätigung	duma confirmação escrita [dumɒ kõnfirmɒsãu iʃkritɒ]

Bis wann könnten Sie die Ware liefern? — Quando pode fornecer a mercadoria? [kwãndu podə furnəser ɒ mərkadurіɒ]

Sie müßten den Preis noch etwas reduzieren. — Tem de baixar um pouco o preço. [tẽi də baiʃar ũ poku u presu]

Wir möchten gern folgende Bestellung erteilen. — Queremos fazer a seguinte encomenda. [kəremuʃ fɒzer ɒ səgẽntə ẽnkumẽndɒ]

Die Lieferung geht zu Ihren Lasten. — O fornecimento é ás suas custas. [u furnəsimẽntu e ɒʃ suɒʃ kuʃtɒʃ]

Preisänderungen behalten wir uns vor. — Reservamo-nos o direito de alterar o preço. [Rəzɛrvɒmu nuʃ u direitu də altərar u presu]

Wir werden darüber nachdenken. — Vamos pensar no assunto. [vɒmuʃ pẽsar nu ɒsuntu]

Ich lasse Sie unsere Entscheidung wissen. — Informá-lo/la-emos sobre a nossa decisão. [ĩfurma lu/lɒ ɛmuʃ sobrə ɒ nɔsɒ dəsizãu]

▶ Kap. 2, Begrüßung & Verabschiedung S. 40, Small talk S. 53

Etwas erbitten

Darf ich Sie um einen Gefallen bitten?	Posso pedir-lhe um favor? [posu pədir ʎə ũ fɒvor]
Könnte ich Ihr Telefon / Fax benutzen?	Posso usar o seu telefone / fax? [posu uzar u seu tələfɔnə / faks]
Könnten Sie mir bitte zeigen, wie das funktioniert?	Pode mostrar-me como funciona? [podə muʃtrar mə komu fũsjonɒ]
Könnten Sie mir hiervon Kopien machen?	Pode fazer-me cópias destes documentos? [podə fɒzer mə kɔpjɒʃ deʃtəʃ dukumẽntuʃ]
Herzlichen Dank!	Muito obrigado/a! [mũintu ubrigadu/a]

Bürobedarf & Ausstattung

Steht ein Overheadprojektor zur Verfügung?	Existe algum retroprojector disponível? [iziʃtə algũ Rɛtrɔpruʒɛtor diʃpunivɛl]
Ich brauche	Preciso ... . [prəsizu]

Präsentation

Folie	acetato [ɒsətatu]
Flip-chart	flip-chart [flip tʃa:t]
Magnettafel	quadro magnético [kwadru mɒgnɛtiku]
Zeigestock	apontador [ɒpõntɒdor]
Videorekorder	vídeogravador [vidjugrɒvɒdor]
Mikrofon	microfone [mikrɔfɔnə]

10

Büroausstattung	
Telefon	telefone [tələfɔnə]
Faxgerät	aparelho de fax [ɒpɒreʎu də faks]
Fotokopierer	fotocopiadora [fɔtukupjɒdorɒ]
Taschenrechner	calculadora [kalkulɒdorɒ]
Notizbuch	bloco [blɔku]
Papier	papel [pɒpɛl]
Aktenordner	pasta [paʃtɒ]
Kugelschreiber	esferográfica [iʒfɛrɔgrafikɒ]
Textmarker	marcador [markɒdor]
Radiergummi	borracha [buRaʃɒ]
Lineal	régua [Rɛgwɒ]
Schere	tesoura [tezorɒ]
Locher	furador [furɒdor]
Büroklammer	clip [klip]
Hefter	agrafador [ɒgrɒfɒdor]
Klebstoff	cola [kɔlɒ]

► Kap. 6, Zeitungen, Bücher & Schreibwaren S. 168
► Wörterbuch

Computer

PC & Zubehör	
Bildschirm	ecrã [əkrɑ̃], *bras.* tela [tɛlɒ]
CD-Rom-Laufwerk	drive de CD-Rom [draiv də sɛ dɛ rom]
Computer	computador [kõmputɒdor]
Diskette	disquete [diʃkɛtə]

Diskettenlaufwerk	drive de disquetes [draiv də diʃkɛtəʃ]
Drucker	impressora [ĩmprəsɔrɒ]
Festplatte	disco rígido [diʃku Riʒidu]
Grafikkarte	placa gráfica [plakɒ grafikɒ]
Handbuch	manual [mɒnwal]
Maus	rato [ratu], *bras.* mouse [engl.]
Modem	modem [moudəm]
Notebook	notebook [noutbuk]
Prozessor	processador [prusəsɒdor]
Soundkarte	placa de som [plakɒ də sõ]
Speicherkapazität	capacidade de memória [kapɒcidadə də məmɔrjɒ]
Tastatur	teclado [təkladu]
Taste	tecla [tɛklɒ]

Haben Sie E-mail?	Tem e-mail? [tẽi i mel]
Ist das Programm IBM-kompatibel?	O programa é IBM-compatível? [u prugramɒ e i be ɛm kõmpɒtivɛl]
Welche Software benutzen Sie?	Que software usa? [kə sɔftwɛə uzɒ]
Wie kann man ...?	**Como se pode ...?** [komu sə podə]
die Datei öffnen	abrir um ficheiro [ɒbrir ũ fiʃeiru]
den Text speichern	salvar um texto [salvar ũ teiʃtu]
das Programm verlassen	sair de um programa [sɒir də ũ prugramɒ]
Drücken Sie die ...-Taste!	**Prima a tecla ...!** [primɒ ɒ tɛklɒ]
Enter / Return	Enter / Return [entə / ritɜːn]
Escape	Escape [iskeip]
Alt	Alt [alt]

Datenverarbeitung

Betriebssystem	sistema operativo [siʃtemɒ upərɒtivu]
Datei	ficheiro [fiʃeiru], *bras.* arquivo [ɒrkivu]
Datenaustausch	troca de dados [trɔkɒ də daduʃ]
Datenbank	banco de dados [banku də daduʃ]
Dokument	documento [dukumẽntu]
Hardware	hardware [ha:dwɛə]
Password	código de acesso / password [kɔdigu də ɒsɛsu / pa:swɜ:d]
Software	software [sɔftwɛə]

Befehle

abbrechen	abortar [ɒburtar]
bestätigen	confirmar [kõfirmar]
Datei öffnen	abrir o ficheiro [ɒbrir u fiʃeiru]
Datei schließen	fechar o ficheiro [fəʃar u fiʃeiru]
Datei speichern	salvar o ficheiro [salvar u fiʃeiru]
einfügen	introduzir [ĩntruduzir]
Fehler	erro [eRu]
kopieren	copiar [kupjar]
löschen	apagar [ɒpɒgar]
rückgängig machen	anular [ɒnular]

▶ Wörterbuch

Messen

10 Die Portugiesisch-Deutsche Handelskammer informiert über alle internationale Messen in Portugal.

Wo ist ...?	**Onde é ...?** [õndə e]
der Ausgang	a saída [ɒ sɐidɒ]
das Kongreßzentrum	o centro de conferências [u sẽntru də kõfərẽsjɒʃ]
der Stand der Firma ...	o pavilhão da firma [u pɒviʎɑ̃u dɒ firmɒ]
• Pavilhão n° 4, ala A. [pɒvilʎɑ̃u numəru kwatru alɒ a]	Stand Nr. 4, Halle A.
Geben Sie mir bitte	**Dá-me ..., por favor.** [da mə ... pur fɒvor]
ein Ausstellerverzeichnis	uma lista dos expositores [umɒ liʃtɒ duʃ eiʃpuzitorəʃ]
einen Ausstellungskatalog	um catálogo da exposição [ũ kɒtalugu dɐ eiʃpuzisɑ̃u]
Haben Sie Informationsmaterial auf deutsch?	Tem material de informação em alemão? [tẽi mɒtərjal də ĩfurmɒsɑ̃u ẽi ɒləmɑ̃u]

Messe	feira [feirɒ]
Handels~	~ comercial [kumərsjal]
Fach~	~ profissional [prufisjunal]
Industrie~	~ industrial [ĩnduʃtrjal]
internationale ~	~ internacional [ĩntərnɑ̃sjunal]
Aussteller	expositor [eiʃpuzitor]
Ausstellung	exposição *f* [eiʃpuzisɑ̃u]
Ausstellungsfläche	superfície da exposição *f* [supɛrfisjə dɒ eiʃpuzisɑ̃u]
Besucher	visitante [vizitɑ̃ntə]
Messeausweis	cartão de visitante [kɒrtɑ̃u də vizitɑ̃ntə]
Messehosteß	hospedeira [ɨʃpədeirɒ]

10

Messeleitung	direcção da feira *f* [dirɛsɑ̃u dɒ feirɒ]
Stand	pavilhão [pɒviʎɑ̃u]
abbauen	desmontar [diʒmõntar]
aufbauen	montar [mõntar]

► Kap. 10, Sich vorstellen S. 236, Verhandlungen führen S. 243

KURZGRAMMATIK

Wortstellung

Leidige Konstruktionen wie im Deutschen, bei denen das Hauptverb mit wichtigen Informationen zum Verständnis erst am Satzende erscheint, gibt es im Portugiesischen nicht. Die normale Wortstellung im Haupt- wie im Nebensatz ist:

Subjekt(I) - Verb(II) - direktes Objekt(III) - indirektes Objekt(IV)

	I	II	III	IV
Hauptsatz	O Pedro	dá	um livro	ao pai.
	Peter	*gibt*	*seinem Vater*	*ein Buch.*
Nebensatz	Pergunta se	a Maria	quer	um bolo.
	Er fragt, ob	*Maria*	*ein Bier*	*möchte.*

Fragen & Fragewörter

Entscheidungsfragen, d.h. Fragen, die nicht mit einem Fragewort beginnen und auf die die Antwort *sim* (= ja) oder *não* (= nein) lautet, haben die Form eines Aussagesatzes. Solche Fragen sind durch ein leichtes Anheben der Stimme am Satzende gekennzeichnet. Bei Ergänzungsfragen, d.h. Fragen mit einem Fragepronomen, wird – wie im Deutschen – das Prädikat dem Subjekt vorangestellt.

Entscheidungsfragen	
Tens a tua mala?	*Hast du deinen Koffer?*
A Maria está doente?	*Ist Maria krank?*

Ergänzungsfragen	
Como está o seu amigo?	***Wie*** *geht es Ihrem Freund?*
Onde fica a estação?	***Wo*** *ist der Bahnhof?*
Para onde foi ela?	***Wohin*** *ist sie gegangen?*
Quando começa o cinema?	***Wann*** *beginnt das Kino?*
Que estás a fazer?	***Was*** *machst du?*
O que é isso?	***Was*** *ist das?*
Qual destes sapatos queres comprar?	***Welche*** *von diesen Schuhen möchtest du kaufen?*
Quanto custa isto?	***Wieviel*** *kostet das?*
Como te chamas?	***Wie*** *heißt du?*
Porque não gosta de peixe?	***Warum*** *mögen Sie keinen Fisch?*

Verneinung

Verneinen kann man im Portugiesischen durch *não* (= nein), das unmittelbar vor dem Verb steht und »nicht« oder »kein« bedeuten kann. Eine Verneinung ist ferner möglich durch *ninguém* (= niemand), *nada* (= nichts), *nem* (= nicht, nicht einmal), und *nunca (mais)* (= nie, niemals (mehr)). Stehen diese Partikel nach dem Verb, ist eine doppelte Verneinung mit *não* erforderlich.

Não, obrigado!	***Nein***, *vielen Dank!*
O quarto **não** tem janela.	*Das Zimmer hat* ***kein*** *Fenster.*
Não falo Português.	*Ich spreche* ***nicht*** *Portugiesisch.*
Ninguém tem lume.	***Niemand*** *hat Feuer.*
Nada me incomoda.	***Nichts*** *stört mich.*
Nunca mais volto a este sítio.	*Ich komme* ***nie*** *mehr hierher.*
Nem os meus pais gostam dele.	***Nicht einmal*** *meine Elten mögen ihn.*
Não me incomoda **nada**.	***Nichts*** *stört mich.*

Artikel & Substantive

Bestimmter & unbestimmter Artikel

Bestimmter Artikel

	männlich	weiblich
Singular	**o** amigo *der Freund*	**a** amiga *die Freundin*
Plural	**os** amigos *die Freunde*	**as** amigas *die Freundinnen*

Unbestimmter Artikel

	männlich	weiblich
Singular	**um** amigo *ein Freund*	**uma** amiga *eine Freundin*
Plural	**uns** amigos *einige Freunde*	**umas** amigas *einige Freundinnen*

Im Unterschied zum Deutschen wird der bestimmte Artikel auch vor Personennamen und in der direkten Anrede gebraucht:

O Pedro vem amanhã. *Pedro kommt morgen.*
O senhor / A Senhora tem carro? *Haben Sie ein Auto?*

Der unbestimmte Artikel vor einer Grundzahl hat die Bedeutung von »ungefähr«: *Estão la umas trinta pessoas* (= Es sind ungefähr dreißig Personen dort).

Ansonsten unterscheidet sich der Gebrauch des Artikels nur in wenigen Fällen vom Deutschen:

einige Städte- und Ländernamen	a Europa o Porto a Alemanha	Europa Porto Deutschland
Titel	o Sr. Dr. Silva	Herr Dr. Silva
Feiertage	o Natal / a Páscoa	Weihnachten / Ostern

Verschmelzung von Präposition und Artikel

	+ o	**+ a**	**+ os**	**+ as**
de (Genitiv)	do	da	dos	das
a (Dativ)	ao	à	aos	às
em	no	na	nos	nas
por	pelo	pela	pelos	pelas

	+ um	**+ uma**	**+ uns**	**+ umas**
de	dum	duma	duns	dumas
em	num	numa	nuns	numas

Substantive

Substantive, die auf ***-o*** enden, sind meistens männlich, und die auf ***-a*** enden, weiblich, wobei es einige Ausnahmen gibt: *o dia, o grama, a rádio, a foto*. Maskulin sind auch die Namen der Berge, Flüsse, Meere, Seen, Himmelsrichtungen, Zahlen, Buchstaben und substantivierte Verben und Adjektive: *os Alpes* (= die Alpen), *o Tejo* (= der Tejo), *o Atlântico*

(= der Atlantik), *o Norte* (= der Norden), *o f* (= das F), *o estar* (= das Sein), *o vermelho* (= das Rot) ... . Feminin sind hingegen die meisten Früchte und Obstbäume: *a maçã* (= der Apfel), *a uva* (= die Traube), *a laranja* (= die Orange), *a figueira* (= der Feigenbaum), *a cerejeira* (= Kirschbaum). Bei anderen Endungen als die auf ***-o*** und ***-a*** wird das Geschlecht der Substantive im Wörterbuchteil bzw. in den Vokabellisten angegeben.

Pluralbildung

Den Plural bildet man im allgemeinen durch Anhängen von ***-s*** bzw. ***-es***, wenn das Substantiv auf ***-r, -z, -s*** endet.

Wort endet auf	Beispiel	Pluralendung	Beispiel
Vokal	o pa**i**	**-s**	os pai**s**
-r,-z,-s	a mulhe**r**	**-es**	as mulher**es**

Substantive, die auf ***-l*** oder ***-m*** enden, verwandeln ihre Endung im Plural folgendermaßen:

-al	o s**al**	**-ais**	os s**ais**
-el (betont)	o hot**el**	**-éis**	os hot**éis**
-el (unbetont)	o tún**el**	**-eis**	os tún**eis**
-il (betont)	o pern**il**	**-is**	os pern**is**
-il (unbetont)	o rékpt**il**	**-eis**	os répt**eis**
-ol	o lenç**ol**	**-óis**	os lenç**óis**
-ul	o az**ul**	**-uis**	os az**uis**
-em, -ém, -im,	o hom**em**	**-ns**	os home**ns**
-om, -um	o s**om**		os so**ns**

Substantive auf ***-ão*** können verschiedene Pluralendungen haben:

-ão	o irmão	**-ãos**	os irm**ãos**
	o alemão	**-ães**	os alem**ães**
	o leão	**-ões**	os le**ões**

Im Portugiesischen gibt es im Unterschied zum Deutschen keine Deklination der Substantive. Der Genitiv wird durch ein ***de*** ausgedrückt, und der Dativ mittels ***a***. Nominativ und Akkusativ unterscheiden sich nicht.

Nominativ	**O pai** trabalha muito.	***Der Vater*** *arbeitet viel.*
Genitiv	O livro **da Maria** foi caro.	***Marias*** *Buch war teuer.*
Dativ	Ele devolve o dinheiro **ao banco**.	*Er zahlt* ***der Bank*** *das Geld zurück.*
Akkusativ	O Miguel procura **o seu amigo**.	*Miguel sucht* ***seinen Freund***.

Verben

Im Portugiesischen gibt es drei Verbgruppen mit den Infinitivendungen ***-ar, -er, -ir***.

Präsens

Regelmäßige Verben
Das Personalpronomen (ich, du ...) kann im Portugiesischen im allgemeinen weggelassen werden (→ S. 267), weil die Endung des Verbs bereits

auf die Person hinweist. Die 2. Person Plural (= ihr) entspricht im Portugiesischen der 3. Person Plural, und die Höflichkeitsform (= Sie) wird mit der 3. Person Singular bzw. Plural ausgedrückt.

Ich hoffe, ihr könnt morgen kommen.	Espero que possam vir.
Seht ihr das kleine Haus auf der anderen Seite?	Vêem a pequena casa do outro lado?
Helfen Sie mir, bitte!	Ajude-me, por favor!

	fal**ar** *sprechen*	viv**er** *leben*	part**ir** *abfahren, zerbrechen*
ich	fal**o**	viv**o**	part**o**
du	fal**as**	viv**es**	part**es**
er/sie/es/Sie	fal**a**	viv**e**	part**e**
wir	fal**amos**	viv**emos**	part**imos**
ihr	fal**am**	viv**em**	part**em**
sie/Sie	fal**am**	viv**em**	part**em**

Hilfsverben und wichtige unregelmäßige Verben

	ter *haben*	**ser** *sein*	**estar** *sein, sich befinden*	**ir** *gehen*
ich	tenho	sou	estou	vou
du	tens	és	estás	vais
er/sie/es/Sie	tem	é	está	vai
wir	temos	somos	estamos	vamos
ihr	têm	são	estão	vão
sie/Sie	têm	são	estão	vão

	vir *kommen*	**fazer** *machen*	**dar** *geben*	**pôr** *setzen, stellen*
ich	venho	faço	dou	ponho
du	vens	fazes	dás	pões
er/sie/es/Sie	vem	faz	dá	põe
wir	vimos	fazemos	damos	pomos
ihr	vêm	fazem	dão	põem
sie/Sie	vêm	fazem	dão	põem

	poder *können*	**dizer** *sagen*	**querer** *wollen, mögen*	**saber** *wissen*
ich	posso	digo	quero	sei
du	podes	dizes	queres	sabes
er/sie/es/Sie	pode	diz	quer	sabe
wir	podemos	dizemos	queremos	sabemos
ihr	podem	dizem	querem	sabem
sie/Sie	podem	dizem	querem	sabem

Wichtig ist die Form ***há*** (3. Pers. Sing.) des Hilfsverbs *haver,* die ausdrückt, daß etwas existiert:

Há ainda pão? — *Gibt es noch Brot?*

Há vinte pessoas na sala. — *Im Saal befinden sich zwanzig Personen.*

Há hilft aber auch bei der Benennung zeitlicher Verhältnisse:

Estou em Lisboa há dois meses. — *Ich bin seit zwei Monaten in Lissabon.*

há muito tempo — *seit / vor langer Zeit*

Zukunft

Die Zukunft läßt sich auf zwei verschiedene Weisen ausdrücken:

1. Mit der Umschreibung des Verbs **ir + Infinitiv** (Formen von ir → S. 258)**:**
Amanhã vou comprar um carro. *Morgen werde ich ein Auto kaufen.*

2. Mit den Endungen ***-ei, -ás, -á, -emos, -ão***, die an den Infinitiv des Verbs angehängt werden**:**
Amanhã comprar**ei** um carro. *Morgen werde ich ein Auto kaufen.*

Vergangenheit

Das wichtigste und meistgebrauchte Tempus zur Darstellung von Vergangenem (bei der Darstellung bzw. Aufzählung von Ereignissen und abgeschlossenen Handlungen) ist das einfache Perfekt (= *Pretérito Perfeito Simples*):
Ontem fui ao cinema. *Gestern war ich im Kino.*

Formen des *Pretérito Perfeito Simples*

falar *sprechen*	**viver** *leben*	**partir** *abfahren, zerbrechen*	**ter** *haben*	**ser** *sein*
fal**ei**	viv**i**	part**i**	tive	fui
fal**aste**	viv**este**	part**iste**	tiveste	foste
fal**ou**	viv**eu**	part**iu**	teve	foi
fal**ámos**	viv**emos**	part**imos**	tivemos	fomos
fal**aram**	viv**eram**	part**iram**	tiveram	foram
fal**aram**	viv**eram**	part**iram**	tiveram	foram

estar *sein, sich befinden*	**ir** *gehen*	**vir** *sehen*	**fazer** *machen*	**dar** *geben*
estive	fui	vim	fiz	dei
estiveste	foste	vieste	fizeste	deste
esteve	foi	veio	fez	deu
estivemos	fomos	viemos	fizemos	demos
estiveram	foram	vieram	fizeram	deram
estiveram	foram	vieram	fizeram	deram

dizer *sagen*	**poder** *können*	**pôr** *setzen, stellen*	**querer** *wollen*	**saber** *wissen*
disse	pude	pus	quis	soube
disseste	pudeste	puseste	quiseste	soubeste
disse	pôde	pôs	quis	soube
dissemos	pudemos	pusemos	quisemos	soubemos
disseram	puderam	puseram	quiseram	souberam
disseram	puderam	puseram	quiseram	souberam

Das Imperfekt (= *Imperfeito*) beschränkt sich auf die Bezeichnung von Handlungen in ihrem Verlauf, ohne Bezug auf den Anfang oder das Ende dieser Handlungen:

Vivia toda a vida nessa casa.	*Sein ganzes Leben hat er in diesem Haus gewohnt.*
A casa ficava perto da igreja.	*Das Haus lag in der Nähe der Kirche.*
Dantes a avó orgulhava-se do seu neto.	*Früher war Oma stolz auf ihren Sohn.*

Formen des *Imperfeito*

falar	**viver**	**partir**	**ter**	**ser**
fal**ava**	viv**ia**	part**ia**	tinha	era
fal**avas**	viv**ias**	part**ias**	tinhas	eras
fal**ava**	viv**ia**	part**ia**	tinha	era
fal**ávamos**	viv**íamos**	part**íamos**	tínhamos	éramos
fal**avam**	viv**iam**	part**iam**	tinham	eram
fal**avam**	viv**iam**	part**iam**	tinham	eram

estar	**ir**	**vir**	**fazer**	**dar**
estava	ia	vinha	fazia	dava
estavas	ias	vinhas	fazias	davas
estava	ia	vinha	fazia	dava
estávamos	íamos	vínhamos	fazíamos	dávamos
estavam	iam	vinham	faziam	davam
estavam	iam	vinham	faziam	davam

dizer	**poder**	**pôr**	**querer**	**saber**
dizia	podia	punha	queria	sabia
dizias	podias	punhas	querias	sabias
dizia	podia	punha	queria	sabia
dizíamos	podíamos	púnhamos	queríamos	sabíamos
diziam	podiam	punham	queriam	sabiam
diziam	podiam	punham	queriam	sabiam

Das seltenere zusammengesetzte **Perfekt** (= *Pretérito Perfeito Composto*) bezeichnet Zustände oder Handlungen, die bis in die Gegenwart

reichen. Im Deutschen wird in diesem Fall oft das Präsens verwendet: *Tenho trabalhado muito* (= Ich habe viel gearbeitet – und arbeite immer noch sehr viel). Gebildet wird diese Tempus aus:
Präsens von *ter* (→ S. 258) **+ Partizip II des Hauptverbs**

Das Partizip II wird gebildet, indem man an den Stamm des Verbes ***-ado*** (bei Verben auf *-ar*) und ***-ido*** (bei Verben auf *-er* / *-ir*) anhängt: *trabalh**ar*** → *trabalh**ado**,* *vend**er*** → *vend**ido**,* *part**ir*** → *part**ido**.*

Einige unregelmäßige Partizipien

Infinitiv	dizer	fazer	pôr	ver	vir
Partizip	dito	feito	posto	visto	vindo

Befehlsformen

Bejahende und verneinende Befehlsformen mit »du«:

Fal**a**!	*Sprich!*	Não fal**es**!	*Sprich nicht!*
Beb**e**!	*Trink!*	Não beb**as**!	*Trink nicht!*
Abr**e**!	*Öffne!*	Não abr**as**!	*Öffne nicht!*

Bejahende und verneinende Befehlformen mit der Anredeform »Sie« (Singular):

Fal**e**!	*Sprechen Sie!*	Não fal**e**!	*Srechen Sie nicht!*
Beb**a!**	*Trinken Sie!*	Não beb**a!**	*Trinken Sie nicht!*
Abr**a**!	*Öffnen Sie!*	Não abr**a**!	*Öffnen Sie nicht!*

Bejahende und verneinende Befehlsformen mit »Sie« (Plural) und »ihr« (Plural von du):

Fal**em!**	*Sprechen Sie!* *Sprecht!*	Não fal**em!**	*Sprechen Sie nicht!* *Sprecht nicht!*
Beb**am**!	*Trinken Sie!* *Trinkt!*	Não beb**am**!	*Trinken Sie nicht!* *Trinkt nicht!*
Abr**am**!	*Öffnen Sie!* *Öffnet!*	Não abr**am**!	*Öffnen Sie nicht!* *Öffnet nicht!*

Einige der oft gebrauchten Befehlsformen unregelmäßiger Verben:

Faz!	*Mach!*	**Faça!**	*Machen Sie!*
Dá!	*Gib!*	**Dê!**	*Geben Sie!*
Diz!	*Sag!*	**Diga!**	*Sagen Sie!*
Vai!	*Geh!*	**Vá!**	*Gehen Sie!*
Põe!	*Leg / Stell!*	**Ponha!**	*Stellen / Legen Sie!*
Traz!	*Bring!*	**Traga!**	*Bringen Sie!*
Vem!	*Komm!*	**Venha!**	*Kommen Sie!*

Konditional

Der Konditional wird besonders zum Ausdruck einer Bitte oder eines höflich vorgetragenen Wunsches benutzt. Gebildet werden die Formen, indem an den Infinitiv die Endungen ***-ia, -ias, -ia, -íamos, -iam*** angehängt werden:

Queria uma bica, por favor!	*Ich hätte gerne einen Kaffee!*
Poderia dizer-me que horas são?	*Könnten Sie mir sagen, wie spät es ist?*
Seriam umas férias bonitas.	*Es könnten sehr schöne Ferien werden.*

Wichtige unregelmäßige Formen des Konditional

	dizer *sagen*	**fazer** *machen*	**trazer** *bringen*	**querer** *mögen*
ich	dir**ia**	far**ia**	trar**ia**	quer**ia**
du	dir**ias**	far**ias**	trar**ias**	quer**ias**
er/sie/es/Sie	dir**ia**	far**ia**	trar**ia**	quer**ia**
wir	dir**íamos**	far**íamos**	trar**íamos**	quer**íamos**
ihr	dir**iam**	far**iam**	trar**iam**	quer**iam**
sie/Sie	dir**iam**	far**iam**	trar**iam**	quer**iam**

Zwei Wörter für »sein«

Das Verb ***ser*** benutzt man zur Beschreibung relativ unveränderlicher Eigenschaften und andauernder Zustände wie: Form und Eigenschaft von Dingen, Nationalität, Beruf, Charakter, Konfession von Personen etc. ***Estar*** hingegen benennt vorübergehende Zustände im Sinne eines »Sich-momentanen-Befindens«:

ser	
Nós somos da Alemanha.	*Wir sind aus Deutschland.*
Este livro é do Fernando Pessoa.	*Dieses Buch ist von Fernando Pessoa.*
Hoje é Quarta-feira.	*Heute ist Mittwoch.*
A Isabel é loira.	*Isabel ist blond.*
estar	
Ela ainda está na cama.	*Sie ist noch im Bett.*
Hoje estou muito cansado.	*Ich bin heute sehr müde.*
As tuas mãos estão sujas.	*Deine Hände sind schmutzig.*
Estás com fome?	*Bist du hungrig?*

Konjunktiv

Den Konjunktiv findet man insbesondere im Nebensatz nach unpersönlichen Ausdrücken und nach Verben, die einen Wunsch, Willen, Befehl oder ein Gefühl wie Angst oder Hoffnung ausdrücken:

Regelmäßige Formen

falar *sprechen*	**beber** *trinken*	**abrir** *öffnen*
fal**e**	beb**a**	abr**a**
fal**es**	beb**as**	abr**as**
fal**e**	beb**a**	abr**a**
fal**emos**	beb**amos**	abr**amos**
fal**em**	beb**am**	abr**am**
fal**em**	beb**am**	abr**am**

Wichtige unregelmäßige Formen

ser *sein*	**estar** *sein*	**ter** *haben*	**ir** *stellen*	**pôr** *setzen, stellen*	**poder** *können*
seja	esteja	tenha	vá	ponha	possa
sejas	estejas	tenhas	vás	ponhas	possas
seja	esteja	tenha	vá	ponha	possa
sejamos	estejamos	tenhamos	vamos	ponhamos	possamos
sejam	estejam	tenham	vão	ponham	possam
sejam	estejam	tenham	vão	ponham	possam

É bom que **saibas** tudo. *Es ist gut, daß du alles erfährst.*
É possível que ele **esteja** em casa. *Es ist möglich, daß er zu Hause ist.*

É importante que **tenhas** a chave.	*Es ist wichtig, daß du den Schlüssel hast.*
É preciso que me **ajudes**.	*Es ist notwendig, daß du mir hilfst.*
É necessário que **abramos** a janela.	*Es ist notwendig, daß wir das Fenster öffnen.*
Espero que **seja** verdade!	*Hoffentlich ist das wahr!*
É estranho que eles não **possam** vir.	*Es ist merkwürdig, daß sie nicht kommen können.*

Pronomen

Personalpronomen

Nominativ		Reflexiv		Akkusativ		Dativ		mit Präposition	
eu	*ich*	me	*mich*	me	*mich*	me	*mir*	a mim	*mir*
tu	*du*	te	*dich*	te	*dich*	te	*dir*	a ti	*dir*
ele	*er*	se	*sich*	o	*ihn*	lhe	*ihm*	a ele	*ihm*
ela	*sie*			a	*sie*	lhe	*ihr*	a ela	*ihr*
nós	*wir*	nos	*uns*	nos	*uns*	nos	*uns*	a nós	*uns*
eles	*sie (m)*	se	*sich*	os	*sie (m)*	lhes	*ihnen*	a eles	*ihnen (m)*
elas	*sie (f)*			as	*sie (f)*			a elas	*ihnen (f)*

Die 2. Person Plural (= ihr) existiert im Portugiesischen nicht mehr. Sie wird durch die Form **vocês** ersetzt und mit dem Verb in der 3. Person Plural gebraucht. Im Unterschied zum Deutschen fällt das Personalpronomen als Subjekt eines Satzes normalerweise weg: *Comprei um fato.* (= **Ich** habe einen Anzug gekauft). Es wird nur zur besonderen Hervorhebung oder Unterscheidung gebraucht: ***Ela** foi para casa.* (= **Sie** ist nach Hause gegangen und nicht **er**).

Verschmelzung von Personalpronomen und Präposition

Singular		Plural	
comigo	*mit mir*	connosco	*mit uns*
contigo	*mit dir*	com vocês	*mit euch*
consigo	*mit sich*	com vocês	*mit Ihnen*
	mit Ihnen		
com ele	*mit ihm*	com eles	*mit ihnen (m)*
com ela	*mit ihr*	com elas	*mit ihnen (f)*

Possessivpronomen

Das Possessivpronomen steht wie im Deutschen vor dem Substantiv und richtet sich in Geschlecht und Zahl nach dem Substantiv, auf das es sich bezieht. Im Unterschied zum Deutschen wird vor das Possessivpronomen der bestimmte Artikel gesetzt: ***o meu*** *carro* (= mein Auto). Der Plural wird jeweils durch das Hinzufügen eines ***-s*** gebildet: *os meu**s** irmãos* (= meine Brüder).

Männlich		Weiblich		
Singular	**Plural**	**Singular**	**Plural**	
o meu	os meus	a minha	as minhas	*mein, meine*
o teu	os teus	a tua	as tuas	*dein, deine*
o seu	os seus	a sua	as suas	*sein, seine*
				ihr, ihre
				Ihr, Ihre
o nosso	os nossos	a nossa	as nossas	*unser, unsere*
o vosso	os vossos	a vossa	as vossas	*euer, eure*
o seu	os seus	a sua	as suas	*ihr, ihre*
				Ihr, Ihre

Bei den Formen der 3. Person ***o seu, a sua, os seus, as suas*** sind Mißverständnisse nicht auszuschließen. ***O seu carro*** kann z.B. heißen: ihr Auto (Singular oder Plural), sein Auto, Ihr Auto (männlich oder weiblich, Singular oder Plural). Wird vom Besitz einer anderen, direkt nicht angesprochenen Person gesprochen, verbindet man darum die 3. Person des entsprechenden Personalpronomens mit ***de*** und setzt diese Form hinter das Substantiv:

a mala **dele**	*sein Koffer*
o carro **dela**	*ihr Auto*
a casa **deles**	*ihr Haus*

Demonstrativpronomen

Singular		**Plural**		**unver-**	
maskulin	**feminin**	**maskulin**	**feminin**	**änderlich**	
este	esta	estes	estas	isto	*der, die, das hier*
esse	essa	esses	essas	isso	*der, die, das da*
aquele	aquela	aqueles	aquelas	aquilo	*jene, jener, jenes*

- *este, esta* etc. bezeichnen Objekte, die sich in der örtlichen/zeitlichen Nähe des Sprechers befinden oder die von ihm bereits im Kontext erwähnt wurden.
- *esse, essa* etc. bezeichnen Objekte, die sich in der örtlichen/zeitlichen Nähe des Angesprochenen befinden oder die von diesem bereits im Kontext erwähnt wurden.
- *aquele, aquela* etc. bezeichnen Objekte, die weit entfernt von Sprecher und Angesprochenem liegen und die im Kontext noch unerwähnt sind.

Adjektive & Adverbien

Adjektivdeklination

Singular		**Plural**	
o homem ric**o**	*der reiche Mann*	os homens ric**os**	*die reichen Männer*
a mesa redond**a**	*der runde Tisch*	as mesas redond**as**	*die runden Tische*
a banana é car**a**	*die Banane ist teuer*	as bananas são car**as**	*die Bananen sind teuer*
o rapaz doent**e**	*der kranke Junge*	os rapazes doent**es**	*die kranken Jungen*
a rapariga doent**e**	*das kranke Mädchen*	as raparigas doent**es**	*die kranken Mädchen*

Die Adjektive richten sich in Geschlecht und Zahl nach dem zugehörigen Substantiv. Dies gilt auch für die Adjektive in prädikativer Stellung. Männliche Formen enden auf ***-o*** und weibliche auf ***-a***. Adjektive, die auf auf **-e** oder auf einen **Konsonanten** (außer ***-ês, -ol, -or***) enden, besitzen nur eine Form für beide Geschlechter. Für den Plural wird ***-s*** oder ***-es*** angehängt.

Normalerweise wird das Adjektiv hinter das Substantiv gestellt: *a tinta vermelha* (= die rote Farbe). Vorangestellt wird das Adjektiv
- bei emotionell stark geprägten Ausrufen: *Maldita sopa!* (= Verfluchte Suppe!)
- um das Adjektiv besonders hervorzuheben: *um grande Presidente* (= ein bedeutsamer Präsident)
- um eine unterschiedliche Bedeutung des Adjektivs zum Ausdruck zu bringen: *um velho amigo* (= jemand, der schon lange ein Freund ist) im Unterschied zu *um amigo velho* (= ein den Jahren nach alter Freund).

Steigerung

Der Komparativ wird mit einem dem Adjektiv vorangestellten *mais* (= mehr) gebildet. Für den Superlativ wird zusätzlich der bestimmte Artikel vorangestellt:

Grundform	rico/rica	*reich*
Komperativ	mais rico/rica do que ... tão rico/rica como ... menos rico/rica do que ...	*reicher als ...* *so reich wie ...* *weniger reich als ...*
Superlativ	o mais rico a mais rica	*der schönste* *die schönste*

Die konkurrierende Superlativendung ***-íssimo/-íssima*** drückt einen noch stärkeren Grad der Steigerung aus als der normale Superlativ: *um fim tristíssimo* (= ein wahnsinnig trauriges Ende), *uma camisa belíssima* (= ein überaus schönes Hemd).

Adjektive mit unregelmäßiger Steigerung

bom / boa *gut*	melhor *besser*	o / a melhor *der / die beste*	óptimo / óptima *sehr gut*
mau / má *schlecht*	pior *schlechter*	o / a pior *der / die schlechteste*	péssimo / péssima *sehr schlecht*
grande *groß*	maior *größer*	o / a maior *der / die größte*	máximo / máxima *sehr groß*
pequeno / pequena *klein*	menor *kleiner*	o mais pequeno / a mais pequena *der kleinste / die kleinste*	mínimo / mínima *sehr klein*

Adverbien

Die meisten Adverbien werden von Adjektiven abgeleitet, indem an die weibliche Form des jeweiligen Adjektivs die Endung ***-mente*** angehängt wird.

Adjektiv (weibliche Form)	**Adverb**	
rápida	rapida**mente**	*schnell*
orgulhosa	orgulhosa**mente**	*stolz*
fácil	facil**mente**	*einfach / leicht*

Unregelmäßige Adverbien sind ***mal*** (von *mau / má* = schlecht), ***bem*** (von *bom / boa* = gut) und **plenamente** (von *cheio / cheia* = voll).

WÖRTERBUCH

Wörterbuch Deutsch–Portugiesisch

A

Aal enguia [ẽngiɒ] 127
abbauen desmontar [diʒmõntar] 250
abbiegen nach rechts/links voltar à direita/esquerda [voltar a direitɒ / iʃkerdɒ] 59
Abend noitinha [noitiɲɒ] 27
Abendessen jantar *m* [ʒɑ̃ntar] 52, 110
Abendkleid vestido de noite [vɛʃtidu də noitə] 198
abends à noitinha [a noitiɲɒ] 27
Abenteuer aventura [ɒvẽnturɒ]
aber mas [mɒʃ] 74, 76
abfahren partir [pɒrtir] 61, 73, 81; **Abfahrt** partidas *pl* [pɒrtidɒʃ] 73
Abflug partida [pɒrtidɒ] 77
Abführmittel laxantes *pl* [lɒʃɑ̃ntəʃ] 221
abgelaufen (*Paß*) caducado [kɒdukadu] 62
abgelenkt distraído [diʃtrɒidu]
abhängen von depender de [dəpẽnder də]
abholen ir buscar [ir buʃkar] 51, 101; (*Gepäck*) levantar [ləvɑ̃ntar] 75
Abkommen acordo [ɒkordu]
ablehnen recusar [Rəkuzar]
abliefern entregar [ẽntrəgar]
abmessen medir [mədir]
Abreise partida [pɒrtidɒ]→99; **abreisen** partir [pɒrtir] 99
Absatz (*Schuhe*) salto [saltu] 162
abschalten desligar [diʃligar]
Abschleppdienst serviço de reboque [sərvisu də Rəbɔkə] 214; **Abschleppseil** corda de reboque [kɔrdɒ də Rəbɔkə] 215; **Abschleppwagen** reboque *m* [Rəbɔkə] 216
Absender remetente *m* [Rəmətẽntə] 204
Absicht intenção [ĩtẽsɑ̃u]
absichtlich de propósito [də prupɔ̃zitu]
absolut absoluto [ɒpsulutu]
abstellen desligar [diʒligar] 104; **Abstellraum** despensa [diʃpẽnsɒ] 102
Abteilung secção *f* [səksɑ̃u]→238; **Abteilungsleiter** chefe do departamento *m* [ʃɛfə du dəpɒrtɒmẽntu] 237
ab wann? a partir de quando? [ɒ partir də kwɑ̃ndu] 91
Abwehrspieler defesa [dəfezɒ] 187
acht oito [oitu] 18; **achte(r, s)** oitavo/a [ɔitavu/ɒ]
achten (*Person*) estimar [iʃtimar]
Achtung! Atenção! [ɒtẽsɑ̃u] 212
achtzehn dezoito [dəzɔitu]
achtzig oitenta [oitẽntɒ]→18ff
Acker campo [kɑ̃mpu]
Actionfilm filme de acção *m* [filmə də asɑ̃u] 196
Adapter adaptador *m* [ɒdɒptɒdor] 104
Adresse endereço [ẽndəresu] 44, 95, morada [muradɒ]
Aeorobic aeróbica [ɒərobikɒ] 183
Aftershave aftershave *m* [a:ftərʃeiv] 165
ähnlich parecido [pɒrəsidu]
Aids Sida [sidɒ] 227
Aktenkoffer pasta [paʃtɒ] 164; **Aktenordner** pasta [pastɒ] 246
Aktiengesellschaft sociedade anónima (SA) *f* [susjedadə ɒnɔnimɒ] 239
Aktion acção *f* [ɒsɑ̃u]

aktuell sein estar na moda [iʃtar na moda] 171
Alkohol álcool *m* [alkwɔl] → 115; **Alkoholtest** teste do balão *m* [tɛʃtə du bɒlɑ̃u] 70
alle todos/as [toduʃ/ɒʃ]
alleine sozinho/a [suziɲu/ɒ] 56, só [sɔ]
allergisch gegen alérgico contra [ɒlɛrʒiku kõntrɒ] 227
alles tudo [tudu] 42, 284; **Alles Gute!** Boa sorte! [boɒ sɔrtə] 42
allgemein geral [ʒəral], (*adv*) geralmente [ʒəralmẽntə]
Almosen esmola [iʒmɔlɒ]
als quando [kwɑ̃ndu]
als ob como se [komu sə]
also portanto [purtɑ̃ntu]
alt antigo [ɑ̃tigu], velho [vɛʎu]
Alter idade *f* [idadə] 44, 198
Altstadt cidade velha *f* [sidadə vɛʎɒ] 192
Ampel semáforo *m* [səmafuru] 58, 60, sinal *m* [sinal] 69
amüsieren, sich divertir se [divərtir sə]
an a [ɒ], em [ẽi]
Ananas ananás *f* [ɒnɒnaʃ] 157; *bras.* abacaxi *m* [ɒbakɒʃi] 157
anbeten adorar [ɒdurar]
anbieten oferecer [ufərəser] 52, 243
andere outros (*m pl*) /outras (*f pl*) [otruʃ / otrɒʃ] 100, 107
anderer/s outro (*m*) [otru] / outra (*f*) [otrɒ]
Anfang início [inisju]
anfassen tocar [tukar]
Angebot proposta [prupɔʃtɒ] 240
Angelegenheit assunto [ɒsũntu]
angeln pescar [pəʃkar] 178, 182
angenehm agradável [ɒgrɒdavɛl] 41, 48
Angestellte empregado/a de escritório [ẽmprəgadu/ɒ də iʃkritɔrju] 45
Angewohnheit hábito [abitu]
angreifen atacar [ɒtɒkar]
Angriff ataque *m* [ɒtakə] 187
Angst medo [mɛdu]
ängstlich com medo [kõ mɛdu]
Anhänger (*Kfz*) atrelado [ɒtrəladu] 64; (*Schmuck*) medalhão *m* [mədɒʎɑ̃u] 174
anhalten parar [pɒrar]
anhören ouvir [ovir]
Ankauf compra [kõmprɒ] 202
ankommen chegar [ʃəgar] 61, 71, 91, 101, 221
Ankunft chegadas *f pl* [ʃəgadɒʃ] → 96
Anlage anexo [ɒnɛksu] 242
anklagen acusar [ɒkuzar]
Anmut graça [grasɒ]
annehmen acertar [ɒsərtar]
anpflanzen plantar [plɒntar]
anprobieren provar [pruvar] 158
anschalten ligar [ligar]
anschieben (*Auto*) empurrar [ẽmpuRar] 216
anschließend em seguida [ẽi səgidɒ]
anschnallen, sich apertar o cinto [ɒpərtar u sintu] 80
ansehen ver [ver] 95
Ansichtskarten postais ilustrados *m pl* [puʃtaiʃ iluʃtraduʃ] 169; *bras.* cartões postais *pl* [kartõiʃ poʃtɒiʃ] 169
Anspitzer afiador *m* [ɒfiɒdor] 170
Ansprechpartner/in interlocutor/a [ĩntərlukutor/ɒ] → 237
anspringen (*Auto*) pegar [pəgar] 216
anstrengen, sich esforçar se [iʃfursar sə]; **Anstrengung** esforço [iʃforsu]
Antiquitäten antiguidades *f pl* [ɑ̃ntigwidadəʃ] 144
Antwort resposta [Riʃpɔʃtɒ]
antworten auf responder a [Riʃpõnder ɒ]; **Anwendung** utilização *f* [utilizɒsɑ̃u] 223

Anzeige (*bei der Polizei*) queixa [keiʃɒ] 215; **~ erstatten** apresentar queixa [ɒprəzẽntar keiʃɒ]→219; *(Zeitungs~)* anuncio [ɒnũsju]
anziehen, sich (*Kleidung*) vestir-se [veʃtir sə], (*Schuhe*) calçar [kɒlsar]
anzünden acender [ɒsẽnder]
Anzug fato [fatu] 160
Apartment apartamento [ɒpɒrtɒmẽntu] 88, 89
Aperitif aperitivo [ɒpəritivu] 52, 134
Apfel maçã *f* [mɒsɑ̃] 157, 274
Apfelsine laranja [lɒrɑ̃ʒɒ] 157
Apotheke farmácia *f* [fɒrmasjɒ] →221
Appetit apetite *m* [ɒpətitə]
Aquädukt aqueduto [ɒkədutu] 192
Aprikose alperce *m* [alpɛrsə] 157
April abril *m* [ɒbril] 28
Arbeit trabalho [trɒbaʎu]; **arbeiten** trabalhar [trɒbɒʎar]; **Arbeiter/in** trabalhador/a [trɒbɒʎɒdor/ɒ], empregado/a de fábrica [ẽmprəgadu/ɒ də fabrikɒ] 45; **arbeitslos** desempregado/a [dəzẽmprəgadu/ɒ] 46; **Arbeitsstelle** emprego [ẽmpregu]
Architektur arquitectura [ɒrkitɛturɒ] 46, 192
Ärger maçada [mɒsadɒ]
ärgern (*sich~*) irritar se [iRitar sə], (*transitiv*) aborrecer [ɒbuRəser]
ärgerlich aborrecido [ɒbuRəsidu]
Arm braço [brasu] 226, 230
arm pobre [pɔbrə]
Armband pulseira [pulseirɒ] 174; **Armbanduhr** relógio de pulso [Rəlɔʒju də pulsu] 174
Ärmel manga [mɑ̃ngɒ] 161
Art (*~und Weise*) maneira [mɒneirɒ]
Artischocke alcachofra [alkɒʃofrɒ] 156
Arzt médico [mɛdiku]→223ff; **Arztvisite** visita do médico [visitɒ du mɛdiku] 231
Asche cinza [sĩzɒ]
Aschenbecher cinzeiro [sĩzeiru] 136
atmen respirar [Riʃpirar]
Aubergine beringela [bərĩʒɛlɒ] 156
auch também [tɑ̃mbẽi] 134, 147
auf em [ẽi] 60; **auf Portugiesisch** em Português [ẽi purtugeʃ] 39; **Auf Wiedersehen!** Até à próxima! [ɒtɛ a prɔsimɒ] 42
auf (*Präp*) em cima de [ẽi simɒ də], sobre [sobrə]
aufbauen montar [mõntar] 250
Aufenthalt paragem *f* [pɒraʒẽi] 75, estadia [iʃtɒdiɒ]→90
auffallen dar nas vistas [dar nɒʃ viʃtɒʃ]
aufführen (*Theater*) representar [Rəprəzẽntar]
aufgeben *(Gepäck)* expedir [iʃpədir] 75
aufhängen an pendurar em [pẽndurar ẽi]
aufheben (*vom Boden*) apanhar [ɒpɒɲar]
auflösen diluir [diluir] 223
aufmachen abrir [ɒbrir] 233
Aufmerksamkeit atenção *f* [ɒtẽnsɑ̃u]
aufräumen arrumar [ɒRumar]
aufschieben adiar [ɒdjar]
Aufschnittwurst chourição *m* [ʃorisɑ̃u] 154
aufschreiben escrever [iʃrəver] 39
aufstehen levantar se [ləvɑ̃ntar sə]
aufstellen colocar [kulukar]
aufwachen acordar [ɒkurdar]
aufwecken acordar [ɒkurdar]
Aufzug elevador *m* [iləvɒdor]
Auge olho [oʎu] 230
Augenarzt oftalmologista *m* [ɔftalmuluʒiʃtɒ] 324
Augenblick instante [ĩʃtɑ̃ntə]
August agosto [ɒgoʃtu] 28

aus de [də] 77
ausatmen expirar [eiʃpirar] 226
Ausbildung instrução *f* [ĩʃtrusɑ̃u]
ausfüllen preencher [prjẽʃer] 96
Ausgang saída [sɒidɒ] 249
ausgeben gastar [gɒʃtar] 150
ausgebucht cheio [ʃeju] 88
ausgehen sair [sɒir] 197
ausgestellt am/in *(Paß)* emitido em [əmitidu ẽi] 45
Ausgezeichnet! Óptimo! [ɔtimu] 55
Auskunft informação *f* [ĩfurmɒsɑ̃u] →43
Auslandsgespräch chamada internacional [ʃɒmadɒ ĩntərnasjunal] 206
ausleihen emprestar [ẽmpriʃtar]
ausmachen (*Licht*) apagar [ɒpɒgar]
ausmessen medir [mədir]
Ausnahme excepção *f* [iʃsəsɑ̃u]
auspacken desembrulhar [dəzẽmbruʎar]
Auspuff escape *m* [iʃkapə] 218
ausreichend suficiente [sufisjẽntə]
Ausrüstung equipamento [əkipɒmẽntu]→106
ausruhen descansar [diʃkɑ̃nsar]
aussagen *(Justiz)* testemunhar [tiʃtəmuɲar] 213
Aussehen aspecto [ɒʃpɛtu]
außer, daß a não ser que [ɒ nɑ̃u ser kə]
außerdem além disso [ɒlẽi disu]
außergewöhnlich fora do vulgar [fɔrɒ du vulgar]
Aussicht vista [viʃtɒ] 48
Aussichtspunkt miradouro [mirɒdoru] 192
aussprechen pronunciar [prunũsjar] 39
aussteigen sair [sɒir] 60, 85
Aussteller expositor *m* [eiʃpuzitor] 249; **Ausstellung** exposição *f* [eiʃpuzisɑ̃u] 189, 249
austauschen mudar [mudar] 174
ausstrecken estender [iʃtẽnder]
ausverkauft esgotado [iʃgutadu] 169, 193
auswählen escolher [iʃkuʎer] 202
Ausweis bilhete de identidade *m* [biʎetə də idẽntidadə] 68
Ausweispapiere documentação *f* [dukumẽntɒsɑ̃u] 45
ausziehen, sich despir se [diʃpir sə]
Auszubildende/r estagiário/a [iʃtɒʒarju/ɒ] 45
Auto carro [kaRu]→64ff; **Autobahn** auto-estrada [autu iʃtradɒ] 58, 64, 214; **Autounfall** acidente de carro *m* [ɒsidẽntə də kaRu] 214; **Autovermietung** aluguer de carro *m* [ɒluger də kaRu] 67; **Autowerkstatt** oficina [ufisinɒ]→216
Avocado abacate *m* [ɒbɒkatə] 156

B

Babynahrung comida de bebé [kumidɒ də bəbɛ] 166
Bäcker/in padeiro/a [pɒdeiru/ɒ]; **Bäckerei** padaria [pɒdɒriɒ]
Bad (*Raum*) casa-de-banho *f* [kasɒ də bɒɲu] 102
Badeanzug fato de banho [fatu də bɒɲu] 181; **Badearzt** médico de termas [mɛdiku də tɛrmɒʃ] 234; **Badehose** calções de banho *f pl* [kalsoiʃ də bɒɲu] 181; **Badekappe** boné *m* [bunɛ] 181; **Bademeister** banheiro [baɲeiru] 180, 234; **Badeschuhe** chinelos de praia *pl* [ʃinɛluʃ də prajɒ] 162; **Badetuch** toalha [twaʎɒ] 181; **Badewanne** banheira [bɒɲeirɒ] 102
Bahnhof estação de comboios *f* [iʃtɒsɑ̃u də kõmbɔjuʃ]→73ff; *bras.* estação ferroviária [iʃtɒsɑ̃u fɛRuviɒriɒ] 86; **Bahnsteig** linha

[liɲɒ] 73; **Bahnübergang** passagem de nível *f* [pɒsaʒẽi də nivəl] 69
bald em breve [ẽi brɛvə] 30
Balkon varanda [varɒndɒ] 92
Ball bola [bolɒ] 181, 187; (*Tanz*) baile [bailə]
Banane banana [bɒnɒnɒ] 157, 288
Bank (*Geldinstitut*) banco [bɑ̃nku] →200ff, (*Sitzgelegenheit*) banco [bɑ̃nku]
Bankleitzahl NIB *m* [nip] 203
Bar bar *m* [bar] 197
bar em dinheiro [ẽi diɲeiru] 22, 200ff
barfuß descalço [dəʃkalsu]
barock barroco [bɒRɔku] 191
Barsch garopa [gɒropɒ] 128
Bart barba [barbɒ]
Batterie bateria [batəriɒ] 171, 218, pilha [piʎɒ]
Bauch barriga [bɒRigɒ] 226, 230; **Bauchschmerzen** dores de barriga *f pl* [dorəʃ də bɒRigɒ] 225
Bauer/Bäuerin camponês/camponesa [kɑ̃mpuneʃ/ kɑ̃mpunezɒ]
Baum árvore *m* [arvurə]
Baumwolle algodão *m* [algudɑ̃u] 148, 161
beachten reparar [Rəpɒrar] 69; ter em conta [ter ẽi kõntɒ] 213
Beamter/Beamtin funcionário/a público/a [fũsjunarju/ɒ publiku/ɒ] 45
beanstanden reclamar [Rəklɒmar] →135
Beanstandungen reclamações *f pl* [Rəklɒmɒsoiʃ] →92
bedanken, sich agradecer [ɒgrɒdəser] →48
bedeckt (*Wetter*) nublado [nubladu] 35
bedeuten significar [signifikar]
Bedeutung (*Wichtigkeit*) importância [ĩmpurtɑ̃sjɒ]
bedienen atender [ɒtẽnder], servir [sɛrvir]
Bedienung (*Restaurant*) serviço [sɛrvisu]
Bedingung condição [kõndisɑ̃u]
bedauern lamentar [lɒmẽntar]
beenden terminar [terminar]
Befehl comando [kumɑ̃ndu] 247
befinden, sich estar [iʃtar]
befreien, sich von livrar se de [livrar sə də]
begeben, sich dirigir se [diriʒir sə] 80
begegnen encontrar [ẽnkõntrar]; **Begegnung** encontro [ẽnkõntru]
begeistert entusiasmado [ẽntuzjɒʒmadu]
beginnen começar [kuməsar] 193
begleiten acompanhar [ɒkũmpɒɲar]
Begleitung companhia [kõmpɒɲiɒ]
begrüßen cumprimentar [kũmprimẽntar] →40ff
behandeln tratar [trɒtar] 233
Behinderte deficientes *m pl* [dəfisjẽntəʃ] 189
bei (*neben*) ao lado de [au ladu də], (*bei jdm*) com alguém [kõ algẽi]
beichten confessar [kõfəsar]
beide ambos *m*/ ambas *f* [ɑ̃buʃ/ ɑ̃bɒʃ]
Bein perna [pɛrnɒ] 230
Beispiel exemplo [izẽmplu]; **zum Beispiel** por exemplo [pur izẽmplu]
beißen morder [murder] 225
bejahen afirmar [ɒfirmar]
bekannt conhecido [kuɲəsidu]
bekanntmachen anunciar [ɒnũsjar]
Bekanntmachung aviso [ɒvizu]
Bekleidung roupa [Ropɒ] 144
bekommen obter [ubter]
beladen carregar [kɒRəgar]
beleidigen ofender [ufẽnder]
Beleidigung ofensa [ufẽsɒ]
bemerken reparar [Rəpɒrar]
benehmen, sich portar se [purtar sə]
benötigen precisar [prəsizar] 175

benutzen usar [uzar] 228, utilizar [utilizar]
Benzin gasolina [gɒzulinɒ] 65, 215
beobachten observar [ubsərvar]
bequem confortável [kõfurtavɛl]
beraten aconselhar [ɒkõsiʎar]
Berge montanhas *f pl* [mõntɒɲɒʃ] 92, 192; **Bergsteigen** alpinismo [alpiniʒmu] 183
berühmt famoso [fɒmozu]
Berührung contacto [kõntatu]
Beruf profissão *f* [prufisɑ̃u]→45
beruhigen acalmar [ɒkɒlmar]
Beruhigungsmittel calmantes *m pl* [kalmɑ̃ntəʃ] 221
Bescheinigung atestado [ɒtiʃtadu] 232
beschließen decidir [dəsədir]
beschreiben descrever [dəʃkrəver] 220
beschweren, sich über queixar-se de [keiʃar sə də]
besetzt ocupado [ɔkupɒdu] 74
besichtigen visitar [visitar] 188
Besichtigung visita [visitɒ]
besiegen vencer [vẽser]
besitzen possuir [puswir]
Besitzer dono [dɔnu]
besonders (*adv*) especialmente [iʃpəsjalmẽntə], sobretudo [sobrətudu]
besorgen arranjar [ɒRɑ̃ʒar] 98
bestätigen confirmar [kõnfirmar] 78, 247
Besteck talheres *f pl* [tɒʎɛrəʃ] 103
bestehen auf insistir em [ĩsiʃtir ẽi]
bestellen (*zu sich rufen*) chamar [ʃɒmar]→133, encomendar [ẽnkumẽndar]
Bestellung encomenda [ẽnkumẽndɒ]
Besuch visita [visitɒ]
besuchen visitar [visitar]; (*Schule, Uni.*) frequentar [frəkwẽntar]
Besuchszeit hora da visita [ɔrɒ dɒ visitɒ]
Betriebsferien férias *f pl* [fɛrjɒʃ] 26
Bestätigung confirmação [kõnfirmɒsɑ̃u] 244
bestehen aus consistir em [kõsiʃtir ẽi]
Bestellung encomenda [ẽnkumẽndɒ] 244
bestrafen castigar [kɒʃtigar]
Betriebssystem sistema operativo *m* [siʃtemɒ uɔərɒtivu] 248
Betrug engano [ẽganu]; **betrügen** enganar [ẽngɒnar]
Bett cama [kɒmɒ] 102, 229; **Bettdecke** cobertor *m* [kubərtor]; **Bettlaken** lençois *m pl* [lẽsoiʃ] 103
Bevölkerung população *f* [pupulɒsɑ̃u]
bevor (*zeitl. Konj*) antes [ɑ̃ntəʃ]
bewachen guardar [gwɒrdar]
bewegen mexer [məʃer] 226
Bewegung movimento [muvimẽntu]
Beweis prova [prɔvɒ]
beweisen provar [pruvar]
bewundern admirar [ɒdmirar]
Bewußtsein consciência [kõʃsjẽsjɒ]
bezahlen pagar [pɒgar]→22
Bezahlung pagamento [pɒgɒmẽntu]
beziehen, sich auf referir-se a [Rəfərir sə ɒ]
Beziehung relação *f* [Rəlɒsɑ̃u]
beziehungsweise aliás [ɒljaʃ]
BH soutien *m* [sutjen] 160
Bier cerveja [sərveʒɒ] 112; **gezapftes Bier** imperial *f* [ĩmpərjal] 115
Bikini biquini *m* [bikini] 181
Bild (*Foto*) fotografia *f* [futugrɒfiɒ] 167; (*Vorstellung*) imagem *f* [imaʒẽi]
bilden formar [furmar]
Bildschirm ecran *m* [əkrɑ̃] 246
billig barato [bɒratu]

Binden pensos higiénicos *m pl* [pẽsuʃ ʒienikuʃ] 165
Birne pêra [perɒ] 157
bis (*zeitl. Konj.*) até [ɒtɛ] ; **bis bald** até breve [ɒtɛ brɛvə] 42, 43, 91
bis daß até que [ɒtɛ kə]
Bitte! por favor! [pur fɒvor] , se faz favor! [sə faʃ fɒvor] 23, 38, 39, 65, 71 **;wie~?** como? [komu] 38; **~sehr** de nada [də nadɒ] 38
bitten pedir [pədir] →48
bitter amargo [ɒmargu]
Bittermandellikör amêndoa amarga [ɒmẽndwɒ ɒmargɒ] 116
blaß pálido [palidu]
Blatt (*Papier u. Pflanze*) folha [fɔλɒ]
blau azul [ɒzul] 36
Blech lata [latɒ]
bleiben ficar [fikar] 52, 62, 91, 229; **zu Hause bleiben** ficar em casa [ficar ẽi kazɒ]
bleifrei sem chumbo [sẽi ʃũmbu] 66
Bleistift lápis *m* [lapiʃ] 170
Blick olhar *m* [uλar] ; **einen Blick werfen** dar uma vista de olhos [dar umɒ viʃtɒ də oλuʃ] ; **blicken** olhar [uλar]
blind cego [sɛgu]
Blinddarm apêndice *m* [ɒpẽndisə] 229
Blinker pisca-pisca *f* [piʃkɒ piʃkɒ] 218
Blitz relâmpago [Rəlãmpɒgu] 34
Blitzlicht flash *m* [flaʃ] 167
Block bloco [blɔku] 170
Blödsinn asneira [ɒʃneirɒ]
blond louro [loru] 209, loiro [loiru]
Blumen flores *f pl* [florəʃ] 144
Blumenkohl couve-flor *f* [kovə flor] 156
Bluse blusa [blusɒ] 160
Blut sangue *m* [sãngə] ; **Blutdruck** tensão *f* [tẽnsãu] 228; **bluten** sangrar [sãngrar] 233; **Blutuntersuchung** analise ao sangue *f* [ɒnalizə au sãngə] 228
Blutwurst morcela [mursɛlɒ] 154
Body Lotion loção corporal *f* [lusãu kurpural] 164
böse zangado [zãngadu]
Bohne feijão [feiʒãu] , **grüne ~** feijão verde [feiʒãu verdə] , **weiße ~** feijão branco [feiʒãu brãnku] , **dicke ~** favas [favɒʃ] 156
Bonbon rebuçado [Rəbusadu] 138
Boot barco [barku] 81, 181; **Bootsverleih** aluguer de barcos *m* [ɒluger də barkuʃ] 181
Bordkarte cartão de embarque *m* [kartãu də ẽmbarkə] 77
Botschaft embaixada [ẽmbaiʃadɒ] 25, 213; **Deutsche Botschaft** Embaixada da República da Alemanha [ẽibaiʃadɒ dɒ Rəpublikɒ də ɒləmãɲɒ] 213
Brand incêndio [ĩsẽndju]
Brasilianer/in brasileiro/a [brɒsiλeiru/ɒ]
brasilianisch brasileiro [brɒsiλeiru]
Bratspieß espetada [iʃpətadɒ] 124
brauchbar útil [util]
brauchen precisar de [prəsizar də] 96
braun castanho [kɒstɒɲu] 36, 209; **in braun** em castanho [ẽi kɒstɒɲu] 162
Brautpaar noivos *pl* [noivuʃ]
Brei papa [papɒ] 166
Bremse travão *m* [trɒvãu] 83, 218; *bras.* freio [freju] 83
breit largo [largu] ; **Breite** largura [lɒrgurɒ]
brennen arder [ɒrder]
Brett tábua [tabwɒ]
Brief carta [kartɒ] 204; **Briefkasten** marco de correio [marku də kuReju] 200, 204; **Briefmarken** selos *pl* [seluʃ] 144, 200, 204;
Brieftasche carteira [kɒrteirɒ]

164, 219; **Briefträger** carteiro [kɒrteiru]; **Briefumschlag** envelope *m* [ẽvəlɔpə] 170
Brillant brilhante *m* [briʎãntə] 175
Brille óculos *pl* [ɔkuluʃ] → 175ff; **Brillenetui** estojo [iʃoʒu] 176; **Brillengestell** armação *f* [ɒmɒsãu] 175; **Brillenglas** lente *f* [lẽntə] 175
bringen trazer [trɒzer] 97, 277ff; **Bringen Sie bitte!** Traga se faz favor! [tragɒ sə faʃ fɒvor] 134
Brosche alfinete de peito *f* [alfinetə də peitu] 174
Brötchen carcaça [kɒrkasɒ], pãozinho [pãuziɲu] 117, 153
Brot pão [pãu] 117, 145
Brücke ponte *f* [põntə] 192
Bruder irmão *m* [irmãu] 275
brünett (*dunkelhäutig*) moreno [murenu]
Brunnen fonte *f* [fõntə] 192
Brust peito [peitu] 225, 230, seio [seju] 230
Bücher livros *m pl* [livruʃ] 144, 170
Buchhaltung contabilidade *f* [kõntɒbilidadə] 238
Buchhandlung livraria [livrɒriɒ]
Buchstabe letra [letrɒ]
Bügeleisen ferro [fɛRu]; **bügeln** passar a ferro [pɒsar ɒ fɛRu] 210
Buntstift lápis de cor m [lapiʃ də kor] 170
Büro escritório [iʃkritɔrju] 46; **Büroklammer** clip *m* [klip] 246
Bürste escova [iʃkovɒ] 164
Bus autocarro [autukaRu] → 75, (*weite Strecken*) camioneta [kãmjunɛtɒ]; *bras.* ônibus *m* [ɔnibuʃ] 58, 84; **Busbahnhof** terminal de autocarros *m* [tərminɒl də autukaRuʃ] 76
Busen seios *m pl* [sejuʃ] 230
Bushaltestelle paragem de autocarros *f* [pɒraʒẽi də autukaRuʃ] 85
Büste busto [buʃtu] 191
Butter manteiga [mãnteigɒ] 117, 153
Bypass bypass *m* [beipɒs] 227

C

Café café *m* [kɒfɛ] 47, 110ff
campen acampar-se [ɒkãmpar sə] 105
Camping campismo [kãmpiʒmu] → 105; **Campingplatz** parque de campismo *m* [parkə də kãmpiʒmu] 89, 105
CD-Rom-Laufwerk drive de CD-Rom *m* [draiv də sɛ dɛ rom] 246
CD CD *m* [sɛdɛ] 145
Champignons cogumelos *pl* [kugumɛluʃ] 157
Chemische Reinigung limpeza a seco [lĩmpezɒ ɒ sɛku] 210
Chirurg cirurgião *m* [sirurgãu] 224; **Chirurgie** cirurgia [sirurʒiɒ] 231
Coca-Cola Coca-Cola *f* [kɔkɒ kɔlɒ] 115
Computer computador *m* [kõmputɒdor] → 246ff
Creme creme *m* [krɛmə] 165
Croissant croissant *m* [kruɒsã] 117

D

da (*lokal*) lá [la]
Dach telhado [tiʎadu]
dadurch assim [ɒsĩ]
dafür para isso [pɒrɒ isu]
daher por isso [ɔur isu]
dahin lá [la]
dahinten lá atrás [la ɒtraʃ]
dahinter atrás [ɒtraʃ]
damals naquele *tempo* [nɒkelə tẽmpu]

Damenfriseur cabeleireiro [kɒbəleireiru]
damit (finale *Konj.*) para que [pɒrɒ kə]
Dampfbad banho turco [bɒɲu turku] 234
danach depois [dəpoiʃ]
dankbar grato [gratu]
danken agradecer [ɒgrɒdəser] 48; **ich danke Ihnen** agradeço-lhe [ɒgrɒdesu ʎə] 47
dann a seguir [ɒ səgir]
Darm intestino [ĩntiʃtinu] 229
darinnen dentro [dẽntru]
darstellen representar [Rəprəzẽntar]
das da/hier isso/isto [isu/iʃtu]
daß que [kə] 54
dasselbe a mesma coisa [ɒ meʃmɒ koizɒ] 134
Datei ficheiro [fiʃeiru] 247; **Dateiname** nome do ficheiro [nomə du fiʃeiru] 248; **Datenaustausch** troca de dados [trɔkɒ də daduʃ] 248; **Datenbank** banco de dados [bɑ̃nku də daduʃ] 248
Datum data [datɒ]→30
dauern demorar [dəmurar] 61, 82, 216
Dauerwelle permanente *f* [pərmɒnẽntə] 208
Decke coberta [kubɛrtɒ]
Deckel tampa [tɑ̃mpɒ]
dein/e/s teu *m* [teu], teus *m pl* [teuʃ] tua *f* [tuɒ], tuas *f pl* [tuɒʃ] 286
den o [u] 272
denken an pensar em [pẽnsar ẽi] 54; **Denken** pensamento [pẽnsɒmẽntu]
Denkmal monumento [monumẽntu] 192
Deo desodorizante *m* [dəzodɔrizɑ̃ntə] 164
der (*Artikel Sg*) o [u], *(Plural)* os [uʃ] 272
deshalb por isso [pur isu]
Dessert doce *f* [dosə] 123
Deutsch (*Sprache*) alemão [ɒləmɑ̃u] 224
deutsch alemão *m* [ɒləmɑ̃u], alemã *f* [ɒləmɑ̃] 38 ; **Deutscher** alemão [ɒləmɑ̃u], **Deutsche** alemã *f* [ɒləmɑ̃]; **Deutschland** Alemanha [ɒləmɑ̃ɲɒ] 270ff
Dezember dezembro [dəzẽmbru] 28
Diabetes diabetes *f* [djɒbɛtəʃ] 227; **Diabetiker** diabético [djɒbɛtiku] 135
Diafilm rolo para slides [Rolu pɒrɒ slaidəʃ] 167
dich te [tə] 49, 285, (*betont*) a ti [ɒ ti] 285
dick gordo [gordu]
dickköpfig teimoso [teimozu]
die (*Artikel Nom/Akk*) a [ɒ] *(Plural)* as [ɒʃ] 272
Dieb ladrão *m* [lɒdrɑ̃u] 212, gatuno [gɒtunu]; **Diebin** ladra [ladrɒ]; **Diebstahl** roubo [Robu] 219; **Diebstahlversicherung** seguro contra furtos [səguru kõntrɒ furtuʃ] 68
Dienst serviço [sɛrvisu]
Dienstag terça-feira [tersɒ feirɒ] 28
Diesel gasóleo [gɒzɔlju] 64, 66
diese essa [ɛsɒ], esta [ɛʃtɒ]; **dieser** esse [esə], este [eʃtə]; **dieses** esse [esə], este [eʃtə]
Ding coisa [koizɒ]
dir te [tə] 285, (*betont*) a ti [ɒ ti] 285
Direktor/in director/a [dirɛtor/ɒ] 239
dirigieren dirigir [diriʒir] 195
Diskette disquete *f* [diʃkɛtə] 246
Diskettenlaufwerk drive de disquetes *m* [draiv də diʃkɛtəʃ] 247
Diskothek discoteca [diʃkutɛkɒ] 197

Distribution distribuição *f* [diʃtribwisãu] 238
D-Mark marcos alemães *pl* [markuʃ ɒləmaiʃ] 201
Dokument documento [dukumẽntu] 248
Dolmetscher intérprete *m* [ĩntɛrprətə] 38
Donner trovão *m* [truvãu] 34
Donnerstag quinta-feira [kĩntɒ feirɒ]
Doppelbett cama de casal [kɒmɒ də kɒzal] 93; **Doppelte** dobro [dobru]; **Doppelzimmer** quarto duplo [kwartu duplu] 89, 93
Dorf aldeia [ɒldeiɒ]
dorthin lá [la]
Dose caixa [kaiʃɒ]
Dosenöffner abre-latas *m* [ɒbrɒ latɒʃ] 103
Dosierung doseamento [dozjɒmẽntu] 223
Drachenfliegen asa-delta [azɒ dɛltɒ] 183
drei três [treʃ] 18
dreißig trinta [trĩntɒ]
dreizehn treze [trezə]
dringend urgente [urʒẽntə]
drinnen dentro [dẽntru]
dritte terceiro/a [tərseiru/ɒ]
drohen ameaçar [ɒmjɒsar]
Drucker impressora [ĩmprəsɔrɒ] 247
drücken (*Taste*) primar [primar] 247
du tu [tu] 38, 270ff
dumm estúpido [iʃtupidu]; **Dummheit** disparate [diʃpɒratə]; **Dummkopf** burro [buRu]
dunkel escuro [iʃkuru]
dünn magro [magru]
durch (*instrumental*) por [pur]
Durchfahrt verboten passagem proibido [pɒsagẽi pruibidu] 69
Durchfall diarreia [djɒRejɒ] 222
Durchgang passagem *f* [pɒsaʒẽi]
Durchschnitt média [mɛdjɒ]; **im Durchschnitt** em média [ẽi mɛdjɒ]
dürfen poder [puder] 41, 275f.; **Darf ich?** Posso? [posu] 48
Durst sede *f* [sedə] 232, **Durst haben** ter sede [ter sedə]
Dusche ducha [duʃə] 93, 102, 180; *bras.* chuveiro [ʃuvəiru] 93, 102
Dutzend dúzia [duzjɒ]

E

eben (*zeitlich*) há pouco tempo [a poku tẽmpu]
ebenfalls também [tãmbẽi]
ebenso (*+Adj/Adv*) **wie** tão como [tãu kõmu]
echt verdadeiro [vərdɒdeiru] 173, auténtico [autɛntiku]
Eckball canto [kãntu] 188
Ecke esquina [iʃkinɒ] 59; **an der Ecke** na esquina [nɒ iʃkinɒ] 59
egal indiferente [ĩndifərẽntə]
ehe antes que [ãntəʃ kə]
Ehefrau esposa [iʃpozɒ]; **Ehemann** marido [mɒridu] 41; **Ehepaar** casal [kɒzal]
ehrlich (*aufrichtig*) honesto [unɛʃtu], sincero [sĩsɛru], (*offen*) franco [frãnku] , (*Adv*) francamente [frãnkɒmẽntə]
Ei ovo [ovu] 117; **gekochtes Ei** ovo cozido [ovu kuzidu] 117
eigen/e próprio [prɔprju/ɒ]
Eigentum propriedade *f* [pruprjedadə]; **Eigentümer** proprietário [pruprjetarju]
Eilbrief carta expressa [kartɒ eiʃprɛsɒ] 204, 205; **Eile** pressa [prɛsɒ]; **es eilig haben** ter pressa [ter prɛsɒ]

ein/e um *m* [ũ] / uma *f* [ũmɒ] 272; **ein bißchen** um bocadinho [ũ bukɒdiɲu] 52
einige *m* uns [ũʃ], *f* umas [ũmɒʃ] →272
einatmen inspirar [ĩʃpirar] 226
Einbahnstraße sentido único [sẽntidu uniku] 69
einbrechen assaltar [ɒsɒltar] 220
eindrucksvoll impressionante [ĩmprəsjunɑ̃ntə] 48
einfach simples [simpliʃ] 72, facil [fɒsil] 290
einfältig parvo [parvu]
einfarbig de uma só cor [də umɒ sɔ kor] 161
Eingang entrada [ẽntrɒdɒ] 102
einige vários/as [varjuʃ/ɒʃ]
Einkauf compras *f pl* [kõmprɒʃ] 238; **einkaufen** fazer compras [fɒzer kõmprɒʃ] 108; →143ff; **Einkaufszentrum** centro comercial [sẽntru kõmərsjal] 25, 144
einmal uma vez [umɒ veʃ] 30
einladen zu convidar para [kõnvidar pɒrɒ]; **Einladung** convite *m* [kõvitə] →50
einlösen (*Scheck*) trocar [trukar] 201
einpacken embrulhar [ẽmbruʎar] 148
Einreise entrada [ẽntradɒ] 62
Einrichtung instalação [ĩʃtɒlɒsɑ̃u]
eins um [ũ] 18
einsam sozinho [suziɲu]
einschalten ligar [ligar]
einschlafen adormecer [ɒdurməser]
Einschreiben carta registada [kartɒ Rəʒiʃtadɒ] 204
einsteigen subir [subir] 60
eintreten entrar [ẽntrar]; **Eintritt** entrada [ẽntradɒ] 189; **Eintrittskarte** bilhete *m* [biʎetə] 186, 193
einverstanden de acordo [də ɒkordu] 51
einwickeln embrulhar [ẽmbruʎar]
Einwohner habitante [ɒbitɑ̃ntə]
Einzelbett cama individual [kɒmɒ individwal] 93
Einzelheiten detalhes *m pl* [dətɒʎəʃ] 240
Einzelzimmer quarto simples [kwartu simpliʃ] 93
einzig único/a [uniku/ɒ]
Eis gelo [ʒelu] 114, 139; (*Speiseeis*) gelado [ʒəladu] 139; *bras.* picolé *m* [pikolɛ] 139; **~ im Becher** gelado num copo [ʒəladu nũ kɔpu] 139; **~ in der Waffel** gelado num cone [ʒəladu nũ kɔnə] 139
Eisen ferro [fɛRu]
Eiskugel bola de gelado [bolɒ də ʒəladu] 139
eitel vaidoso [vaidozu]
elektrisch eléctrico [ilɛtriku]; **Elektrizität** electricidade *f* [ilɛtrisidadə]; **Elektroartikel** artigos eléctricos *pl* [ɒrtiguʃ ilɛtrikuʃ] 144
Elend miséria [mizɛrjɒ]
elf onze [õzə]
Elfmeter penalti *m* [pənalti] 187
Eltern pais *m pl* [paiʃ] 271
E-mail e-mail *m* [i mel] 247
empfangen receber [Rəsəber]; **Empfänger** destinatário [diʃtinɒtarju] 205
empfehlen aconselhar [ɒkõsẽʎar] 89, 171, 194, indicar [ĩndikar] 224
empfindlich delicado [dəlikadu]
Ende fim *m* [fĩ]
endgültig de vez [də veʃ]
endlich finalmente [finalmẽntə], enfim [ẽfĩ]
Energie energia [inərʒiɒ]
eng apertado [ɒpərtadu] 159, estreito [iʃtreitu]
Enkel/in neto/a [nɛtu/ɒ]
Ente pato [patu] 155

entfernen *(Fleck)* tirar [tirar] 210
entfernen, sich afastar se [ɒfɒʃtar sə]; **Entfernung** distância [diʃtɑ̃sjɒ]
entkommen escapar [iʃkɒpar]
Entscheidung decisão *f* [dəsizɑ̃u] 244
Entschuldigung desculpa [diʃkulpɒ] → 49
entsetzlich horrivel [uRivɛl]
entsprechen corresponder [kuRəʃpunder]
entweder ... oder ou ... ou [o ... o]
entwickeln desenvolver [dəzẽnvulver]
Epoche época [ɛpukɒ] 173, 191
er ele [elə] 270ff
erbauen construir [kõnʃtruir]
Erbsen ervilhas *pl* [irviλɒʃ] 1557
Erdbeere morango [murɑ̃ngu] 118, 158
Erde (*Welt*) mundo [mũndu], (*Planet*) terra [tɛRɒ]
Erdgeschoß rés-do-chão [Rɛʃ du ʃɑ̃u]
erdulden suportar [supurtar]
erfinden inventar [ĩvẽntar]
Ergebnis resultado [Rəsultadu] 188
Ereignis acontecimento [ɒkõntəsimẽntu]
Erfahrung experiência [iʃpərjẽsjɒ]
Erfolg êxito [ezitu], sucesso [susɛsu]
erfüllen cumprir [kũmprir]
erhalten obter [ubter]
erinnern, sich an lembrar se de [lẽmbrar sə də]; **Erinnerung** lembrança [lẽmbrɑ̃sɒ]
erkälten, sich constipar se [kõnʃtipar sə]; **Erkältung** constipação *f* [kõnʃtipɒsɑ̃u] 225
Erklärung explicação *f* [iʃplikɒsɑ̃u]
erlauben permitir [pərmitir]; **Erlaubnis** licença [lisẽsɒ]; **erlaubt** permitido [pərmitidu] 100

Ermäßigung desconto [diʒkõntu] 90, 189
ermüdend cansativo [kɑ̃sɒtivu] 41
ernähren, sich alimentar se [ɒlimẽntar sə]
ernst sério [sɛrju]
Ernte colheita [kuλeitɒ]; **ernten** colher [kuλer]
erproben experimentar [iʃpərimẽntar]
erraten adivinhar [ɒdəviɲar]
erreichen atingir [ɒtĩʒir]
erscheinen aparecer [ɒpɒrəser]
erschrecken, sich assustar se [ɒsuʃtar sə]
ersetzen durch substituir por [subʃtitwir pur]
erste/r/s primeiro/a [primeiru/ɒ]
ertragen aguentar [ɒgwẽntar]
erwachsen adulto [ɒdultu]; **Erwachsener** adulto [ɒdultu] 223
erwarten estar a espera [iʃtar ɒ iʃpɛrɒ] 220
erzählen contar [kõntar]; **Erzählung** conto [kõntu]
erziehen educar [idukar]; **Erziehung** educação *f* [idukɒsɑ̃u]
Escudo = Esc. (*Währung Portugals*) escudo [iʃkudu] 21, 151
Eßbesteck talher *m* [taλer]
Essen comida [kumidɒ] → 110ff
essen comer [kumer] → 110ff; **zu Abend** ~ jantar [ʒɒntar] 112; **zu Mittag** ~ almoçar [ɒlmusar] 112
Essig vinagre *m* [vinagrə] 125
etwa cerca [serkɒ] 61, 151
etwas alguma coisa [algumɒ koizɒ] 63; (*ein bißchen*) um pouco [ũ poku] 135, 252
euch vos [vuʃ]
euer/e o vosso [u vosu] / a vossa [ɒ vosɒ]
Euroscheck eurocheque *m* [euruʃɛkə] 202

ewig eterno [itɛrnu]
exportieren exportar [iʃpurtar] 237

F

Fabrik fábrica [fabrikɒ] 46
Faden linha [liɲɒ]
fähig sein ser capaz [ser kɒpaʃ]
Fähre ferry-boat *m* [fəri bot]→80
färben (*Haare*) pintar [pĩntar] 208
Fahne bandeira [bɑ̃ndeirɒ]
fahren ir [ir], andar [ɑ̃ndar], (*transitiv*) conduzir [kõnduzir]
Fahrer condutor *m* [kõndutor] 70
Fahrkarte bilhete *m* [biʎetə]→85; **Fahrkartenschalter** guichê *m* [giʃe] 71, 72
Fahrrad bicicleta [bəsiklɛtɒ]→82ff; **Fahrradrennen** corrida de bicicleta [kuRidɒ də bəsiklɛtɒ] 186
Fahrstuhl elevador *m* [iləvɒdor]
Fahrt viagem *f* [vjaəẽi] 61, 82
Fahrzeug veículo [veikulu] 64; **Fahrzeugpapiere** documentos do veículo *pl* [dukumẽntuʃ du vəikulu] 70
Fall (*Ereignis*) caso [kazu]
fallen cair [kɒir] 226
falls se [sə]
falsch enganado [ẽngɒnadu] 59, mal [mal]
falten dobrar [dubrar]
Familie familia [fɒmiljɒ]; **Familienstand** estado civil [iʃtadu sivil] 45
Farbe cor *f* [kor]→36
Farbfilm rolo a cores [Rolu ɒ korəʃ] 167
fast quase [kwazə]
faul preguiçoso [prəgisozu]
Faulheit preguiça [prəgisɒ]
Fax fax *m* [faks] 245; **faxen** mandar por fax [mɒndar pur faks] 95; **Faxgerät** aparelho de fax [ɒpɒreʎu də faks] 245
Februar fevereiro [fəvəreiru] 28
fehlen faltar [fɒltar] 136
Fehler erro [eRu] 137, 248, defeito [dəfeitu]
feiern festejar [fiʃtəjar]; **Feiertag** feriado [fərjadu]→30f.
Feige figo [figu] 158; **Feigenbaum** figeira [figeirɒ] 274
fein fino [finu]
Feind inimigo [inəmigu]
Feinstrumpfhose collant *m* [kɔlɑ̃] 160
Fenster janela [jɒnɛlɒ] 74, 102, 285
Ferien férias *pl* [fɛrjɒʃ] 63, 282; **Ferienwohnung** casa de férias [kasɒ də fɛrjɒʃ] 100
fern von longe de [lõʒə də]
Ferngespräch chamada interurbana [ʃɒmadɒ ĩntərurbɒnɒ] 99, 206; **Fernglas** binóculos *pl* [binɔkuluʃ] 176
Fernsehen/Fernseher televisão *f* [tələvizɑ̃u] 100; **fernsehen** ver televisão [ver tələvizɑ̃u]
fertig pronto [prõntu] 167, 210
Fest festa [fɛʃtɒ]
fest firme [firmə]
festhalten segurar [səgurar]
Festplatte disco rigido [diʃku Riʒidu] 247
feucht húmido [umidu]
Feuer fogo [fogu], lume *m* [lumə] 271; **Haben Sie Feuer?** Tem lume? [tẽi lumə] 271; **Feuerwehr** bombeiros *pl* [bõmbeiruʃ] 212; **Feuerzeug** isqueiro [iʃkeiru] 168
Fieber febre *f* [fɛbrə] 225, 227
Filet lombo [lõmbu] 154
Film rolo [Rolu] 167; (*Kino*) filme [fimə] 193; **Film entwickeln** revelar o rolo [Rəvəlar u Rolu] 167;

Film einlegen colocar o rolo [kulukar u Rolu] 167
finden encontrar [ẽnkõntrar] 101, 144
Finger dedo [dɛdu] 230
Fingernagel unha [ũɲɒ]
Firma empresa [ẽmprezɒ] → 242
Fisch peixe *m* [peiʃə] → 155; **fischen** pescar [piʃkar] 183; **Fischer** pescador *m* [piʃkɒdor]; **Fischrogen** ovas *pl* [ɔvɒʃ] 126
Fitneßcenter ginásio [ʒinasju] 184
flach plano [planu]
Fläschchen (*Baby*) biberão *m* [bibərãu] 166
Flasche garrafa [gɒRafɒ] 140; Flaschenöffner abre-cápsulas *m* [ɒbrə kapsulɒʃ] 103
Flecken nódoa [nɔdwɒ] 210; **Fleckenentferner** tirar nódoas *m* [tirar nɔdwɒʃ] 210
flegelhaft malcriado [malkrjadu]
Fleisch carne *f* [karnə] → 154
Fliege (*Kleidung*) laço [lasu] 160; (*Tier*) mosca [moʃkɒ]
fliegen ir de avião [ir də ɒvjãu] 58; (*Vögel*) voar [vuar]
fliehen fugir [fuʒir]
Flug voo [vo] 41, 61, 77; **Fluggesellschaft** transportadora aérea [trɒnʃpurtɒdɔrɒ ɒɛrjɒ] 77; **Flughafen** aeroporto [ɒɛruportu] → 77; **Flugnummer** número de voo [numəru də vo] 77; **Flugsteig** saída [sɒidɒ] 80; **Flugticket** bilhete de avião *m* [biʎetə də ɒvjãu] 77; **Flugzeug** avião *m* [ɒvjãu] → 76
Flur corredor *m* [kurədor] 102
Fluß rio [Riu] 192
flüssig líquido [likidu]; **Flüssigkeit** líquido [likidu]
fönen secar [səkar] 208
folgen seguir [səgir] 60
folglich portanto [purtãntu]
Folie acetato [ɒsətatu] 245
fordern reclamar [Rəklɒmar]
Forelle truta [trutɒ] 155
Form forma [fɔrmɒ], feitio [feitiu] 149
formen formar [furmar]
Formular formulário [furmularju] 96
fort (*weg*) embora [ẽmborɒ]
fortfahren (*etwas weiter tun*) continuar [kõntinwar]
Fortschritt progresso [prugrɛsu]
Foto fotografia [fɔtugrafiɒ] → 167; **fotografieren** tirar uma fotografia [tirar umɒ fɔtugrɒfiɒ] 49, 189; **Fotokopierer** fotocopiadora [fɔtukujɒdorɒ] 246
Fracht carga [kargɒ]
Frage pergunta [pərgũntɒ]; **fragen** perguntar [pərgũntar] 270
Franken francos *pl* [frãnkuʃ] 201
Frau senhora [siɲorɒ] 41, 148, 174, 237, (*Besitzerin*) dona [dɔnɒ]
Frauenarzt/-ärztin ginecologista [ʒinəkuluʒiʃtɔ] 224
frei livre [livrə] 74
Freibad piscina [piʃsinɒ] 180
Freiheit liberdade *f* [libərdadə]
Freistoß livre *m* [livrə] 187
Freitag sexta-feira [seiʃtɒ feirɒ] 28
fremd (*ausländisch*) estrangeiro [iʃtrãʒeiru]; **fremdartig** estranho [iʃtrãɲu]
Freude alegria [ɒləgriɒ]
freuen, sich ter prazer [ter prɒzer] 42
Freund/in amigo/a [ɒmigu/ɒ] 41, 275; **fester Freund** namorado [nɒmuradu] 42; **feste Freundin** namorada [nɒmuradɒ] 42
freundlich amigável [ɒmigavɛl] 47, amável [ɒmavɛl]
Freundschaft amizade [ɒmizadə]
Frieden paz *f* [paʃ]; **friedfertig** pacífico [pɒsifiku]
Friedhof cemitério [səmitɛrju] 192

frisch fresco [freʃku] 33; **Frischkäse** queijo fresco [keiʒu freʃku] 125
Friseur cabeleireiro [kɒbəleireiru] →208ff
Frist prazo [prazu]
fritiert frito [fritu] 124
froh feliz [fəliʃ]
fröhlich alegre [ɒlegrə]
Frost geada [ʒjadɒ] 35
Fruchtjoghurt jogurte com frutas *m* [jugurtə kõ frutɒʃ] 118; **Fruchtsaft** sumo natural [sumu natural] 114; **Fruchtsalat** salada de frutas [sɒladɒ də frutɒʃ] 132
früh cedo [sedu] 30; **zu früh** demasiado cedo [dəmɒzjadu sedu] 25
Frühling primavera [primɒvɛrɒ]
Frühstück pequeno almoço [pəkenu almosu] 90, 97, 110; *bras.* café da manhã *m* [kɒfɛ da mɒɲã] 90
fühlen (*bedauern*) sentir [sẽntir]
fühlen, sich sentir se [sẽntir sə] 225
Führerschein carta de condução [kartɒ də kõndusãu] 64, 68; *bras.* carteira de motorista *f* [karteirɒ də muturiʃtɒ] 70
füllen mit encher de [ẽnʃer də]
Füller caneta [kɒnetɒ] 170
Fundbüro perdidos e achados *m pl* [pərdiduʃ i ɒʃaduʃ] 218
fünf cinco [sĩnku] 18; **fünfte** quinto/a [kĩntu/ɒ]; **fünfzehn** quinze [kĩzə]; **fünfzig** cinquenta [sĩɲkwẽntɒ]
funktionieren funcionar [fũsjunar] 93
für para [pɒrɒ] 118, por [pur] 67, 89, 178
furchtbar terrivel [təRivɛl]
Fuß pé *m* [pɛ] 58, 225, 230; **zu Fuß gehen** ir a pé [ir ɒ pɛ] 58
Fußball futebol *m* [futəbɔl] 183, 187; **Fußballplatz** campo de futebol [kãmpu də futəbɔl] 184; **Fußballspiel** jogo de futebol [ʒogu də futəbɔl] 186
Fußboden chão [ʃãu]
Fußnagel unha [ũɲɒ]

G

Gabel garfo [garfu] 103, 136
Galerie galeria [gɒləriɒ] 191
Gang (*Auto*) velocidade *f* [vəlusidadə]; **Gangschaltung** mudanças *f pl* [mudãsɒʃ] 83
Gans ganso [gãsu] 155
ganz in der Nähe aqui perto [ɒki pɛrtu] 43
Garage garagem *f* [gɒraʒẽi] 92
Garderobe bengaleiro [bẽgɒleiru] 193
Garnele gamba [gãmbɒ] 129, 156
Garten jardim *m* [ʒɒrdĩ] 192
Gas gás *m* [gaʃ] 104; **Gaskocher** fogão a gás *m* [fugãu ɒ gaʃ] 106
Gast hóspede *m* [ɔʃpədə]
Gattung espécie *f* [iʃpɛsjə]
Gebäude edifício [idifisju]
geben dar [dar] 49, 147, 277ff; **eine Auskunft geben** dar uma informação [dar uma ĩfurmɒsãu] 49; **geben** (*existieren*) haver [hɒver] 71, 76, 78, 105; **es gibt** há [ha] 178, 180
gebildet culto [kultu]
Gebirge montanha [mõtɒɲɒ]
geboren werden nascer [nɒʃer]
gebraten assado [ɒsadu] 124
Gebrauch uso [uzu]; **gebrauchen** usar [uzar]; **Gebrauchsanweisung** manual *m* [mɒnwal] 101
gebrochen partido [pɒrtidu] 228
Geburt nascimento [nɒʃimẽntu]; **Geburtsdatum** data de nascimento [datɒ də nɒʃsimẽntu] 44; **Geburtsort** lugar de nascimento *m* [lugar

dә nɒʃsimẽntu] 44; **Geburtstag** aniversário [ɒniversarju] 50, dia dos anos [diɒ duʃ anuʃ]
Geduld paciência [pɒsjẽsjɒ] 23
Gefängnis prisão [prizãu]
Gefahr perigo [pәrigu] 69; **gefährlich** perigoso [pәrigozu] 105, 178
Gefallen favor *m* [fɒvor] 49; **um einen Gefallen bitten** pedir um favor [pәdir ũ fɒvor] 244; **einen Gefallen tun** fazer um favor [fɒzer ũ fɒvor]
gefallen gostar [guʃtar] 47, 105
Geflügel aves *f pl* [avәʃ] 145, 155
gefroren gelado [ʒәladu]
Gefühl sensação *f* [sẽsɒsãu]
gefüllt recheado [Rәʃjadu] 124
gefüttert forrado [furadu] 161
gegen contra [kõntrɒ] 222
Gegenanzeigen (*Medikamente*) contra-indicações *f pl* [kõntrɒ ĩdikɒsoiʃ] 222
Gegend região *f* [Rәʒjãu] 173
Gegenstand objecto [ubjɛtu]
Gegenteil contrário [kõntrarju]; **im Gegenteil** ao contrário [au kõntrarju]
gegenüber em frente [ẽi frẽntә] 60
gegenwärtig actual [ɒtwal]
gegrillt grelhado [griʎadu] 124
Gehacktes carne picada *f* [karnә pikadɒ] 154
Gehalt ordenado [urdәnadu]
Geheimnis segredo [sәgredu]
geheimnisvoll misterioso [miʃtәrjozu]
gehen ir [ir] 42, 179, andar [ãndar] 275ff
Gehör ouvido [ovidu]
gehören zu pertencer a [pәrtẽnser ɒ]
gehorchen obedecer [ubәdәser]
Geist espírito [iʃpiritu]
gekocht cozido [kuziduʃ] 118; **gekochter Schinken** fiambre *m* [fjambrә] 117, 118, 154
gelb amarelo [ɒmɒrɛlu] 36
Gelbe Seiten páginas amarelas *f pl* [paʒinɒʃ ɒmɒrɛlɒʃ] 206
Geld dinheiro *m* [diɲeiru]→ 200ff (*Abb. Im Anhang*); ~ **abheben** levantar [lәvãntar]; ~ **ausgeben** gastar [gɒstar]; ~ **einbezahlen** depositar [dәpuzitar]; ~ **überweisen** transferir [trãʃferir]; ~ **wechseln** cambiar [kãmbjar]; **Geldautomat** caixa multibanco [kaiʃɒ multibãnku] →202
Gelegenheit ocasião [ukɒzjãu]
Gelenk articulação *f* [ɒrtikulɒsãu] 230
gelingen (*etwas zu tun*) conseguir de [kõsәgir dә]
gelten valer [vɒler]
Gemälde pintura [pĩnturɒ] 191, quadro [kwadru]
gemahlen (*Kaffee*) moído [mwidu]
gemeinsam comum [kumũ]
Gemüse legumes *f pl* [lәgumәʃ] →156; **Gemüsesuppe** sopa de legumes [sopɒ dә lәgumәʃ] 126
gemustert com padrão [kõ pɒdrãu] 161
genau (*adv*) exactamente [izatɒmẽntә]
Genehmigung licença [lisẽsɒ]
genießen gozar [guzar]
Genossenschaft cooperativa [kwopәrɒtivɒ] 239
genug chega [ʃegɒ] 152; **das ist genug!** chega! [ʃegɒ] 152; **genügend** bastante [bɒʃtãntә]
geöffnet aberto [ɒbɛrtu] 26, 66
Gepäck bagagem *f* [bɒgaʒẽi] 75; **Gepäckabfertigung** despacho de bagagem [diʃpaʃu dә bɒgaʒẽi] 75; **Gepäckannahme** recepção de bagagem *f* [Rәsәsãu

də bɒgaʒẽi] 75; **Gepäckaufbewahrung** depósito de bagagem [dəpɔzitu də bɒgaʒẽi] 72, 75; **Gepäckausgabe** entrega de bagagem [ẽntrɛgɒ də bɒgaʒẽi] 75; **Gepäckwagen** carrinho de babagem [kɒRiɲu də bɒgaʒẽi] 75
gerade (*adv.zeitlich*) há pouco tempo [a poku tẽmpu]
geradeaus em frente [ẽi frẽntə] 60
geräuchert fumado [fumadu] 124
Geräusch barulho [bɒruʎu] 216
gerecht justo [ʒuʃtu]; **Gerechtigkeit** justiça [ʒuʃtisɒ]
Gericht (*Essen*) comida [kumidɒ] 52, (*Justiz*) tribunal [tribunal]
gerne com muito gosto [kõ mũintu goʃtu] 52; **gern haben** gostar [guʃtar]
Geruch cheiro [ʃeiru]
Gesäß nádegas *pl* [nadəgɒʃ] 230
Geschäft loja [lɔʒɒ] 25, 144; **Geschäftsführer** director *m* [dirɛtor] 92; **Geschäftsführung** direcção *f* [dirɛsãu] 238; **Geschäftsreise** viagem de negócios *f* [viaʒẽi də nəgɔsjuʃ] 63
geschehen acontecer [ɒkõntəser]
Geschenk presente *m* [prəzẽntə] 148, 173
Geschichte história [iʃtɔrjɒ] 46
geschieden divorciado [divursjadu] 45
Geschicklichkeit jeito *m* [ʒeitu]
geschickt jeitoso [ʒeitozu]
Geschirr louça [losɒ] 103, loiça [loisɒ]
Geschlecht sexo [sɛksu] 44
geschlossen fechado [fiʃadu] 26
geschmort estufado [iʃtufadu] 124
Geschwindigkeit velocidade *f* [vəlusidadə]
geschwollen inchado [ĩəadu] 225
Gesellschaft sociedade *f* [susjedadə] 239
Gesetz lei *f* [lei]
Gesicht cara [karɒ]
gespannt ansioso [ɑ̃sjozu]
Gespräch conversa [kõnvɛrsɒ]
gestalten formar [furmar]
gestatten permitir [pərmitir]; **Gestatten Sie?** Dá licença? [da lisẽnsɒ] 48
gestern ontem [õntẽi] 29
gestreift às riscas [aʃ riʃkɒʃ] 161
Gesundheit saúde [sɒudə]; **gesund sein** estar de boa saúde [iʃtar də boɒ sɒudə]
getrennt separado [səpɒradu] 45
Getränke bebidas *pl* [bəbidɒʃ] → 112ff
gewährleisten garantir [gɒrɑ̃ntir]
gewalttätig violento [vjulẽntu]; **Gewalttätigkeit** violência [vjulẽsjɒ]
Gewicht peso [pezu]
gewinnen ganhar [gɒɲar]
Gewissen consciência [kõʃsjẽsjɒ]
Gewißheit certeza [sərtezɒ]
Gewitter trovoada *f* [truvwadɒ] 33; **es gewittert** está a trovejar [iʃta ɒ truviʒar] 33
gewöhnen, sich an acostumar-se a [ɒkuʃtumar sə ɒ]
gewöhnlich vulgar [vulgar]
Gipsverband ligadura de gesso [ligɒdurɒ də ʒesu] 228
Girokonto conta corrente [kõntɒ kuRẽntə] 203
glänzen brilhar [briʎar]; **glänzend** brilhante [briʎɑ̃ntə]
Glas (*Trink~*) copo [kɔpu] 103, 112, 136; (*Scheibe*) vidro [vidru] 145; (*Brillen~*) lente *f* [lẽntə]
glatt liso [lizu] 209
glauben an acreditar em [ɒkrəditar ẽi], crer [krer] 54
gleichfalls igualmente [igwalmẽntə] 52
gleichgültig indiferente [ĩndifərẽntə]

gleichzeitig ao mesmo tempo [au mɛʃmu tẽmpu]
Gleis linha [liɲɒ] 72
Glocke sino [sĩnu]
Glück felicidade [fəlisidadə], (~*im Spiel*) sorte *f* [sɔrtə]
glücklich feliz [fəliʃ]
Glücksspiel jogo de azar [ʒogu də ɒzar] 198
Glückwünsche parabéns *m pl* [pɒrɒbẽiʃ] 49; **Herzliche Glückwünsche!** Parabens! [pɒrɒbẽiʃ]
Glühbirne lâmpada [lãmpɒdɒ] 104
Gnade graça [grasɒ]
Gold ouro [oru]
Golf golfe *m* [golfə] 182, 183; **Golfplatz** campo de golfe [kãmpu də golfə] 182, 184; **Golfschläger** tacos de golfe *pl* [takuʃ də golfə] 182, 185
Gott Deus *m* [deuʃ] 55; **Mein Gott!** Meu Deus! [meu deuʃ] 55
Gräten espinhas *pl* [iʃpiɲɒʃ] 155
Gramm grama *m* [grɒmɒ] 21
Grapefruit toranja [turanʒɒ] 158
grau cinzento [sĩzẽntu] 36
Grenze fronteira [frõnteirɒ]→62
Grill grelhador *m* [grɛʎɒdor] 106
groß grande [grãndə]
Größe (*Kleidung*) tamanho [tɒmãɲu] 150
Großmutter avó [ɒvɔ]; **Großvater** avô [ɒvo]
großzügig generoso [ʒənərozu]
grün verde [verdə] 36; **grüne Versicherungskarte** carta azul [kartɒ ɒzul] 64; **grüner Wein** vinho verde *m* [viɲu verdə] 115, 140
grüßen dar cumprimentos [dar kũmprimẽntuʃ] 42, cumprimentar [kũmprimẽntar]→40ff
Grund motivo [mɔtivu]
Grundstück terreno [təRenu]
Gruppe grupo [grupu] 189; **Gruppenfahrkarte** bilhete de grupo *m* [biʎetə də grupu] 72
gültig bis válido até [validu ɒtɛ] 45
Gürtel cinto [sĩntu] 164
Gurke pepino [pəpinu] 157
gut bom [bõ] 40; **Guten Abend!** Boa noite! [boa nɔitə] 40; **Guten Appetit!** Bom apetite! [bõ ɒpətitə] 52; **Gute Besserung!** As melhoras! [ɐʃ miʎorɒʃ] 50; **gut durch** (*Fleisch*) bem passado [bẽi pɒsadu] 124; **Guten Morgen!** Bom dia! [bõ diɒ] 40; **Guten Tag!** Boa tarde! [boɒ tardə] 40; **Gute Reise!** Boa viagem! [boɒ vjaʒẽi] 43
gut (*Adverb*) bem [bẽi]
Gymnasium liceu *m* [lisɛu]
Gymnastik ginástica [ʒinaʃtikɒ] 183
Gynäkologie ginecologia *f* [ʒinəkuluʒiɒ] 231

H

Haar cabelo [kɒbelu] 164; **fettiges/trockenes Haar** cabelo oleoso/seco [kɒbelu uljozɹ / seku] 164, 209; **Haarschnitt** corte *m* [kɔrtə] 209; **Haarspray** laca [lakɒ] 209
Hab und Gut bens *pl* [bẽiʃ]
haben ter [ter] 42, 136, 276; **ich hätte gerne** queria [kəriɒ] 152
Hackfleisch carne picada *f* [karnə pikadɒ] 151
Hähnchen frango [frãngu] 155; ~**brust** peito de~ [peitu də]; ~**schenkel** perna de~ [pɛrnɒ də] 155
Hälfte meio [meju] 20, metade *f* [mətadə] 151
häßlich feio [feiu]
Hafen porto [portu] 31

Hagel granizo [grãnizu] 35
Hahn galo [galu]
halb meio/a [meju/ɒ]
Hallenbad piscina coberta [piʃsinɒ kubɛrtɒ] 180
Hallo! Olá! [ɔla] 40
Hals pescoço [piʃkosu] 230
Hals-Nasen-Ohrenarzt/-ärztin ortorrinolaringologista [ɔrtoRinulɒringuluʒiʃtɒ] 224
halten parar [pɒrar] 71; **Haltestelle** paragem *f* [pɒraʒẽi] 84
Hammer martelo [mɒrtɛlu] 106
Hand mão *f* [mãu] 230, 283; **~ball** andebol *m* [ãndəbɔl] 183; **~buch** manual *m* [mɒnwal] 247
Handel comércio [kumɛrsju]
handgemacht feito à mão [feitu ɒ mãu] 172
Handgepäck bagagem de mão *f* [bɒgaʒẽi də mãu] 79; **Handschuhe** luvas *pl* [luvɒʃ] 159, 164; **Handtasche** mala de mão [malɒ də mãu] 164, 218; **Handtuch** toalha [twaʎɒ] 103; **Handwerker/in** artesão/a [ɒrtəzãu/ã] 45
Harpune arpão *m* [ɒrpãu] 184
hart duro [duru]
Hauptgerichte pratos principais *pl* [prɒtuʃ prinsəpaiʃ] 123
hauptsächlich principalmente [prĩsipalmẽntə]
Hauptstadt capital *f* [kɒpital]
Haus casa [kazɒ]; **zu Hause** em casa [ẽi kazɒ] 284; **nach Hause** para casa [pɒrɒ kasa] 285; **Hausbesitzer** proprietário [pruprjetarju] 101; **Hausfrau** dona da casa [dɔnɒ dɒ kazɒ]; **Haushaltswaren** artigos domésticos *pl* [ɒrtiguʃ dumɛʃtikuʃ] 145; **Hausmeister** porteiro [purteiru] 101; **Hausnummer** número da casa [numeru dɒ kazɒ] 20, 44; **Hausschuhe** chinelos *pl* [ʃinɛluʃ] 162; **Hauswein** vinho da casa *m* [viɲu dɒ kazɒ] 123
Haut pele *f* [pɛlə]
Haxe pernil *m* [pərnil] 154
Heft caderno [kɒdernu]; **Hefter** agrafador *m* [ɒgrɒfɒdor] 246
heilig santo [sãntu]
Heimat pátria [patrjɒ]
Heirat casamento [kɒzɒmẽntu]; **heiraten, jdn.** casar-se com alguém [kɒzar sə kõ algẽi]
heiß (*allgmein, Essen*) quente [kẽntə] 92; *(Wetter)* está calor [iʃta kɒlor] 33
heißen chamar-se [ʃɒmar sə] 41
heiter (*Wetter*) céu limpo [sɛu lĩmpu] 35
heizen aquecer [ɒkəser]
helfen ajudar [ɒʒudar] 49, 146
hell claro [klaru]
Hemd camisa [kɒmizɒ] 159
herausfordern provocar [pruvukar]
herausziehen tirar [tirar]
Herbst outono [otonu] 33
Herd fogão *m* [fugãu] 102
hereinkommen entrar [ẽntrar] 52
Herr senhor *m* [siɲor] 41, 237; **Herrenfriseur** barbeiro [bɒrbeiru]
herstellen produzir [pruduzir]
hervorragend excelente [iʃsəlẽntə]
Herz coração *m* [kurɒsãu] 229; **Herzinfarkt** enfarte *m* [ẽnfartə] 227
Herzliche Grüße Muitos comprimentos [mũintuʃ kũmprimẽntuʃ] 242
heute hoje [oʒə] 29, 51, 94, 283; **heutzutage** hoje em dia [oʒə ẽi diɒ]
hier aqui [ɒki] 38, 144, 151
(hier)her cá [ka]
Hilfe ajuda [ɒʒudɒ] →215, **Hilfe!** Socorro! [sukoRu]
Himbeere framboesa [frãmbwezɒ] 118, 158

Himmel céu *m* [sɛu] 35
hinaufgehen subir [subir]
hinausgehen saír [sɒir]
hinbringen levar [ləvar]
hindurch através de [ɒtrɒvɛʃ də]
hinter atrás [ɒtraʃ] 60
hinterlassen deixar [deiʃar] 97
hin und wieder de vez em quando [də veʃ ẽi kwɐ̃ndu]
hin und zurück de ida e volta [də idɒ i vɔltɒ] 72
hinweisen indicar [ĩndikar]
hinzufügen acrescentar [ɒkriʃsẽntar]
Hitze calor *m* [kɒlor] 33
hoch alto [altu] 228
hochachtungsvoll atenciosamente [ɒtẽsjɔzɒmẽntə] 242
Hochglanz com brilho [kõ briʎu] 167
hochheben levantar [ləvɐ̃ntar]
Hochsaison estação alta *f* [iʃtɒsɐ̃u altɒ] 90
Höhe altura [ɒlturɒ]
hören ouvir [ovir]
hoffentlich oxalá [oʃɒla]
Hoffnung esperança [iʃpərɐ̃sɒ]
holen ir buscar [ir buʃkar]
Holz madeira [mɒdeirɒ] 149
Honig mel [mɛl]; **Honigmelone** melão *f* [məlɐ̃u] 158
Hose calças *pl* [kalsɒʃ] 160, 210; **Hosenträger** suspensórios *pl* [suʃpẽnsorjuʃ] 160
Hotel hotel *m* [ɔtɛl] → 93
hübsch bonito/a [bunitu/ɒ] 47, lindo [lĩndu]
Hügel colina [kulinɒ] 192
Huhn galinha [gɒliɲɒ]; **Hühnersuppe** canja [kɐ̃ʒɒ] 126
Humor humor *m* [umor]
Hund/Hündin cão / cadela [kɐ̃u/kɒdɛlɒ] 64
hundert cem [sẽi] → 18ff
Hunger fome *f* [fɔmə]; **hungrig sein** estar com fome [iʃtar kõ fomə] 283
Husten tosse *f* [tɔsə]; **husten** tossir [tusir]
Hut chapéu *m* [ʃɒpɛu] 159

I

ich eu [eu] 70, 285; **ich heiße** chamo-me [ʃɐmu mə] 43; **ich hätte gern** queria [kəriɒ] 23
Idee ideia [ideiɒ]
ihm lhe [ʎə], (*betont*) a ele [ɒ elə]
ihn o [u], (*betont*) a ele [ɒ elə]
ihnen (*dat. Pl. v. er, sie, es*) a eles [a eləʃ], a elas [a ɛlɒʃ], (*unbetont*) lhes [ʎeʃ]
Ihnen (*Dativ.d.Anrede Sie*) a Você(s) [a vɔse(ʃ)], ao(s) Senhor(es) [ɒu siɲorə(ʃ)], à(s) Senhora(s) [a(ʃ) siɲorɒ(ʃ)]
ihr (*nom pl*) vocês [vɔseʃ]
ihr (*dat. sg*) lhe [ʎə], (*betont*) a ela [ɒ ɛlɒ]
im Hinblick auf a respeito de [ɒ Rəʃpeitu də]
immer sempre [sẽmprə] 30; **immer geradeaus** sempre em frente [sẽmprə ẽi frẽntə] 59
immer, wenn sempre que [sẽmprə kə]
impfen vacinar [vɒsinar] 227
importieren importar [ĩmpurtar] 237
in em [ẽi] 60, 273, (*+Subst.mask.*) no [nu] 51, 71, (*+Subst.fem.*) na [nɒ] ; **in der Nähe** aqui perto [ɒki pɛrtu] 89, 105, 144; **im Auftrag** por ordem [pur ordẽi] → 242
indessen no entanto [nu ẽntɐ̃ntu]
Individuum indivíduo [ĩndividwu]
Industrie indústria [ĩnduʃtriɒ]

Informatik informática [ĩfurmatikɒ] 46
Information informação *f* [ĩfurmɒsɑ̃u] → 81; **Inforamtionsblatt** folheto informativo [fuʎetu ĩfurmɒtivu] 189; **Informationsmaterial** material de informação *m* [mɒtərjal də ĩfurmɒsɑ̃u] 249
Ingenieur engenheiro [ẽnʒiɲeiru]
Inhaber/in proprietário/a [pruprjetarju/ɒ] 239
Innere interior *m* [ĩntərjor]
Insel ilha [iʎɒ]
Instrument instrumento [ĩʃtrumẽntu]
intelligent inteligente [ĩtəliʒẽntə]
interessant interessante [ĩntərəsɑ̃ntə] 47, 188; **interessieren, sich für** interessar se por [ĩtərəsar sə pur]; **interessiert an** interessado em [ĩntərəsadu ẽi] 243
international internacional [ĩntərnɑ̃sjunal] 237
inzwischen entretanto [ẽntrətɑ̃ntu]
irgendein/e qualquer [kwalkɛr]; **irgendjemand** qualquer pessoa [kwalkɛr pəsoɒ]; **irgendwas** qualquer coisa [kwalkɛr koizɒ]; **irgendwelche** (*pl*) quaisquer [kwaiʃkɛr]; **irgendwie** de qualquer maneira [də kwalkɛr mɒneirɒ]
Irrtum erro [ɛru]; **wenn ich nicht irre** salvo erro [salvu ɛRu]

J

ja sim [sĩ] 96, 270; **Ja, gern!** Com muito gosto! [kõ mũintu goʃtu] 243
Jachthafen marina [mɒrinɒ] 184
Jacke casaco [kɒsaku] 159
Jagd caça [kasɒ]; **jagen** caçar [kɒsar]
Jahr ano [ɒnu] → 33; **Ein frohes neues Jahr!** Feliz Ano Novo! [fəliʃ ɒnu nɔvu] 50
Jahreszeit estação [iʃtɒsɑ̃u]
Jahrhundert século [sɛkulu]
Jammer miséria [mizɛrjɒ]; **jammern** lamentar [lɒmẽntar]
Januar janeiro [ʒɒneiru] 28
Jeans calças de ganga *pl* [kalsɒʃ də gɑ̃ngɒ] 160
jeden Tag todos os dias [toduʃ uʃ diɒʃ] 30
jede/r einzelne cada uma/um [kadɒ ũmɒ/ũ]
jedes Mal cada vez [kadɒ veʃ]
Jeep jipe *m* [ʒipə] 67
jemand alguém [algẽi] 38, 97
je … desto quanto mais … tanto [kwɑ̃ntu maiʃ tɑ̃ntu]
je nachdem, wie conforme [kõfɔrmə]
jene aquela *f* [ɒkelɒ], aquelas *f pl* [ɒkelɒʃ]; **jener** aquele *m* [ɒkelə], aqueles *m pl* [ɒkeləʃ] 287; **jenes** aquilo [ɒkilu]
Jeton ficha [fiʃɒ] 198
jetzt agora [ɒgorɒ] 42
Joggen corrida [kuRidɒ] 183; **Jogginganzug** fato de treino [fatu də treinu] 160
Joghurt iogurte *m* [jogurtə] 153
Jugend juventude *f* [ʒuvẽntudə]; **Jugendherberge** pousada da juventude [posadɒ dɒ ʒuvẽntudə] 88
Juli julho *m* [ʒuʎu] 28
jung jovem [ʒɔvẽi]; **junger Mann** moço [mosu], rapaz [Rɒpaʃ]; **junges Mädchen** moça [mosɒ], rapariga [Rɒpɒrigɒ]; **Junggeselle** solteiro [sɔlteiru]
Juni junho *m* [ʒuɲu] 8
Jura direito [direitu] 46
Juwel jóia [ʒɔjɒ]

K

Kabarett cabaret *m* [kɒbɒrɛ] 197
Kacheln azulejos *pl* [ɒzuleʒuʃ] 171
Kaffee café *m* [kɒfɛ] → 113
Kalbfleisch carne de vitela *f* [karnə də vitɛlɒ] 154
kalt frio [friu]; **frieren** estar com frio [iʃtar kõ friu]; **Kälte** frio [frio] 35; **kalt werden** arrefecer [ɒRəfəser]
Kamm pente *m* [pẽntə] 164
Kalmar lulas *pl* [lulɒʃ] 128
kalt frio [friu] 33, 135, 178
Kamera máquina fotográfica [makinɒ fɔtugrafikɒ] 218
kämmen, sich pentear-se [pẽntjar sə]
Kampf luta [lutɒ]; **kämpfen** lutar [lutar]
Kapsel cápsula [kapsulɒ] 222
kaputt avariado [ɒvɒrjadu] 84, 216, partido [pɒrtidu]175; **kaputtgehen** avariar-se [ɒvɒrjar sə] 105; **kaputtmachen** dar cabo de [dar kabu də], estragar [iʃtrɒgar]
Karamelpudding pudim flan *m* [pudĩ flã] 133
kariert aos quadrados [ɒuʃ kwɒdraduʃ] 161
Karneval carnaval *m* [kɒrnɒval] 31
Karten bilhetes *m pl* [biʎwetəʃ] 193; (*Spiel*) cartas *pl* [kartɒʃ] 198; **Kartentelefon** telefone de cartão *m* [tələfonə də kɒrtãu] 206
Kartoffel batata [bɒtatɒ] 157; **Kartoffelpüree** puré de batata *m* [purɛ də bɒtatɒ] 131
Käse queijo [keiʒu] → 153; **Frisch~** queijo fresco [keiʒu freʃku]; **Schafs~** queijo de ovelha [keiʒu də uveʎɒ]; **Ziegen~** queijo de cabra [keiʒu də kabrɒ] 153
Kasse caixa [kaiʃɒ] → 189f.
Kassetten cassetes *f pl* [kɒsɛtəʃ] 145
Katalog catálogo *m* [kɒtalugu] 189
Katze gato [gatu]
kaufen comprar [kõmprar] 71, 144, 200; **auf Raten kaufen** comprar a prestações [kõmprar ɒ priʃtɒsõiʃ]; **Kaufmann** comérciante [kumərsjãntə]
kaum (*Adv*) dificilmente [difisilmẽntə]
Kehle garganta [gɒrgãntɒ]
Keilriemen correia trapezoidal [kuRejɒ trɒpəzɔidal] 218
kein/e/s nenhum/a [nəɲumɒ]
Keks bolacha [bulaʃɒ] 138
Keller cave *f* [kavə]
kennenlernen conhecer [kuɲəser] 41, 42; **Kenntnis** conhecimento [kuɲəsimẽntu]
kennzeichnen marcar [mɒrkar]
Kette correia [kuRejɒ] 83, (*Schmuck*) fio [fiu], **Gold~** fio de ouro [fiu də oru] 174, **Perlen~** fio de pérolas [fiu də pɛrulɒʃ] 174
Kilogramm quilograma *m* [kilugrɒmɒ] 21; **Kilometer** quilómetro *m* [kilɔmətru] 21, 61
Kind criança [krjãsɒ] 68, 89
Kinderarzt/-ärztin pediatra [pədjatrɒ] 225
Kinderausweis passaporte de criança *m* [pɒsɒpɔrtə də krjãsɒ] 62
Kinderbekleidung roupa de bebé [Ropɒ də bɛbɛ] 156
Kinderbett cama para criança [kɒmɒ pɒrɒ krjãsɒ] 94
Kinderfahrkarte bilhete para crianças *m* [biʎetə pɔrɒ krjãsɒʃ] 72
Kino cinema *m* [sinemɒ] → 196
Kirche igreja [igreʒɒ] → 188
Kirschbaum cerejeira [səreʒeirɒ] 274; **Kirsche** cereja [səreʒɒ] 274
Kissen almofada [ɒlmufadɒ]
Kiste caixa [kaiʃɒ]

Klang som [sõ]
kleben colar [kular]; **Klebstoff** cola [kɔlɒ] 170
Kleid vestido [viʃtidu] 160; **Kleidung** roupa [Ropɒ]→158ff
klein pequeno [pəkenu] 22, 92; **kleiner** mais pequeno [maiʃ pəkenu] 22, 289
Kleinbus mini-bus *m* [mini buʃ] 67
Kleingeld trocos *pl* [trokuʃ], dinheiro trocado *m* [diɲeiru trukadu] 201
Kleinigkeit pormenor *m* [purmənor]
Klima clima *m* [klimɒ]; **Klimaanlage** ar condicionado *m* [ar kõndisjunadu] 93
Klingel campainha [kãmpɒiɲɒ] 83
klingen soar [swar]
Kloster mosteiro [muʃteiru] 190, 192
klug esperto [iʃpɛrtu]
Knie joelho [ʒwəʎu] 230
Knoblauch alho [aʎu] 110, 125, 157
Knochenfisch carapau *m* [kɒrɒpau] 127
Knöchel tornozelo [turnuzɛlu] 225
Knopf botão *m* [butãu] 161
Koch/Köchin cozinheiro/a [kuziɲeiru/ɒ]; **kochen** cozinhar [kuziɲar]
können poder [puder] 49, 71, 89, 194, 277
Körper corpo [kɔrpu]; **Körperteile** órgãos *m pl* [orgãuʃ] →229
Koffer mala [malɒ] 63, 75, 164; **Kofferraum** mala [malɒ] 217
Kohl couve *f* [kovə] 157
Kohle carvão [kɒrvãu]
Kohlensäure gás *m* [gaʃ] 112
Kollege/in colega (*m und f*) [kulɛgɒ] 41, 238
komfortabel confortável [kõfurtavɛl] 91
komisch esquisito [iʃkizitu]
kommen vir [vir] 42, 178, 277,
kommunizieren comunicar [kumunikar]
Komödie comédia [kumɛdjɒ] 195
Kondenzmilch leite condensado *m* [leitə kõndẽnzadu] 118
Konditorei pastelaria *f* [pɒʃtəlɒriɒ] 52, 111, 137
Konferenz reunião *f* [Rjunjãu] 241; **Konferenzraum** sala de conferências [salɒ də kõfərẽsjɒʃ] 97
Kongreßzentrum centro de conferências [sẽntru də kõfərẽsjɒʃ] 249
Konservendose lata [latɒ]
Kontaktlinsen lentes de contacto *f pl* [lẽntəʃ də kõntatu] 176
Konto conta *f* [kõntɒ] 203; **Kontoauszug** extracto de conta *m* [iʃtratu də kõntɒ] 203; **Kontonummer** número de conta [numəru də kõntɒ] 203; **Kontostand** saldo [saldu] 203
kontrollieren controlar [kõntrular] 66
Konzert concerto [kõsertu]→194ff
Kopf cabeça [kɒbesɒ] 230; **Kopfhörer** auscultador *m* [auʃkultɒdor]; *bras.* fone de ouvidos [fɔnə də oviduʃ] 171; **Kopfkissen** almofada [almufɒdɒ] 102; **Kopfschmerzen** dores de cabeça *f pl* [dorəʃ də kɒbesɒ] 225
kopieren copiar [cupjar] 248
Korb cesto [seʃtu]
Koriander coentros *pl* [kwẽntruʃ] 125
Korkenzieher saca-rolhas *m* [sakɒ RoʎɒʃJ] 103
Korrespondenz correspondência [kurəʃpundẽsjɒ]→242
Kosmetik cosmética [kuʒmɛtikɒ] →164ff
kosten custar [kuʃtar] 68, 78, 204; **Kostenvoranschlag** orçamento [ursɒmẽntu] 244

Kostüm fato [fatu] 160
Kotelett costeletas *pl* [kuʃtəletɒʃ] 154
Kotflügel guarda lamas *m* [gwardɒ lɒmɒʃ] 217
Krabbe camarão *m* [kɒmɒrɑ̃u] 129, 155
Kraft força [forsɒ]
Kragen gola [gɔlɒ] 161
krank doente [dwẽntə] 270, **Krankenhaus** hospital *m* [huʃpital] → 223; **Krankenbescheinigung** atestado médico [ɒtiʃtadu mɛdiku] 232; **Krankenpfleger/pflegerin** enfermeiro/a [ẽfərmeirɒ/ɒ] 231; **Krankenwagen** ambulância [ɑ̃mbulɑ̃sjɒ] 212; **Krankheiten** doenças pl [dwẽsɒʃ] 227; **krank werden** adoecer [ɒduəser]
Krawatte gravata *f* [grɒvatɒ] 160
Kreditkarte cartão de crédito *m* [kɒrtɑ̃u də krɛditu] 22, 99, 201
Kreisverkehr rotunda [Rutundɒ] 60
Kreuzfahrt cruzeiro [kruzeiru] 81
Kreuzung cruzamento [kruzɒmẽntu] 59, 60, 68
Krieg guerra [gɛRɒ]
Kritik crítica [kritikɒ]; **kritisieren** criticar [kritikar]
Krug jarro [ʒaRu] 113
Kuchen bolo [bolu] 145
Kugel (*Eis*) bola *f* [bolɒ] 139
Kugelschreiber esferográfica *m* [iʃfɛrɔgrafikɒ] 170, 246
Kühler radiador *m* [Rɒdjɒdor] 218
Kühlschrank frigorífico [frigurifiku] 102; *bras.* geladeira [ʒeladeirɒ] 102
Kühlwasser água [agwɒ] 66, 216
Kultur cultura [kulturɒ] → 193ff
Kummer desgosto [dəʒgoʃtu]
Kunde cliente [kljẽntə]; **Kundendienst** serviço de clientes [sərvisu də kljẽntəʃ] 238
künftig no futuro [nu futuru]
Kunst arte *f* [artə] → 173ff; **Kunstgewerbe** artesanato [artəzɒnatu] 145; **Kunsthandwerk** artesanato [artəzɒnatu] → 172f; **Künstler/in** artista [ɒrtiʃtɒ] 45; **Kunstmesse** feira de arte [feirɒ də artə] 191
Kupplung embraiagem *f* [ẽmbrɒjaʒẽi] 218
Kur cura [kurɒ] → 234ff; **Kurhaus** estabelecimento balnear [iʃtɒbələsimẽntu balnjar] 234
Kürbis abóbora [ɒbɔburɒ] 157
Kurve curva [kurvɒ] 69
kurz curto [ku-tu] 159; **kürzlich** há pouco [a poᵻu] 30
Kurzwaren quinquilharias *pl* [kĩkĩʎɒriɒʃ] 45
Kusine prima [primɒ]
Kuß beijo [beiʒu] 40; **Küßchen** beijinho [beiʒiɲu] 40; **küssen** beijar [beiʒar]
Küste costa [kɔʃtɒ]

L

lächerlich ridículo [Ridikulu]; **Lachen** riso [Rizu]; **lachen** rir [Rir]
Lachs salmão [sɒlmɑ̃u] 128
laden carregar [kɒRəgar]
Ladentisch balcão *m* [bɒlkɑ̃u]
Lager armazém *m* [ɒrmɒzẽi]
Lammfleisch carne de borrego *f* [karnə də buRegu] 154
Lampe candeeiro [kɑ̃ndjeiru]
Land país *m* [pɒiʃ] 44
landen aterrar [ɒtəRar] 77
Landkarte mapa do país [mapɒ du pɒiʃ] 169
Landschaft paisagem *f* [paizaʒẽi] 192
lang comprido [kõmpridu] 159
lange (*adv*) muito tempo [muitu tẽmpu]; **lange dauern** demorar

[dəmurar]; **Länge** comprimento [kõmprimẽntu]
langsam devagar [dəvɒgar] 38
Languste lagosta [lɒgoʃtɒ] 155
langweilig chato [ʃatu]
Lärm barulho *m* [bɒruʎu]; **lärmen** fazer barulho [fɒzer bɒruʎu]
lassen deixar [deiʃar] 56, 275ff ; **Lassen Sie mich in Frieden!** Deixe-me em paz ! [deiʃə mə ẽi paʃ] 56
Last carga [kargɒ]
lästig chato [ʃatu]
Lastwagen camião *m* [kɒmjãu]
Lauch alho-porro [alʎu poRu] 157
Lauf (Rennen) corrida [kuRidɒ]; **laufen** correr [kuRer]
Laune humor *m* [umor]; **guter/schlechter Laune sein** estar de bom/mau humor [iʃtar də bõ mau umor]
laut barulhente [bɒruʎẽntə] 92, alto [altu]
lauwarm morno [mornu]
Leben vida [vidɒ]; **leben** viver [viver]; **lebendig** vivo [vivu]
Lebensmittel viveres *m pl* [vivəriʃ] → 151; **Lebensmittelgeschäft** mercearia [mərsjɒriɒ]
Leber fígado [figɒdu] 229
lebhaft animado [ɒnimadu]
Leckereien doces *f pl* [dosəʃ] → 137ff
Leder pele *f* [pɛlə] 149, *(Schuhe)* cabedal *m* [kɒbədal] 163; **Lederwaren** artigos de pele *pl* [ɒrtiguʃ də pɛlə] 145, → 164
ledig solteiro [solteiru]
legen (*+setzen/stellen*) pôr [por]
legen, sich deitar se [deitar sə] 226
lehnen, sich an encostar se a [ẽncuʃtar sə ɒ]
lehren ensinar [ẽnsinar]; **Lehrer/in** professor/a [prufəsor/ɒ] 45
leicht ligeiro [liʒeiru] 140, leve [lɛvə]
Leid sofrimento [sufrimẽntu], desgosto [dəʒgoʃtu]; **tut mir leid** lamento [lɒmẽntu] 89; **leiden** sofrer [sufrer]
leider infelizmente [ĩfəliʒmẽntə] 22
leihen alugar [ɒlugar] 179
Leinen linho [liɲu] 161
Lektion lição *f* [lisãu]
Lenkrad volante *m* [vulãntə] 217
lernen aprender [ɒprẽnder]
lesen ler [ler]
letzte/r/s última/o [ultimɒ/u] 80
Leute pessoas *pl* [pəsoɒʃ] 198, gente (*man*) *f* [ʒẽntə]
Licht luz *f* [luʃ]
Liebe amor *m* [ɒmor]; **lieben** amar [ɒmar]; **liebenswürdig** amável [ɒmavɛl]
lieblich (*Wein*) suave [swavə] 140
Lied canção *m* [kãsãu]
liefern fornecer [furnəser] 244
Lieferung fornecimento [furnəsimẽntu] 244; **Lieferwagen** furgoneta [furgunetɒ] 65
Liege espreguiçadeira [iʃprəgisɒdeirɒ] 179
Lift elevador *m* [iləvɒdor] 96
lila lilás [lilaʃ] 36
Lineal régua [Rɛgwɒ] 170, 246
linke/r/s (*Adjekt*) esquerdo/a [iʃkerdu/ɒ]
links (*in Richtung nach …*) à esquerda [a iʃkerdɒ] 60
Linsen lentilhas *pl* [lẽntiʎɒʃ] 157
Lippe lábio [labju] 230
Lippenstift batôn *m* [bɒtõ] 165
Liste lista [liʃtɒ]
Liter litro [litru] 21
Live-Musik música ao vivo [muzikɒ au vivu] 197
LKW camião *m* [kɒmjãu] 65; *bras.* caminhão [kɒmiɲãu] 65
Loch buraco [buraku]
Locher furador *m* [furɒdor] 246

lockig encaracolado [ẽikɒrɒkuladu] 209
Löffel colher *f* [kuʎer] 103, 136
losmachen desatar [dəɒtar]
Loge camarote *m* [kɒmɒrɔtə] 194
Lorbeer louro [loru] 110, 125
löschen *(Feuer)* apagar [ɒpɒgar] 248
lösen resolver [Rəzulver]
loslassen largar [lɒrgar]
Lösung solução *f* [solusɑ̃u]
Luft ar *m* [ar]
Luftmatratze colchão pneumático *m* [kolʃɑ̃u pneumatiku] 106
Lüge mentira [mẽntirɒ]; **lügen** mentir
Lunge pulmão *m* [pulmɑ̃u] 229
lustig divertido [divərtidu]
Luxus luxo [luʃu]

M

machen fazer [fɒzer] 63, 277; **einen Sprachkurs machen** frequentar um curso de línguas [frəkwẽntar ũ kursu də lĩɲngwɒʃ] 63
Mädchen rapariga [Rɒpɒrigɒ] 288
männlich masculino [mɒskulinu] 44
März março [marsu] 28
Magen estômago [iʃtomɒgu] 229
mager magro [magru]
Mai maio [maju] 28
Mais milho [miʎu] 157
Make-up maquilhagem *f* [mɒkilaʒẽi] 165
malen pintar [pĩntar]; **Maler/in** pintor/a [pĩntor/ɒ]
manchmal às vezes [aʃ vezəʃ] 30
Mann homem *m* [ɔmẽi] 174
Mandelkuchen bolo de amêndoa [bolu də ɒmẽndwɒ] 132; **Mandellikör** amêndoa amarga [ɒmẽndwɒ ɒmɒrgɒ] 63
Mangel defeito [dəfeitu]
Mantel casaco comprido [kɒzaku kõmpridu] 159; **Regen~** gabardina *f* [gɒbɒrdinɒ] 159
Maracuja maracujá [mɒrɒkuʒɒ] 158
Margarine margarina [mɒrgɒrinɒ] 118
Marketing marketing *m* [ma:kiting] 238
markiert assinalado [ɒsinɒladu] 182
Markt mercado [mərkadu] 26, 144
Marmelade doce *f* [dosə] 118
Maschine máquina [makinɒ]
Massage massagem *f* [mɒsaʒẽi] 234
Maßnahme medida [mədidɒ], **nach Maß** à medida [mədidɒ]
Masseur/in massagista [mɒsɒʒiʃtɒ] 234
Mast mastro [maʃtru] 185
Material material *m* [mɒtərjal] 173
Matrose marinheiro [mɒriɲeiro]
Mauer muro [muru]
Maus rato [Rɛtu] 247
Medikament medicamento [mədikɒmẽntu] → 221; **Medizin** medicina [mədisinɒ] 46
Meer mar *m* [mar] 92, 192; **Meeresfrüchte** mariscos *pl* [mɒriʃkuʃ] → 126ff
Mehl farinha [fɒriɲɒ] 153
mehr mais [mɛiʃ]
mehrere diversos/as [divərsuʃ/ɒʃ]
Mehrheit maioria [mɒjuriɒ]
Mehrwertsteuer IVA [ivɒ] 90, 123
mein/e meu *m* [meu] minha *f* [miɲɒ], meus (*m pl*) [meuʃ], minhas (*f pl*) [miɲɒʃ] → 285ff
Meinung opinião *f* [upinjɑ̃u] → 54; **meiner Meinung nach** na minha opinião [nɒ miɲɒ upinjɑ̃u] 54
meistens na maioria parte das vezes [nɒ mɒjuriɒ partə daʃ vezəʃ]
Melone melão *f* [məlɑ̃u] 158
Menge quantidade *f* [kwɒntidadə] → 112

Mensch homem *m* [ɔmẽi]; **menschlich** humano [umanu]
merkwürdig estranho [iʃtrɒɲu] 285
Messe (Kirche) missa [misɒ]; feira *f* *(Ausstellung)* [feirɒ] →248ff; **Messeausweis** cartão de visitante *m* [kɒrtãu də vizitãntə] 249; **Messehosteß** hospedeira [uʃpədeirɒ] 249; **Messeleitung** direcção da feira *f* [dirɛsãu dɒ feirɒ] 250
Messer faca [fakɒ] 103, 136
Metall metal *m* [mətal] 149
Meter metro [mɛtru] 20
mich (*nach Präp.*) mim [mĩ]; (*tonlos*) me [mə]
Miene (Aussehen) ar *m* [ar]
Miesmuschel amêijoa [ɒmeiʒwɒ] 156
Miete renda [Rẽndɒ]
mieten alugar [ɒlugar] 67, 97
Mikrofon microfone *m* [mikrɔfɔnə] 245
Milch leite *m* [leitə] 118, 146; **Vollmilch** leite gordo [leitə gordu]; **Magermilch** leite magro [magru] 118
Milchbrötchen pãozinho de leite *m* [pãuziɲu də leitə] 153
Milchkaffee galão *m* [gɒlãu] 114
Milchpulver leite em pó *m* [leitə ẽi pɔ] 166
Milchreis arroz doce *m* [ɒRoʃ dosə] 132
Millimeter milímetro [milimətru] 20
Mine carga [kargɒ] 170
Mineralwasser água com gás [agwɒ kõ gaʃ] 115
Minister ministro [miniʃtru]
Minute minuto [minutu] 25, 61
mir (*Dativ von ich*) a mim [a mĩ] , (*unbetont*) me [mə] →285
Mißbrauch abuso [ɒbuzu]; **mißbrauchen** abusar [ɒbuzar]
Mißverständnis mal-entendido [mal ẽntẽndidu]
Mist! Porra! [pɔRɒ] 54
mit com [kõ] 58, 115; **mit dem Auto fahren** ir de carro [ir də kaRu] 58; **mit Blick über** com vista sobre [kõ viʃtɒ sobrə] 92; **mit freundlichen Grüßen** com os melhores cumprimentos [kõ uʃ məʎorəʃ kũprimẽntuʃ] 242
mitkommen acompanhar [ɒkõmpɒɲar] 243
mitnehmen levar [ləvar] 71, 79
Mittag meio-dia *m* [meju diɒ] 27
Mittagessen almoço [almosu] 110; **zu Mittag essen** almoçar [ɒlmusar]
mittags (*12 Uhr*) ao meio-dia [au meju diɒ] 27
Mitte centro [sẽntru] 194; **in der Mitte** no centro [nu sẽntru] 194
mittelständig média [mɛdjɒ] 237
Mitternacht meia-noite *f* [mejɒ noitə] 27
Mittwoch quarta-feira [kwartɒ feirɒ] 28
Modem modem *m* [modəm] 247
modern moderno [mudɛrnu] 91
Möbel móveis *m pl* [mɔveiʃ] 145
mögen gostar [guʃtar] 47, querer [kərer] 71, 72, 90, 201
möglich possível [pusivɛl] 91, 284
Möhre cenoura [sənorɒ] 157
Moment momento [mumẽntu] 150, 207
momentan de momento [də mumẽntu] 207
Monat mês *m* [meʃ] 100, →28; **Monatskarte** bilhete mensal *m* [biʎetə mẽnsal] 72
Montag segunda-feira [səgũndɒ feirɒ] 28
morgen amanhã [ɒmɒɲã] 29
Morgen manhã [mɒɲã] 27

Morgenmantel roupão *m* [Rupãu] 160
morgens de manhã [də mɒɲã] 27
Moschee mesquita [meʒkitɒ] 192
Motor motor *m* [mutor] 216, 217; **Motorboot** barco a motor [barku ɒ mutor] 184; **Motorrad** motorizado [muturizadu] 58, 65, 67, →64f.
Mountainbike bicicleta de montanha [bəsiklɛtɒ də mõntɒɲɒ] 84, 185
Mückenstiche picadas de mosquitos *pl* [pikadɒʃ də muʃkituʃ] 222
müde cansado [kãsadu] 283
Mühe custo [kuʃtu]; **mit Mühe und Not** a todo o custo [ɒ todu u kuʃtu]
Müll lixo [liʃu]
Münze moeda [mwɛdɒ]
Münztelefon telefone de moedas *m* [tələfonə də mwedɒʃ] 206
müssen ter de/que [ter də/kə] →278ff; precisar de [prəsizar də] 42
Mütze boné *m* [bunɛ] 159
Mund boca [bokɒ] 230
Museum museu *m* [muzɛu] 26, 188, 190, 191
Musik música [musikɒ]→171
Mut coragem *f* [kuraʒẽi]; **mutig** corajoso [kurɒjozu]
Mutter mãe [mãi]

N

nach para [pɒrɒ] 59, 60, 71, a [ɒ]; **nach Hause** para casa [pɒrɒ kasɒ]
nachahmen imitar [imitar]
Nachbar vizinho [viziɲu]
nachdem (*Konj.temp*) depois de (+*Infinitiv*) [dəpɔiʃ də]
nachgeben ceder [səder]
nachher depois [dəpɔiʃ]
Nachmittag tarde *f* [tardə] 27; **nachmittags** à tarde [a tardə] 27
Nachname apelido [ɒpəlidu] 44
Nachricht (*Mitteilung*) mensagem *f* [mẽsaʒẽi] 97, 241; (*Neuigkeit*) notícia [nut sjɒ]
Nachspeise sobremesa [sobrəmezɒ] →132
nächste próximo/a [prɔsimu/ɒ] 61
Nacht noite *f* [nɔitə] 27, 89
Nachthemd camisa de dormir [kɒmizɒ də durmir] 160
Nachtleben vida nocturna [vidɒ nɔturnɒ]→197
nachts à noite [a noitə] 27
Nachweis prova [prɔvɒ]; **nachweisen** provar [pruvar]
Nacken nuca [nukɒ] 230
nackt nu/nua [nu/nuɒ]
Nagel prego [prɛgu]
Nagellack verniz *m* [verniʃ] 165; **Nagellackentferner** acetona [ɒsətonə] 165; **Nagelpfeile** lima [limɒ] 164
nah próximo/a [prɔsimu/ɒ]
nähen cozer [kuzer] 228
nähern, sich aproximar se [ɒprusimar sə]
Name nome *m* [nomə] 96
Nase nariz *m* [nɒriʃ] 230
naß molhado [muʎadu], **naß machen** molhar [muʎar]
Nationalstraße estrada nacional [iʃtradɒ nɒsjunal] 64
Natur natureza [nɒturezɒ]
naturbelassen (*ohne Sauce*) ao natural [au nɒtural] 124
natürlich (*adv*) evidentemente [əvidẽntəmẽntə]
Nebel nevoeiro [nəvweiru] 69; **neblig** nevoeiro [nəvweiru]
neben perto [pɛrtu] 60
nebenan ao lado [au ladu]
Nebenwirkungen efeitos secundários *pl* [ifeituʃ səkũndarjuʃ] 222
Neffe sobrinho [subriɲu]

nehmen apanhar [ɒpɒɲar] 59, tomar [tumar] 60
Neid inveja [ĩvɛʒɒ]; **neidisch sein auf** ter inveja de [ter ĩvɛʒɒ də]
nein não [nɐ̃u] → 271; **nicht wahr** não é [nɐ̃u ɛ]
neoklassisch neo-clássico [nɛɔ klasiku] 191
nervös nervoso [nərvosu]
nett simpático [sĩmpatiku] 48
neu novo [novu]
Neugierde curiosidade [kurjuzidadə]; **neugierig** curioso [kurjozu]
Neujahr Ano Novo [ɒnu novu] 31
neulich há pouco [a poku], no outro dia [nu otru diɒ]
neun nove [nɔvə] 18; **neunte** nono/a [nonu/ɒ]
neunzehn dezanove [dəzɒnɔvə]
neunzig noventa [nuvẽntɒ]
nicht não [nɐ̃u] → 271, **nicht einmal** nem [nẽi] 271, **nicht wahr** não é [nɐ̃u ɛ] 90
Nichte sobrinha [subriɲɒ]
Nichtraucher não fumador *m* [nɐ̃u fumɒdor] 79
nichts nada [nadɒ] 63, 271; **Nichts zu danken!** Não tem nada para agradecer! [nɐ̃u tẽi nadɒ pɒrɒ ɒgrədəser] 48
nie nunca [nũnkɒ] 271
Niederschläge chuvadas *pl* [ʃuvadɒʃ]
niedrig baixo [baiʃu] 228
niemals nunca [nũnkɒ] 30, 271
niemand ninguém [nĩɲgẽi] 271
nirgendwo nenhures [nẽɲurəʃ]
noch ainda [ɒindɒ] 76, 78, 91; **noch dazu** ainda por cima [ɒĩndɒ pur sĩmɒ]
nochmal mais uma vez [maiʃ umɒ vez]
Norden norte *m* [nɔrtə] 274
normalerweise (*Adv*) normalmente [nurmalmẽntə]
Not miséria [mizɛrjɒ]
Notausstieg saída de emergência [sɒidɒ də imərgẽsjɒ] 74
Notbremse travão de emergência *m* [trɒvɐ̃u də imərgẽsjɒ] 74
Notdienst urgência [urʒẽsjɒ] 25, 231
Notfall emergência [imərʒẽsjɒ] 214
notieren apontar [ɒpõntar]
Notizbuch bloco [blɔku] 246
notwendig necessário [nəsəsarju] 285; **es ist notwendig** é necessario [ɛ nəsəsarju] 285
November novembro [nuvẽmbru] 28
Nudeln massa [masɒ] 131, 153
Nummer número [numəru] 98
Nummernschild matrícula [mɒtrikulɒ] 70, 217
nun agora [ɒgɔrɒ]
nur só [so] 82, 209
nutzlos inútil [inutil]

O

oben em cima [ẽi simɒ]
obendrein ainda por cima [ɒĩndɒ pur simɒ]
oberhalb von acima de [ɒsĩmɒ də]
Oberschenkel coxa [koʃɒ] 230
obgleich ainda que [ɒĩndɒ kə]
obwohl apesar de [ɒpəzar də]
Obst fruta [frutɒ] → 157
Ochse boi *m* [bɔi]
oder ou [o]
offensichtlich evidente [əvidẽntə]
öffentlich público [publiku]
öffnen abrir [ɒbrir] 26, 63, 74, 247, 284
Öffnungszeiten horário de funcionamento [ɔrarju də fũsjunɒmẽntu] → 25f

oft frequentemente [frəkwẽntəmẽntə]
Ohr orelha [ureʎɒ] 230; **Ohrklips** brincos de mola *pl* [brĩnkuʃ də molɒ] 174; **Ohrringe** brincos *pl* [brĩnkuʃ] 175
oft muitas vezes [mũtɒʃ vezəʃ] 30, 189
ohne sem [sẽi] 115
Oktober outubro [otubru] 28
Öl óleo [ɔlju] 216
Oliven azeitonas *pl* [ɒzeitonɒʃ] 119, 120, 126; **Olivenöl** azeite *m* [ɒzeitə] 110, 125
Ölstand nível de óleo *m* [nivəl də ɔlju] 66
Omnibus (*weitere Strecken*) camioneta [kɑ̃mjunɛtɒ]
Onkel tio [tiu]
Oper ópera [ɔpərɒ] 196
operieren operar [upərar] 228
Orange laranja [lɒrɑ̃ʒɒ] 274; **Orangensaft** sumo de laranja [sumu də lɒrɑ̃ʒɒ] 113; *bras.* suco de laranja [suku də lɒrɑ̃ʒɒ] 113
ordinär grosseiro [gruseiru]
Oregano oregãos *m pl* [uregɑ̃uʃ] 125
organisieren organizar [urgɒnizar] 190
Ort lugar [lugar]
Orthopädie ortopedia [ɔrtopədiɒ] 231
örtlich local [lukal] 228
Osten leste *m* [lɛʃtə] 35
Ostern Páscoa [paʃkwɒ] 31, 273; **Frohe Ostern** Feliz Páscoa [fəliʃ paʃkwɒ] 50

P

Paar (*Schuhe*) par de sapatos *m* [par də sɒpatuʃ] 162
Päckchen encomenda [ẽnkumẽndɒ] 204, 205
packen (*fassen*) agarrar em [ɒgɒRar ẽi]
Paket pacote *m* [pɒkɔtə] 204
Palast palácio [pɒlasju]
paniert panado [pɒnadu] 124
Papier papel *m* [pɒpɛl] 149, 246
Papiere *(Ausweis)* documentos *pl* [dukumẽntuʃ] 62, 69
Paprika pimento [pimẽntu] 157
Parfum perfume *m* [pəfumə] 165
parken estacionar [iʃtɒsjunar] → 66f.; **Parkhaus** parque de estacionamento *m* [parkə də iʃtɒsjunɒmẽrtu] 66, 67; **Parkplatz** lugar de estacionamento *m* [lugar də iʃtɒsjunɒmẽntu] 66, 67; **Parkuhr** parquímetro [parkimətru] 67; **Parkverbot** estacionamento proibido [iʃtɒsjunɒmẽntu prɔibiʌdu] 67; **Parkwächter** vigilante do parque *m* [viʒilantə du parkə] 67
Partei partido [pɒrtidu]
Paß passaporte *m* [pɒsɒpɔrtə] 62
Passagier passageiro [pɒsɒʒeiru] 77, 80
Paßbilder fotografias tipo passe *pl* [futugrɒfiɒʃ tipu pasə] 167
passend (*zweckmäßig*) conveniente [kõvənjẽntə]
passieren acontecer [ɒkõntəser] 220
Paßkontrolle controlo de passaportes [kõrtrolu də pasɒpɔrtə] 77
Passwort código de acesso [kɔdigu də ɒsesu] 248
Pause intervalo [ĩtərvalu], descanso (*ausruhen*) [diʃkɑ̃su]
Pech azar *m* [ɒzar]
Pelz pele *f* [pɛlə] 163
Pension pensão *f* [pẽsɑ̃u] 88
persönlich (*Adj*) pessoal [pəswal], (*Adv*) pessoalmente [pəswalmẽntə]
Person pessoa [pəsoɒ] 82, 89

Personalausweis bilhete de identidade *m* [biʎetə də idẽntidadə] 62; *bras.* carteira de identidade [kɒrteirɒ də idẽntidadə] 45, 62
Personalabteilung departamento de pessoal [dəpɒrtɒmẽntu də pəswal] 238
Personenhaftpflicht seguro contra terceiros [səguru kõntrɒ tərseiruʃ] 68
Petersilie salsa [salsɒ] 125
Pfanne frigideira [friʒideirɒ] 103
Pfeffer pimenta *m* [pimẽntɒ] 125, 136
Pfeife cachimbo [kɒʃĩmbu] 168; **Pfeifentabak** tabaco para cachimbo [tɒbaku pɒrɒ [kɒʃĩmbu] 168
Pferd cavalo [kɒvalu]
Pfingsten Pentecostes *m pl* [pẽntəkɔʃtiʃ] 31
Pfirsich pêssego [pesəgu] 118, 158
Pflanze planta [plɑ̃ntɒ]; **pflanzen** plantar [plɑ̃ntar]
Pflaster adesivos *pl* [ɒdəzivuʃ] 221
Pflaume ameixa [ɒmeiʃɒ] 158
pflegen (*zu tun*) costumar (*+Inf*) [kuʃtumar]
Pflicht dever *m* [dəver]
Pfund meio quilo *m* [meju kilu] 21
phantastisch fantástico [fɑ̃ntaʃtiku]
Philosophie filosofia [filuzufiɒ] 46
Physiotherapie fisioterapia [fizjutərɒpiɒ] 234
Pille pílula [pilulɒ] 227
Pilot piloto [pilotu] 77
Pilze cogumelos *pl* [kugumɛluʃ] 157
Plastik plástico [plaʃtiku] 149
Platten (*Auto*) furo [furu] 215
Platz praça [prasɒ] 59, 192, lugar *m* [lugar] 60, 74; **Platz nehmen** sentar-se [sẽntar sə] → 22; **Platz haben** caber [kɒber]
platzen rebentar [Rəbẽntar]
plötzlich de repente [də Rəpẽntə]
Polizei polícia [pulisjɒ] 212, 214; **Polizeiwache** esquadra da polícia [iʃkwadrɒ dɒ pulisjɒ] 218; **Polizist** polícia [pulisjɒ], guarda *m* [gwardɒ]
Pommes frites batata frita [bɒtatɒ fritɒ] 131
Pony (*Haare*) franja [frɑ̃ʒɒ] 209
Pop pop *m* [pɔp] 196
Portemonnaie porta-moedas [pɔrtɒ mwɛdɒʃ] 164, 219
Portugal Portugal [purtugal]
Portugiese português *m* [purtugeʃ] 38; **Portugiesin** portuguesa [purtugezɒ] 38; **Portugiesisch** (*Sprache*) português *m* [purtugeʃ] 38; **portugiesisch** (*Adjektiv*) português/portuguesa [purtugeʃ/ purtugezɒ] 38
Portwein vinho do Porto [viɲu du portu] 116, 142
Post correio [kuReju] → 203, estação de correio *m* [iʃtɒsɑ̃u də kuReju] 200
Postfach apartado postal [ɒpɒrtadu puʃtal] 205
Postkarte postal *m* [puʃtal] 204
Postleitzahl código postal [kɔdigu puʃtɒl] 44, 205
postmodern pós moderno [pɔʒ mudɛrnu] 191
PR-Abteilung departamento de relações públicas [dəpɒrtɒmẽntu də Rəlɒsoiʃ publikɒʃ] 238
Präservative preservativos *pl* [prəzərvɒtivuʃ] 221
Präsident presidente *m* [prəzidẽntə] 288
praktisch práctico [pratiku] 148
Praktischer Arzt/Ärztin médico/a de clínica geral [mɛdico/ɒ də klinikɒ ʒəral] 225
Praline bombom *m* [bõmbõ] 138
Preis preço [presu] → 150; **Preis pro Person** preço por pessoa [presu

pur pəsoɒ] 90; **Preisliste** lista de preços [liʃtɒ də presuʃ] 68, 244; **preiswert** barato [bɒratu] 91, 89; **Preiszuschlag** suplemento [supləmẽntu] 90
Premiere estreia [iʃtreiɒ] 193
Presse imprensa [ĩmprẽsɒ]
Priester padre [padrə]
privat particular [pɒrtikular]
pro por [pur]; **pro Nacht** por noite [pur noitə] 94
probieren experimentar [iʃpərimẽntar] 121
Problem problema *m* [problemɒ]
Produktion produção *f* [prudusãu] 238; **produzieren** produzir [pruduzir] 237
Programm programa *m* [prugramɒ] 194, 247; Programmheft **programa** *m* [prugramɒ] 194
Protokoll protocolo [prutukɔlu] 214
provisorisch provisioriamente [pruvizorjɒmẽntə] 233
Prügel pancada [pãnkadɒ]; **prügeln, sich** andar à pancada [ãndar a pãnkadɒ]
Pullover camisola [kɒmizɔlɒ] 159
Puppe boneca [bunɛkɒ]
Pute peru *m* [pəru] 155
putzen limpar [lĩmpar]
Pyjama pijama *m* [piʒɒmɒ] 160

Q

Qualität qualidade *f* [kwɒlidadə]
Quantität quantidade *f* [kwãntidadə]
Quelle fonte *f* [fõntə] 234
quer durch através de [ɒtrɒvɛʃ də]
Querstraße rua transversal [Ruɒ trãʒvərsal] 60
Quittung factura [fɒturɒ], recibo [Rəsibu] 23, 86

R

Rad roda [Rodɒ] 83
Radfahren ciclismo [sikliʒmu] 183
Radiergummi borracha [buRɒʃɒ] 170, 246
Radio rádio [Radju]; **Radiorekorder** rádio-gravador *m* [Rɒdju grɒvɒdor] 171
Radkreuz chave de cruzeta *f* [ʃavə də kruzɛtɒ] 215
Rand margem *f* [mɒrʒẽi]
rasch depressa [dəprɛsɒ]
Rasierapparat máquina de barbear [makinɒ də bɒrbjar] 165; **rasieren** fazer a barba [fɒzer ɒ barbɒ] 208; **Rasierklinge** lámina de barbear [laminɒ də bɒrbjar] 165; **Rasierpinsel** pincel de barba *m* [pĩsɛl də barbɒ] 165; **Rasierschaum** espuma de barbear [iʃpumɒ də bɒrbjar] 165
Rathaus câmera municipal [kɒmɒrɒ munisipal]
Ratschlag conselho [kõseʎu]; **einen Ratschlag geben** dar um conselho [dar ũ kõseʎu]
rauchen fumar [fumar] 80, 227; **Raucher** fumador *m* [fumɒdor] 79; *bras.* fumante *m* [fumãntə] 72
Raum sala [salɒ] 243, espaço [iʃpasu]
Rechnung conta [kõntɒ] 99, 137; **Die Rechnung bitte!** A conta se faz favor! [ɒ kõntɒ sə faʃ fɒvor] 137
Recht razão [Rɒzãu]; ~ **haben** ter razão [ter Rɒzãu] 54
rechte/r/s (*Adjekt.*) direito/a [direitu/ɒ]; **rechts** (*nach rechts*) à direita [a direitɒ]
Rechtsanwalt advogado [ɒdvugadu]
rechtzeitig a tempo [ɒ tẽmpu]
reduzieren baixar [baiʃar] 244
Regal estante *f* [iʃãntə] 103

Regelblutung menstruação *f* [mẽʃtrwɒsɑ̃u] 227
Regen chuva [ʃuvɒ] 33f; **Regenmantel** gabardina [gɒbɒrdĩnɒ]; **Regenschirm** guarda-chuva *m* [gwardɒ ʃuvɒ]
Regierung governo [guvernu]
regnen chover [ʃuver]; **es regnet** está a chover [iʃta ɒ ʃuver] 33
reich rico [Riku] 288; **Reichtum** riqueza [Rikezɒ]
reif maduro [mɒduru]
Reifen pneus *m pl* [pneuʃ] 83, 216, 217; **Reifendruck** pressão dos pneus *m* [prəsɑ̃u duʃ pneuʃ] 66
Reihe fila [filɒ]
reinigen limpar [lĩmpar] 98
Reinigung lavandaria [lɒvɒndɒriɒ] →210
Reis arroz *m* [ɒRoʃ] 131, 153, 100
Reise viagem *f* [vjaʒẽi] 41; **Reisegepäck** bagagem *f* [bɒgaʒẽi] 219; **reisen** viajar [vjɒjar] 47; **Reisepaß** passaporte *m* [pasɒpɔrtə] 45, 62; **Reisescheck** cheque de viagem *m* [ʃɛkə də vjaʒẽi] 201, 202
Reisverschluß fecho [feʃu] 161
Reiten equitação *f* [ikitɒsɑ̃u] 183; **reiten** andar a cavalo [ɑ̃ndar ɒ kɒvalu] 182; **Reitkappe** boné de montar *m* [bunɛ də mõntar] 184; **Reitstiefel** botas de montar *pl* [bɔtɒʃ də mõntar] 184
Reklamation reclamação *f* [Rəklɒmɒsɑ̃u]→151
Religion religião *f* [Rəliʒjɑ̃u]
Rennrad bicicleta de corrida [bəsiklɛtɒ də kuRidɒ] 84
Rentner/in reformado/a [Rəfurmadu/ɒ] 46
reparieren reparar [Rəpɒrar] 84, 174, 216; **Reparatur** reparação *f* [Rəpɒrɒsɑ̃u] 216
reservieren fazer reserva [fɒzer Rəzɛrvɒ]
Rest resto [Rɛʃtu]
Restaurant restaurante *m* [Riʃtaurɑ̃ntə]→121f
retten salvar [sɒlvar]
Rettungsboot bóia de salvação [bɔjɒ də salvɒsɑ̃u] 81
richten julgar [ʒulgar]
Richter juíz *m* [ʒwiʃ]
riechen nach cheirar a [ʃeirar ɒ]
riesig imenso [imẽsu]
Rind vaca [vakɒ]; **Rindfleisch** carne de vaca *f* [karnə də vakɒ] 154
Ring anel *m* [ɒnɛl] 175
Rippchen entrecosto [ẽntrəkɔʃtu] 154
Rock saia [sajɒ] 160; (*Musik*) rock *m* [Rɔk] 196
römisch romano [Rumanu] 191
Röntgenaufnahme radiografia [Radjugrɒfiɒ] 228
roh (*ungekocht*) cru/crua [kru/kruɒ]
Rollschuhlaufen patinagem *f* [pɒtinaʒẽi] 183
romanisch romãnico [Rumaniku] 191
rosa rosa [Rɔzɒ] 36
Rose rosa [Rɔzɒ]
rot vermelho [vərmɛʎu] 36, 209
Rotwein vinho tinto *m* [viɲu tĩntu] 115
Rouge rouge *m* [ruʒ] 165
Roulette roleta [Ruletɒ] 198
Rücken costas *pl* [kɔʃtɒʃ] 226
rückgängig machen anular [ɒnular] 248
Rücklicht luz traseira *f* [luʃ trɒzeirɒ] 83
Rücksicht consideração [kõsidərɒsɑ̃u]; **berücksichtigen** tomar em consideração [tumar ẽi kõsidərɒsɑ̃u]
Rucksack mochila *f* [muʃilɒ] 75, 164

Rückspiegel retrovisor *m* [Rətruvisor] 217
Ruderboot barco a remos [barku ɒ Remuʃ] 184; **rudern** remar [Rəmar] 181
Ruhetag dia de descanso *m* [diɒ də dəʃkɑ̃su] 26,
ruhig sossegado [susəgadu] 92
rufen chamar [ʃɒmar] 99, 213; **ein Taxi rufen** chamar um taxi [ʃɒmar ũ taksi] 99
rund redondo [Rədõndu] 149, 288

S

Sache coisa [koizɒ] 179, 210
Safran açafrão *m* [ɒsɒfrɑ̃u] 125
Saft sumo [sumu]
Sägefisch espardarte *f* [iʃpɒrdartə] 127
sagen dizer [dizer] 39, 85, 277
Sahne natas *pl* [nɒtaʃ] 153
Salami salame *m* [sɒlamə] 153
Salat salada [sɒladɒ] 52, 123, 125ff; (*grüner* ~) alface *f* [alfasə] 157
Salbe pomada [pumadɒ] 222
Salz sal *m* [sal] 118, 136; **salzig** salgado [sɒlgadu] 135; **Salzkartoffeln** batatas cozidas *pl* [bɒtatɒʃ kuzidɒʃ] 131
Sammlung colecção *f* [kulɛsɑ̃u]; **sammeln** colecionar [kulɛsjunar]
Samstag sábado *m* [sabɒdu] 28
Sand areia [ɒrejɒ]
Sandalen sandálias *pl* [sɑ̃ndaljɒʃ] 162
Sardine sardinha [sɒrdiɲɒ] 156
Sattel selim *m* [səlĩ] 83; (*reiten*) sela *f* [səlɒ] 185
Satz frase *f* [frazə]
sauber limpo [lĩmpu] 178; **saubermachen** limpar [lĩmpar]
sauer azedo [ɒzedu]
Sauna sauna [saunɒ] 180

Schachtel caixa [kaiʃɒ]; (*Zigaretten*) maço [masu] 168
Schaden danos *pl* [danuʃ] 214
Schal cachecol *m* [kɒʃəkɔl] 159
Schalter guichet *m* [giʃe] 77, 201, **Licht**~ interruptor *m* [ĩntəRuptor] 104
Schande vergonha [vərgoɲɒ]
scharf picante [pikɑ̃ntə] 124, 135
Schatten sombra [sõmbrɒ] 107
schauen olhar [uʎar] 39; **Schauen Sie mal her!** Olhe! [ɔʎə] 39
Schaufenster montra [mõntrɒ] 162
Scheck cheque *m* [ʃɛkə] 22, 200ff
Scheibenwischer limpa-pára-brisas *m* [lĩmpɒ parɒ brizɒʃ] 217
Scheinwerfer farol *m* [fɒrɔl] 217, 217
Scheitel risca [Riʃkɒ] 209
Schellfisch pescada [piʃkadɒ] 128, 156
Schere tesoura [təzorɒ] 170, 246
scherzen brincar [brĩnkar]; **Scherz** brincadeira [brĩnkɒdeirɒ]
schicken enviar [ẽnvjar]
Schicksal destino [diʃtinu]
Schiedsrichter juiz de linha *m* [ʒwiʃ də liɲɒ] 187, árbitro [arbitru]
schief torto [tortu]
schießen (*Tor*) marcar [mɒrkar] 187
Schiff barco [barku] 58, 61, (*großes Schiff*) navio [nɒviu] → 80f
schimpfen ralhar [rɒʎar]
Schinken (roh) presunto [prəzũntu] 118, 153
Schlaf sono [sonu]; **schlafen** dormir [durmir]; **Schlafmittel** soporífero [suporifəru] 232; **Schlafsack** saco-cama *m* [saku kɒmɒ] 106; **Schlafwagen** carruagem-cama *f* [kaRwaʒẽi kɒmɒ] 72; *bras.* vagão-leito [vɔgɑ̃u leitu] 74; **Schlafzimmer** quarto [kwartu] 100

Schlaganfall ataque de apoplexia *m* [ɒtakə də ɒpuplɛksiɒ] 227
schlagen, jdn. bater em alguém [bɒter ẽi algẽi]
Schlagsahne chantily *m* [ʃãtitili] 133
schlank elegante [iləgãntə]
schlau esperto [iʃpɛrtu]
schlecht mal [mal] 225, 290; **schlechter** pior [pjɔr]
schließen fechar [fəʃar] 26, 74
Schließfächer cofres *m pl* [kɔfrəʃ] 75, armário [ɒrmarju] 180
schließlich afinal [ɒfinal], finalmente [finalmẽntə]
schlimm grave [gravə]
Schloß (*Fahrrad*) cadeado [kɒdjadu] 83; (*Tür*) fechadura [fəʃɒdurɒ]
Schlüssel chaves *f pl* [ʃavəʃ] 96, 97, 101
Schmerz dor *f* [dor]; **schmerzen** doer [dwer]
Schmuck bijuteria [biʒutəriɒ] → 171ff
schmutzig sujo [suʒu] 283
Schnaps aguardente *f* [agwɒrdẽntə] 115
Schnecken caracóis *m pl* [kɒrɒkoiʃ] 120
Schnee neve *f* [nɛvə] 35; **es schneit** está a nevar [iʃta ɒ nəvar] 33ff
schneiden cortar [kurtar] 208; **die Haare schneiden** cortar o cabelo [kurtar u kɒbɛlu] 208
schneiden, sich cortar se [kurtar sə] 226
schnell rápido [Rapidu] 58
Schnellstraße IP *m* [ip] 64
Schnitzel escalope *m* [iʃkɒlopə] 154
Schnorchel respirador *m* [Rəʃpirɒdor] 181
Schnuller chucha [ʃuʃɒ] 166
Schnupfen constipação *f* [kõʃtipɒsãu]
schön belo [bɛlu] 42, bonito [bunitu]
Schokolade chocolate *m* [ʃukulatə]
schon já [ʒa] 77
Schrank armário [ɒrmarju]
schrecklich horrível [uRivɛl]
schreiben escrever [iʃkrəver] 95
Schrei grito [gritu]; **schreien** berrar [bəRar], gritar [gritar]
Schreiner carpinteiro [karpĩnteiru]
Schriftsteller/in escritor/a [iʃkritor/ɒ]
Schritt passo [pasu]
Schuhe sapatos *pl* [sɒpatuʃ] → 162f.
Schuld culpa [kulpɒ] 213; **jdm. die Schuld geben** deitar as culpas a alguém [deitar ɒʃ kulpɒʃ ɒ algẽi]
Schulden (*Geld*) divida [dividɒ]; **schulden, jdm.** (*Geld*) dever [dəver]
schuldig culpado [kulpadu]
Schule escola [iʃkolɒ] 46; **zur Schule gehen** andar na escola [ɒndar nɒ iʃkolɒ] 46
Schulter ombro [õmbru] 230
Schüssel bacia [bɒsiɒ]
Schusterkrebs sapateira [sɒpɒteirɒ] 129
schütteln agitar [ɒʒitar]
schwach fraco [fraku] 225
Schwager cunhado [kuɲadu], **Schwägerin** cunhada [kuɲadɒ]
schwanger grávida [gravidɒ] 228
schwarz preto [pretu] 36, 209
schweigen calar-se [kɒlar sə]
Schwein porco [porku]; **Schweinefleisch** carne de porco *f* [karnə də porku] 154
schwer pesado [pəzadu]
Schwertfisch peixe espada *m* [peiʃə iʃadɒ] 128, 156
Schwester irmã [irmã]
schwierig difícil [difisil], complicado [kũmplicadu]; **Schwierigkeit** dificuldade *f* [dificuldadə]

Schwimmbad piscina [piʃsinɒ] →180ff; **schwimmen** nadar [nɒdar] 178, 179; **Schwimmflossen** barbatanas *pl* [bɒrbɒtanɒʃ] 181; **Schwimmflügel** braçadeiras *pl* [brɒsɒdeirɒʃ] 181
schwindelig tonto [tõntu] 225
schwitzen suar [swar]
schwören jurar [ʒurar]
schwül abafado [ɒbɒfadu] 33; **es ist schwül** está abafado [iʃta ɒbɒfadu] 33
Science-fiction ficção científica *f* [fiksãu sjẽntifikɒ] 196
sechs seis [seiʃ] 18; **sechste** sexto/a [seiʃto/ɒ]
sechzehn dezasseis [dəzɒseiʃ]
sechzig sessenta [səsẽntɒ]
See lago [lagu] 178, 192
Seebarsch robalo [Rubalu] 128, 156
Seeigel ouriços-de-mar *pl* [orisuʃ də mar] 179
Seele alma [almɒ]
Seespinne santola [sãntolɒ] 129
Segel vela [vɛlɒ] 184; **Segelboot** barco à vela [barku a vɛlɒ] 179; **Segelclub** club de vela *m* [klubə də vɛlɒ] 184; **segeln** velejar [vəliʒar] 183
sehen ver [ver] 147, 279
Sehnsucht saudade *f* [saudadə]; **sehnsüchtig** ansioso [ãsjozu]
sehr muito [mũinto] 41; **sehr gern** com muito gosto [kõ mũintu goʃtu] 49; **sehr schön** muito boa *f* / bom *m* [mũinto boa/bõ] 41
Seide seda [sedɒ] 149, 161
Seife sabonete *m* [sɒbunetə] 164
Seil corda [kɔrdɒ]
sein (Verb) ser [ser] , estar [iʃtar] 42, 71, 276, →283
sein (*Pron.*) seu *m* [seu], sua *f* [suɒ] 286
seit (*Prp*) desde [deʒdə], (*Konj*) desde que [deʒdə kə]
seit wann desde quando [deʒdə kwãndu] 30
Seite lado [ladu] 226
Sekretariat secretariado [səkrətɒrjadu] 238; **Sekretärin** secretária [səkrətarjɒ] 238
Sekunde segundo [səgũndu] 25
selbe/r/s mesmo/a [meʒmu/ɒ]
selbstverständlich claro [klaru]
selbst wenn mesmo que [meʒmu kə]
selten raro [Raru], (*Adv*) raramente [Rarɒmẽntə] 30
seltsam estranho [iʃtrɒɲu] 216; **seltsam finden** estranhar [iʃtrɒɲar]
senden mandar [mãndar]
Senf mostarda mostarda [mustardɒ] 125
Senior pessoa da terceira idade *f* [pəsoɒ dɒ tərseirɒ idadə] 189
senken baixar [baiʃar]
September setembro [sətẽmbru] 28
Serviette guardanapo [gwardɒnapu] 136
Sessel poltrona [poltronɒ] 103
setzen pôr [por] 277
setzen, sich sentar-se [sẽntar sə] 122
setzen auf *(wetten)* apostar em [ɒpuʃtar ẽi] 198
Shampoo champô [ʃãmpu] 164
Shorts calções *f pl* [kalsoiʃ] 160
sicher com certeza [kõ sərtezɒ], seguro [səguru]; **Sicherheit** certeza [sərtezɒ]; **Sicherheitsgurt** cinto de segurança [sĩntu də səgurãsɒ] 69, 217
Sicherung fusível *m* [fuzivɛl] 104
Sie (*Anrede mask.sg/pl*) o senhor/os senhores [u siɲor / uʃ siɲorəʃ]
Sie (*Anrede fem. sg/pl*) a senhora / as senhoras [ɒ siɲorɒ / ɒʃ siɲorɒʃ]

sie (*Nom Sg*) ela [ɛlɒ], (*Akk.Sg*) a [ɒ]
sie (*Nom Pl. mask.*) eles [eliʃ], (*Nom. Pl, fem.*) elas [elɒʃ], (*Akk.Pl.mask.*) os [uʃ], (*Akk.Pl.fem.*) as [ɒʃ]
sieben sete [sɛtə] 18; **siebte** sétimo/a [sɛtimu/ɒ]
siebzehn dezassete [dəzɒsɛtə]
siebzig setenta [sətẽntɒ]
Silber prata [pratɒ] 175
Silberbarsch cherne *m* [ʃɛrnə] 127
singen cantar [kãntar] 195
Sinn (Bedeutung) sentido [sẽntidu]
Sirup xarope *m* [ʃɒrɔpə] 222
Sitte (*Übliche*) costume *m* [kuʃtumə]
Sitz assento [ɒsẽntu] 217
Skulptur escultura *f* [iʃulturɒ] 191
Slip cuecas *pl* [kwɛkɒʃ] 160; **Slipeinlage** salva-slip *m* [salvɒ slip] 165
so (*auf diese Weise*) assim [ɒsĩ]
sobald assim que [ɒsĩ kə]
Socken peúgas *pl* [pjugɒʃ] 160
sofort imediatamente [imədjɒtɒmẽntə]
Software software *m* [sɔftwɜɒ] 237
Sohn filho [fiʎu]
solange (*Konj.*) enquanto [ẽnkwãntu]
Soldat soldado [soldadu]
Sommer verão *m* [vərãu] 33
Sonderangebot oferta especial [ufɛrtɒ iʃpesjal] 150
sondern mas [mɒʃ]
Sonne sol *m* [sɔl] 33; **Sonnenbad** banho de sol [bɒɲu də sɔl]; **Sonnenbrand** queimadura do sol [keimɒdurɒ du sɔl]; **Sonnenbrille** óculos do sol *pl* [ɔculuʃ du sɔl] 180; **Sonnencreme** bronzeador *m* [brõzəjador] 180 ; **Sonnenöl** óleo de bronzear [ɔlju də brõzjar]; **Sonnenschirm** guarda sol *m* [gwardɒ sɔl], chapéu de sol *m* [ʃɒpɛu də sɔl] 179; **sonnen, sich** apanhar banhos de sol [ɒpɒɲar bɒɲuʃ də sɔl] 181; **sonnig** soalheiro [swɒʎeiru] 34
Sonntag domingo [dumĩngu] 28
sooft sempre que [sẽmprə kə]
Sorte classe *f* [klasə]
so viel/e tanto/a [tãntu/ɒ], **soviel** tanto [tãntu]
sowohl als auch tanto como [tãntu komu]
spät tarde [tardə] 30, 42; **zu spät** demasiado tarde [dəmɒzjadu tardə] 25
Spargel espargos *pl* [iʃparguʃ] 157
sparen poupar [popar]
Spaziergang passeio [pɒseju]; **spazierengehen** passear [pɒsjar]
Speck toucinho [tosiɲu] 154
speichern (*Datei*) salvar um texto [sɒlvar ũ teiʃtu] 247
Speisekarte lista [liʃtɒ] → 123f.
Speisewagen carruagem-restaurante *f* [karwaʒẽi Riʃtaurãntə] 72
Spiegel espelho [iʃpeʎu]
Spiel jogo [ʒogu] 20, 186; **spielen** jogar [ʒugar] 181, (*Instrument*) tocar [tukar]; **Spieler** jogador *m* [ʒugɒdor] 187; **Spielerei** brincadeira [brĩnkɒdeirɒ]; **Spielkasino** casino [kɒzinu] 197; **Spielzeug** brinquedos *pl* [brĩkeduʃ] 146, 166
Spinat espinafre *m* [iʃpinafrə] 157
Spirituosen bebidas alcoólicas *pl* [bəbidɒʃ alkwɔlikaʃ] 62
Sport desporto [diʃportu] → 182ff; **Sportartikel** artigos de desporto *pl* [ɒrtiguʃ də diʃɔortu] 146; **Sportplatz** campo de desporto [kãmpu də diʃportu] 184
Sprachen línguas *pl* [lĩngwɒʃ] 46, 190
sprechen mit falar com [fɒlar kõ] 38, 207, 276; **laut/leise spre-**

chen falar alto/baixo [fɒlar altu/baiʃu]
springen saltar [sɒltar]
Spritze injecção *f* [ĩʒɛsɑ̃u] 233
Sprung salto [saltu]
Sprungbrett prancha [prɑ̃ʃɒ] 180
spülen lavar a loiça [lɒvar ɒ lɔisɒ]
spüren sentir [sẽntir]
Squash squash *m* [skwɔʃ] 183
Staat estado [iʃtadu]; **Staatsangehörigkeit** nacionalidade *f* [nɒsjunɒlidadə] 44
Stadion estádio [iʃtadju] 184
Stadt cidade *f* [sidadə] 47; **Stadtmauer** muros da cidade *pl* [muruʃ dɒ sidadə] 192; **Stadtplan** mapa da cidade *m* [mapɒ də sidadə] 169, 188; **Stadtrundfahrt** passeio pela cidade [pɒseju pəlɒ sidadə] 188; **Stadtviertel** bairro [baiRu] 192
standhaft firme [firmə]
Stange (*Zigaretten*) pacote de cigarros [pɒkɔtə də sigaruʃ] 63, 168
stark forte [fortə]
starten partir [pɒrtir] 78, levantar voo [ləvɒntar vo]
Starthilfekabel cabo de ajuda de arranque [kabu də ɒʒudɒ də ɒRɑ̃nkə] 215
statt em vez de [ẽi vez də]
stattfinden ter lugar [ter lugar]
Steak bife *m* [bifə] 134, 155
stechen picar [pikar] 225
Steckdose tomada *f* [tumadɒ] 104
Stecker ficha [fiʃɒ] 104
Stecknadel alfinete *f* [alfinɛtə]
stehen estar em pé [iʃtar ẽi pɛ]
stehlen roubar [Robar]
Stein pedra [pɛdrɒ] 149
sterben morrer [muRer]
Stern estrela [iʃtrelɒ]
Steuern impostos *pl* [ĩmpoʃtuʃ]
Steward hospedeiro [uʃpədeiru] 77; **Stewardess** hospedeira [uʃpədeirɒ] 77
Stiefel botas *pl* [bɔtɒʃ] 163
Stiel cabo [kabu]
still calmo [kalmu]
Stipendium bolsa de estudo [bolsɒ də iʃtudu]
Stockfisch bacalhau *m* [bɒkɒλau] 110, 127, 156
Stockwerk andar *m* [ɒndar] 20
stöhnen gemer [ʒəmer]
stören incomodar [ĩnkumudar] 74
Stoff tecido [təsidu] → 161
Stolz orgulho [urguλu]; **stolz** orgulhoso [urguλozu] 290
stornieren anular [ɒnular] → 78
stoßen (*drängeln*) empurrar [ẽmpurar]
Stoßstange pára-choque *m* [parɒ ʃɔkə] 217
Strafe (*Verkehr*) multa [multɒ] 70, castigo [kɒʃtigu]
strafen castigar [kɒʃtigar]
Strafzettel talão de multa *m* [tɒlɑ̃u də multɒ] 70
Strampelanzug babygrow *m* [beibigrou] 166
Strand praia [prajɒ] → 178ff; **Strandmatte** esteira [iʃteirɒ] 180
Straße rua [Ruɒ] 44, 65
Straßenbahn eléctrico *m* [ilɛtriku] 84
Streichhölzer fósforos *pl* [fɔʃfuruʃ] 168
Strömung corrente *f* [kuRẽntə] 179
Strohhalm palhinha [pɒλiɲɒ] 115
Strom corrente *f* [kuRẽntə] 93, electricidade *f* [ilɛtrəsidadə] 104
Stück peça [pɛsɒ] 195
Strümpfe meias *pl* [mejɒʃ] 160
Stuhl cadeira [kɒdeirɒ] 103, 136
Student/in estudante [iʃtudɑ̃ntə] 45, 188; **studieren** estudar [iʃudar] 46; **Studium** estudo [iʃtudu]

Stürmer (*Fußball*) avançado [ɒvɑ̃sadu] 187
stumm mudo [mudu]
Stunde hora [ɔrɒ] 25, 73, 179
Stundenkilometer quilómetro por hora [kilɔmətru pur ɔrɒ] 21
Sturm tempestade *f* [tẽmpiʃtadə] 35
suchen procurar [prɔkurar] 58, 89, 112, 147, buscar [buʃkar]
Süden sul *m* [sul] 35
süß doce [dosə] 140
Süßspeise doce *f* [dosə] 132
Surfbrett prancha de surf [prɑ̃ʃɒ də sɜːf] 179; **surfen** fazer surf [fɒzer sɜːf] 178
Super (Benzin) super [supər] 66
Supermarkt supermercado [supərmərkadu] 107, 144
Suppe sopa [sopɒ] → 125
Sweatshirt sweatshirt *m* [swetʃɜːt] 159
Swimmingpool piscina [piʃsinɒ] 92
sympathisch simpático [sĩmpatiku] 48
Szene cena [sẽnɒ]

T

Tabak tabaco [tɒbaku]; **Tabakladen** tabacaria [tɒbɒkɒriɒ] 205; **Tabakspfeife** cachimbo [kɒʃĩmbu]; **Tabakwaren** tabaco [tɒbɒku] → 168
Tablette comprimido [kõmprimidu] 222
täglich diariamente [djarjɒmẽntə]
Tätigkeit actividade [atividadə]
Tag dia *m* [diɒ] 27, 179, 223
Tagesgericht prato de dia [pratu də diɒ] 121
Tageskarte bilhete diário [biʎetə djarju] 85
Tagessuppe sopa do dia [sopɒ du diɒ] 126
Tal vale *m* [valə] 192
Tampons tampões *f pl* [tɑ̃mpoiʃ] 165
Tank reservatório [Rəzərvɒtɔrju] 217
Tankstelle estação de serviço *f* [iʃtɒsɑ̃u də servisu] → 65
Tanz dança [dɑ̃sɒ]; **tanzen** dançar [dɑ̃sar] 197
Tasche bolsa [bolsɒ] 63, bolso [bolsu] 161
Taschenlampe lanterna de bolso [lɑ̃ntɛrnɒ də bolsu] 106
Taschenrechner calculadora [kalkulɒdorɒ] 246
Taschentuch lenço [lẽsu], (*Papier~*) lenço de papel [lẽsu də pɒpɛl]
Tasse chávena [ʃavənɒ] 103; *bras.* xícara [ʃikɒrɒ] 103
Tastatur teclado [təkladu] 247
Taste tecla [tɛklɒ] 247
Tat acto [atu]
Tatsache facto [faktu]
tatsächlich (*Adv*) realmente [Rjalmẽntə]
taub surdo [surdu]
tauchen mergulhar [mərguʎar] 183; **Taucheranzug** escafandro [iʃkɒfɑ̃ndru] 184; **Taucherbrille** óculos de mergulho *m* [ɔkuluʃ də mərguʎu] 181, 184
Taxi táxi *m* [taksi] → 86
Tee chá *m* [ʃa] → 113; **Teelöffel** colher de chá *f* [kuʎer də ʃa] 223
teilen in/durch dividir em/por [dividir ẽi/pur]
Telefon telefone *m* [tələfɔnə] 97, 200; **Telefonbuch** lista telefónica [liʃtɒ tələfɔnikɒ] 206; **telefonieren** telefonar [tələfunar] → 205; **Telefonkarte** cartão crẹdifone *m* [kɒrtɑ̃u krɛdifonə] 205; **Telefonnummer** número de telefone [numeru də tələfɔnə] → 206; **Telefonzelle** cabine telefónica *f* [kɒbinə tələfɔnikɒ] 206

Telegramm telegrama *m* [tələgrɒmɒ] 204
Teller prato [pratu] 103, 136
Temperatur temperatura [tẽmpərɒturɒ] 34
Tempolimit velocidade máxima *f* [vəlusidadə masimɒ] 65, 69
Tennis ténis *m* [tɛniʃ] 183; **Tennis spielen** jogar tennis [ʒugar tɛniʃ] 183; **Tennisplatz** court de tennis [kɔ:t də tɛniʃ] 182, campo de tenis [kɑ̃mpu də tɛniʃ]; **Tennisschläger** raquete de tennis [Rɒketə də tɛniʃ] 185
Teppich tapete *m* [tɒpetə] 172
Terrasse terraço [təRasu] 102
Tetanus tétano [tɛtɒnu] 227
teuer caro [karu] 91, 147, 275
Teufel diabo [djabu]
Theater teatro [tjatru] 193
Therapie terapia [tərɒpiɒ] →228
Thermalschwimmbad piscina termal [piʃsinɒ tərmal] 234
Thunfisch atum *m* [ɒtũ] 126, 127, 156
tief fundo [fũndu] 178
tiefgefroren congelado [kõʒəladu] 155
Tiere animais *m pl* [animaiʃ] →64
Tintenfisch chocos *pl* [ʃokuʃ] 127, 156, (*ganzer gekochter*) polvo [polvu] 128; **Tintenfischsalat** salada de polvo [sɒladɒ də polvu] 119, 120, 121
Tisch mesa [mezɒ] 103, 122, 136; **einen Tisch reservieren** reservar uma mesa [Rəzərvar umɒ mezɒ] 122
Tischtuch toalha de mesa [twaʎɒ də mezɒ] 103, 136
Toast toasta [toʃtɒ] 117; **gemischter Toast** toasta mista [toʃtɒ miʃtɒ] 117
Tochter filha [fiʎɒ]
Tod morte [mɔrtə]; **tot** morto [mɔrtu]
Toilette casa-de-banho [kazɒ də bɒɲu] 74, 180
toll óptimo [ɔtimu] 48
Tollwut raiva [Raivɒ] 63
Tomate tomate *m* [tumatə] 157; **Tomatensalat** salada de tomate [sɒladɒ də tumatə] 126
Tonne tonelada [tunəladɒ] 21
Topf panela [pɒnɛlɒ] 103
Töpferware objectos de barro *pl* [ubʒɛtuʃ də baRu] 173
Torwart guarda-redes *m* [gwardɒ Redəʃ] 187
Tour passeio [pɔseju] 182
Touristeninformation turismo [turiʒmu] 188; **Touristenmenü** menu turístico *m* [məny turiʃtiku] 124
Trainer treinador *m* [trneiɒdor] 187
trampen ir à boleia [ir a bulejɒ] 58
Träne lágrima [lagrimɒ]
Traum sonho [sɔɲu]; **träumen von** sonhar com [suɲar kõ]
traurig triste [triʃtə]; **Traurigkeit** tristeza [triʃtezɒ]
Treffen encontro [ẽnkõntru]; **treffen, sich** encontrar-se [ẽnkõntrar sə] 50, 51, 240
Treppe escadas *pl* [iʃkadɒʃ] 102
Tresterschnaps bagaço [bɒgasu] 115, 116, 121
trinken beber [bəber] 134, 281
Trinkgeld gorjeta [gurʒɛtɒ] 137
trocken seco [seku] 34, 140
Tropfen gotas *pl* [gotɒʃ] 222
trotzdem apesar disso [ɒpəzar disu]
Tschüß Adeus [ɒdeuʃ] 42
T-Shirt t-shirt *m* [ti ʃɜ:t] 159
Tuch pano [pɑ̃nu]
tun als ob fingir [fĩʒir]
Tür porta [pɔrtɒ]
türkis turquesa [turkezɒ] 36

Turm torre *f* [toRə] 192
Tüte saco [saku] 147; *bras.* sacola [sɒkɔlɒ] 147
typisch típico [tipiku] 172

U

U-Bahn metro [mɛtru] 59, 84; **U-Bahnstation** estação de metro *f* [iʃtɒsɑ̃u də mɛtru] 85
über em cima [ẽi simɒ] 60
überall por toda a parte [pur todɒ ɒ partə]
überdies além disso [ɒlẽi disu]
Überfahrt passagem *f* [pɒsaʒẽi] 82
Überfall assalto [ɒsaltu] 219
Überholverbot proibição de velocidade *f* [prwibisɑ̃u də vəlusidadə] 69
überlegen pensar [pẽnsar] 149
übermorgen depois de amanhã [dəpoiʃ də ɒmɒɲɑ̃] 29
überqueren atravessar [ɒtrɒvəsar] 59, 60
überschreiten passar [pɒsar]
übersetzen traduzir [trɒduzir]
Übersetzer tradutor *m* [trɒdutor] 38
Übersetzung tradução [trɒdusɑ̃u]
übertreiben exagerar [izɒʒərar]
überweisen (*Geld*) transferir [trɑ̃ʃfərir] 203; **Überweisung** transferência [trɑ̃ʃfəresjɒ] → 203
überzeugen convencer [kõnvẽnser]
übrigens aliás [ɒljaʃ]
Uhr relógio [Rəlɔʒju] 146; **~zeit** horas *f pl* [ɔrɒʃ] → 23f
Ultraschalluntersuchung ecografia [ɛkugrafia] 228
um (*zeitlich*) a [ɒ] 51; **um vieviel Uhr?** a que horas? [ɒ kə ɔrɒʃ] 24, 51, 78, (*Konj.fin.*) para [pɒrɒ]
umbuchen alterar [ɒltərar] 78
Umgehungsstraße circunvalação *f* [sirkũvɒlɒsɑ̃u] 64
umkehren voltar para trás [voltar pɒrɒ traʃ] 59
Umkleidekabine vestiário [viʃtjarju] 180
Umleitung desvio [dəʃviu] 69
umsehen, sich dar uma vista de olhos [dar umɒ viʃtɒ də oʎuʃ] 147
umsonst (*Adv*) em vão [ẽi vɑ̃u]
umsteigen mudar [mudar] 71, 85
Umtausch troca [trokɒ]; **umtauschen** trocar [trɔkar] → 151; **Umtauschgebühren** taxas de câmbio *pl* [taʃɒʃ də kɑ̃mbju] 201
unangenehm desagradável [dəzɒgrɒdavɛl]
und e [i] 270ff
unerträglich insuportável [ĩsupurtavɛl]
Unfall acidente *m* [ɒsidẽntə] 212, 214; **Unfallstation** urgências *pl* [urgẽsjɒʃ] 231
ungefähr (*Adv*) cerca de [serkɒ də]
unglaublich incrível [ĩkrivɛl] 55
Unglück desastre *m* [dəzaʃtrə]; **unglücklich** infeliz [ĩfəliʃ]
unmöglich impossível [ĩmpusivɛl]
uns *(Akk/Dat)* nos [nuʃ] 49, 285, (*mit Präp*) a nós [ɒ nɔʃ] 285
unser/e/s o/a nosso/a [u/ ɒ nɔsu/ɒ]
unsere (*Pl*) os nossos [uʃ nɔsuʃ], as nossas [ɒʃ nɔsɒʃ] → 285f.
Unsinn disparate *m* [diʃpɒratə]
unten em baixo [ẽi baiʃu]
unter por baixo [pur baiʃu] 60
unterdessen entretanto [ẽntrətɑ̃ntu]
unterhalb von abaixo de [ɒbaiʃu də]
unterhalten, sich conversar [kõnvərsar]; **Unterhaltung** conversa [kõnvərsɒ]
Unterhemd camisola interior [kɒmizɔlɒ intərjor] 160
Unterhose ceroulas *pl* [sərolɒʃ] 160

Unterkunft alojamento [ɒlujɒmẽntu] → 88ff
Unternehmen empresa [ẽmprezɒ] 237; **Unternehmer/in** empresário/a [ẽmprəsarju/ɒ] 46
unterscheiden distinguir [diʃtĩɲgir]
Unterschied diferença [difərẽsɒ]
unterschreiben assinar [ɒsinar] 23, 68; **Unterschrift** assinatura [ɒsinɒturɒ]
untersuchen examinar [izɒminar]
unterwegs no caminho [nu kɒmiɲu]
Urlaub férias *pl* [ɛrjɒʃ] 55; **Urlaub machen** estar de fèrias [iʃtar də fɛrjɒʃ] 55
Urologe urologista [uruluʒiʃtɒ] 225
Ursache causa [kauzɒ]
Ursprung origem [uriʒẽi]; **ursprünglich** originalmente [uriʒinalmẽntə]

V

Vanilleeis gelado de baunilha [ʒəladu də bauniʎɒ] 139
Vater pai *m* [pai] 275
Vegetarier vegetariáno [viʒətɒrjɒnu] 135
Ventil válvula [valvulɒ] 83
verabreden, sich marcar uma entrevista [mɒrkar umɒ ẽntrəviʃtɒ] → 50
Veranstaltung espectáculo [iʃpɛtakulu] 193; **Veranstaltungskalender** agenda cultural [ɒʒẽndɒ kultural] 188
Verbrechen crime *m* [krĩmə]
verbrennen, sich queimar-se [keimar sə]
verbringen passar [pɒsar]
verehren adorar [ɒdurar]
vereinbaren combinar [kõmbinar]
verflucht maldito [mɒlditu] 288
vergangen passado [pɒsadu]; **Vergangenheit** passado [pɒsadu]
vergessen esquecer-se [iʃkɛser sə] 135
vergleichen comparar [kõmpɒrar]
Vergnügen prazer *m* [prɒzer]
verheiratet casado/a [kɒzadu/ɒ] 56
Verkauf venda [vẽndɒ] 202; **verkaufen** vender [vẽnder]; **Verkaufsgespräch** negociação *f* [nəgusjɒsɑ̃u] → 146ff; **Verkaufsleiter** chefe de vendas *m* [ʃɛfə də vẽndɒʃ] 236, 239
Verkehr trânsito [trɑ̃situ] → 68ff; **Verkehrsunfall** acidente *m* [ɒsidẽntə] → 213ff
verlängern prolongar [prulõngar] 91
verletzen, sich ferir se [fərir sə] 225; **verletzt** ferido [fəridu] 213; **Verletzung** ferida [fəridɒ] → 225f
verlieben, sich in apaixonar-se em [ɒpaiʃunar sə ẽi]
verlieren perder [pərder] 175, 216
Verlobter noivo [nɔivu]; **Verlobte** noiva [nɔivɒ] 42
vermeiden evitar [əvitar]
vermieten alugar [ɒlugar] 100
Vernunft juízo [ʒwizu]
verrechnen, sich enganar-se [ẽgɒnar sə] 23
verrückt maluco [mɒluku]; **Sei nicht verrückt!** Tem juízo! [tẽi ʒwizu]
verschicken enviar [ẽnvjar] 204
verschwinden desaparecer [dəzɒpɒreser] 56
Versicherung seguro [səguru] 215
Versprechen promessa [prumɛsɒ]; **versprechen** prometer [prumәter]
Versuch tentat va [tẽntɒtivɒ]; **versuchen** tenta˙ [tẽntar]
Vertrauen confiança [kõnfjɑ̃sɒ]; **vertrauen in** confiar em [kõnfjar ẽi]

Verspätung atraso [ɒtrazu]; **Verspätung haben** estar atrasado [iʃar ɒtrɒzadu] 73, 76
verstecken, sich esconder se [iʃkõnder sə]
verstehen perceber [pərsəber] 38
Verstopfung prisão de ventre *f* [prizãu də vẽntrə] 222
vertagen adiar [ɒdjar]
Verteidigung defesa [dəfezɒ] 187
Vertrag contrato [kõntratu] 240
Vertragswerkstatt representante *m* [Rəprəzẽntãntə] 216
vertraulich confidencial [kõnfidẽsjɒl] 242
Vertrieb vendas *pl* [vẽndɒʃ] 238
Verwaltungsdirektor/in director/a administrativo [dirɛtor/a ɒdminiʃtrɒtivu] 239
verwandt parente [pɒrẽntə]; **Verwandte** parente *m* [pɒrẽntə]
verwechseln mit confundir com [kõnfũndir kõ]
verwitwet viúvo [viuvu] 45
verzeihen perdoar [pərdwar]
verzollen alfandegar [alfɒndəgar] 62, declarar [dəklɒrar] 63
Vetter primo [primu]
Videorekorder videogravador *m* [vidjugrɒvɒdor] 245
viel muito [mũinto] 52; **Viel Glück!** Boa sorte! [boɒ sɔrtə] 50; **Vielen Dank!** Muito obrigado/a! [mũintu ubrigadu/ɒ] 52
vielleicht talvez [talveʃ] 51, se calhar [sə kɒʎar] 150
vier quatro [kwatru] 18; **vierte/r/s** quarto/a [kwartu/ɒ]
vierzehn catorze [kɒtorzə]
vierzig quarenta [kwɒrẽntɒ]
viereckig quadrado [kwɒdradu] 149
violett roxo [Roʃu] 36, violeta [vjuletɒ] 36
Visum visto [viʃtu] 62
Vogel ave [avə]
Volk povo [povu]
voll cheio [ʃeju] 29; **voll besetzt** completo [kõmplɛtu]
Volleyball voleibol *m* [vɔleibɔl] 183
vollenden levar a cabo [ləvar ɒ kabu]
Vollkaskoversicherung seguro contra todos os riscos [səguru kõntrɒ toduʃ uʃ Riʃkuʃ] 68
vollkommen perfeito [pərfeitu]
volltanken atestar [ɒtiʃtar] 65
von de [də] 41, 76, 270ff
vor em frente [ẽi frẽntə] 60
Vorausbezahlung pré pagamento [prɛ pɒgɒmẽntu] 111
vorbestellen reservar [Rəzərvar] 193
Vorderlicht farol *m* [fɒrɔl] 83, 84
Vorfahrt prioridade *f* [prjuridadə] 213
vorgestern anteontem [ãntəõntẽi] 29
vorher antes [ãntəʃ]
vorn à frente [a frẽntə]
Vorname nome *m* [nomə] 44
Vorsicht cuidado [kwidadu] 73, 212
Vorspeise entrada [ẽntradɒ] → 125ff
vorstellen (*sich/jemanden*) apresentar [ɒprəzẽntar] (se [sə]/alguém [algẽi]) → 41
vorwärts adiante [ɒdjãntə]
Vorwahl indicativo [ĩndikɒtivu] 206

W

wackeln abanar [ɒbɒnar] 233
Waffe arma [armɒ]
Wagen (*Zug*) carruagem *f* [karwaʒẽi] 74
Wagenheber macaco [mɒkaku] 215
wählen (Telefon) marcar [mɒrkar]

99, (auswählen) escolher [iʃkulʎer] 134
Wahnsinn loucura [lokurɒ]; **wahnsinnig** louco [loku]
während enquanto [ẽnkwãntu]
wahrscheinlich eventualmente [ivẽntwalmẽntə] 54
wahr sein ser verdade [ser vərdadə] 54, 285
Währung moeda [mwɛdɒ] 202
Wald floresta [flurɛʃtɒ] 192
Walkman walkman *m* [wɔ:kman] 171
wandern caminhar [kɒmiɲar] 183; **Wanderschuhe** sapatos de passeio *pl* [sɒpatuʃ də pɒseju] 163; **Wanderung** caminhada [kɒmiɲadɒ] 182
Wandschrank armário de parede [ɒrmarju də pɒredə] 102
wann quando [kwãndu] 29, 71, 74, 271
Ware mercadoria [mərkɒduriɒ] → 148ff
warm quente [kẽntə] 178; **Wärme** calor [kɒlor]
warten auf esperar por [iʃpərar pur] 150
Wartesaal sala de espera [sɒlɒ də iʃpɛrɒ] 73
Warteschlange bicha [biʃɒ] 23
warum porque [purkə] 271
was o quê [u ke] 39, 271; **Was für ein Ärger!** Que chatice! [kə ʃɒtisə] 55; **Was für eine Freude!** Que alegria! [kə ɒləgriɒ] 55; **Was für ein Glück!** Que sorte! [kə sɔrtə]; **Was für ein Pech!** Que azar! [kə ɒzar] 55
waschen lavar [lɒvar] 208; **Waschbecken** bacia [bɒsiɒ] 102; **Wäsche** roupa [ropɒ] 108; **Wäscherei** lavanderia [lɒvãndɒriɒ] 210; **Waschmaschine** máquina de lavar [makinɒ də lɒvar] 100, 102; **Waschmittel** detergente *m* [dətərʒẽntə] 210; **Waschräume** lavadouros *pl* [lɒvɒdoruʃ] 107
Wasser água [agwɒ] → 104
Wasserfall queda de água [kɛdɒ də agwɒ] 192
Wasserhahn torneira [turneirɒ] 102
Wassermelone melancia [mɒlãnsiɒ] 158
Wasserski esqui aquática *m* [iʃki ɒkwatiku] 181
wechseln (*Geld*) trocar [trukar] 98, cambiar [kãmbjar] 202; **Reifen wechseln** mudar o pneu [mudar u pneu] 216
wecken acordar [ɒkurdar] 98
weder ... noch nem ... nem [nẽi nẽi]
Weg caminho [kɒmiɲu] → 58
weg (*fort*) embora [ẽmborɒ]
wegen por causa de [pur kauzɒ də]
weggehen ir embora [ir ẽmborɒ]
wehtun doer [duer] 226
weiblich feminino [fəməninu] 44
Weihnachten Natal *m* [nɒtal] 273; **Frohe Weihnachten!** Feliz Natal! [fəliʃ nɒtal] 50
weil porque [purkə] 271
Wein vinho *m* [viɲu] → 140ff; **Weinbrand** brandy *m* [brandi] 115, 116; **Weinfaß** pipa [pipɒ] 113; **Weintraube** uva [uvɒ]
weinen chorar [ʃurar]
weiß branco [brãnku] 36
Weißwein vinho branco *m* [viɲu brãnku] 115, 116
weit longe [lõʒə] 61, (*Kleidung*) largo [largu] 159
weitsichtig presbita [priʒbitɒ] 175
welche qual [kwal] 271
Welle onda [õndɒ]
wenig pouco [poku]; **weniger** me-

nos [menuʃ] 289; **wenigstens** pelo menos [pəlu menuʃ]
wenn se [sə] 52, 74
werden ficar [fikar] 275ff
Werkstatt oficina [ufisinɒ] 26, 216,
Werktag dia útil *m* [diɒ util] 28
Weste colete *m* [kɔletə] 159
Westen oeste *m* [wɛʃtə] 28
Wetter tempo [tẽmpu] → 32ff
wichtig importante [ĩmpurtãntə] 285
wie como [komu] 39, 271; **Wie lange?** Ha quanto tempo? [a kwãntu tẽmpu] 55
Wie oft? Quantas vezes? [kwãntɒʃ vezəʃ]; **Wie schade!** Que pena! [kə penɒ] 55; **Wieviel?** Quanto? [kwãntu] 150, 271, **Wie viele?** Quantos? [kwɒntuʃ] 61, 79, 139; **Wie weit?** A que distância? [ɒ kə diʃtɒsjɒ] 61
Wiederhören Adeus [ɒdeuʃ] 208
wiederholen repetir [Rəpətir] 39
wiederkommen voltar [voltar] 105
Wiedersehen Adeus [ɒdeuʃ] 208
wieviel quanto [kwãntu] 22 ; **Wieviel kostet das?** Quanto é? [kwãntu ɛ] 151
Wildleder camurça [kɒmursɒ] 163
Wille vontade *f* [võntadə]
Willkommen! Bem vindo/a! [bẽi vĩndu/ɒ] 41
Wimperntusche rimel *m* [Riməl] 165
Wind vento [vẽntu] 33, 35; **es ist windig** está vento [iʃta vẽntu] 33
Windeln fraldas *pl* [fraldɒʃ] 166
Windschutzscheibe pára-brisas *m* [parɒ brizɒʃ] 217
Winter inverno [ĩvɛrnu] 33
wir nós [nɔʃ] → 285
Wirbelsäule coluna [kulunɒ] 230
wirklich realmente [Rjalmẽntə] 42
Wirkung efeito [ifeitu]
Wirrwarr confusão *f* [kõnfuzãu]
Wirtschaftswissenschaften economia [ikunumiɒ] 46
wissen saber [sɒber] 54, 89, 277
Witwe/r viúva/o [viuvɒ/ɒ]
Witz anedota [ɒnədɔtɒ]
wo onde [õndə] 43, 51, 70, 71, 147, 271
Woche semana [səmɒnɒ] → 28; **pro Woche** por semana [pur səmɒnɒ] 68
Wochenende fim-de-semana *m* [fĩ də səmɒnɒ] 186
Wörterbuch dicionário [disjunarju] 170
woher de onde [də õndə] 43, 173
wohin para onde [pɒrɒ õndə] 271
wohnen viver [viver] 43
Wohnort morada [muradɒ] 44
Wohnmobil caravana [karɒvɒnɒ] 105, roulote *f* [rulotə] 107
Wohnung casa [kazɒ] 100, 220
Wohnwagen caravana [kɒrɒvanɒ] 105; *bras.* trailer *m* [treilɒ] 105
Wohnzimmer sala de estar [salɒ də iʃtar] 103
Wolke nuvem *f* [nuvẽi] 35
Wolle lã [lã] 149
wollen querer [kərer] → 277, desejar [dəzəʒar]
woraus de que [də kə] 174
Wort palavra [pɒlavrɒ] 39
Wunder maravilha [mɒrɒviʎɒ]
wunderbar maravilhoso [mɒrɒviʎozu] 48
Wunsch desejo [dəzeʒu]; **wünschen** desejar [dəzəʒar] 138, 147
Wurst enchido [ẽiʃidu] → 154 **Würstchen** salsicha [salsiʃɒ] 155
Wut fúria [furjɒ]; **wütend** furioso [furjozu]

Z

Zahlen números *pl* [numəruʃ] → 18ff; **zählen** contar [kõntar]
Zahn dente *m* [dẽntə] 23; **Zahnarzt/ ärztin** dentista [dẽntiʃtɒ] → 232: **Zahnbürste** escova de dentes [iʃkovɒ də dẽntəʃ] 165; **Zahnfleisch** gengiva [ʒẽʒivɒ] 233; **Zahnkrone** croa [kroɒ] 233; **Zahnpasta** pasta de dentes [paʃtɒ də dẽntəʃ] 165; **Zahnschmerzen** dores de dentes *f pl* [dorəʃ də dẽntəʃ] 222, 232; **Zahnstocher** palito [pɒlitu] 136
Zäpfchen supositórios *pl* [supuzitɔrjuʃ] 222
Zaun vedação *f* [vədɒsãu] 107
Zeh dedo do pé [dedu du pɛ] 230
zehn dez [deʃ] 18
zeichnen desenhar [dəziɲar]
Zeichnung desenho [dəzɛɲu] 191
zeigen mostrar [muʃtrar] 59, 162, 245
Zeigestock apontador *m* [ɒpõntɒdor] 245
Zeit tempo [tẽmpu] → 23
Zeitschriften revistas *pl* [Rəviʃtɒʃ] 169
Zeitungen jornais *m pl* [jurnaiʃ] → 168
Zelt tenda [tẽndɒ] 105, 106; *bras.* barraca [bɒRakɒ] 105
Zentimeter centímetro [sẽntimətru] 20
Zentrum centro [sẽntru] 58, 92
zerbrechen partir [pɒrtir] 276
Zeuge testemunha *m* [tiʃtəmuɲɒ] 213
Zicklein cabrito [kɒbritu] 130
ziehen (*Zahn*) arrancar [ɒrãnkar] 233, (*zerren*) puxar [puʃar]
Ziel fim *m* [fĩ]
Zigarillo cigarillo [sigɒriʎu] 168
Zigarre charuto [ʃɒrutu] 168
Zigaretten cigarros *pl* [sigɒRuʃ] 63, 168
Zimmer quartos *pl* [kwartuʃ] → 91ff; **Zimmernummer** número do quarto [numəru du kwartu] 97
Zimt canela [kɒnɛlɒ] 138
Zitrone limão *m* [limãu] 114, 125, 158
zögern hesitar [əzitar]
Zoll alfândega [alfɒndəgɒ] → 63; **zollpflichtig** a declarar [ɒ dəklɒrar] 62, 63
Zoo jardim zoológico *m* [ʒɒrdĩ zuolɔʒiku] 192
zu (*folgendes Subst. ohne Art.*) a [ɒ], (*folgendes Subst. m*) ao(s) [ɒu(ʃ)], (*folgendes Subst. f*) à(s) [a(ʃ)] 79, para [pɒrɒ] 76; **zu Hause** em casa [ẽi kazɒ]
Zuccini cabaçote *m* [kɒbɒsotə] 157
Zucker açúcar *m* [ɒsukar] 113
zuerst primeiro [primeiru]
zufällig por acaso [pur ɒkazu]
zufrieden satisfeito [sɒtiʃfeitu] 243, contente [kõntẽntə]
Zug comboio [kõmbɔju] → 70ff; *bras.* trem *m* [trẽi] 58
Zukunft futuro [futuru]; **in Zukunft** de futuro [də futuru]
zulassen admitir [ɒdmitir]
zuletzt por fim [pur fĩ]
Zündkerzen velas *pl* [vɛlɒʃ] 218
Zündung ignição *f* [ignisãu] 218
zurück atrás [ɒtraʃ]
zurückfahren voltar para trás [voltar pɒrɒ traʃ] 60
zurückgeben devolver [dəvolver] 151
zurückkommen voltar [voltar] 190
zurücklegen (*aufbewahren*) guardar [gwɒrdar] 150
zurückzahlen devolver dinheiro [dəvulver diɲeiru] 275
zur Zeit actualmente [atwalmẽntə]
zusammen junto [ʒũntu] 137

Zusatzbett cama adicional [kɒmɒ adisjunɒl] 94
Zuschauer espectador *m* [iʃpɛtɒdor] 187
Zuschlag sobretaxa [sobrətaʃɒ] 72
Zuständige responsável *m* [Rəʃpõnsavɛl] 237
zustimmen concordar [kõnkurdar]
zuviel demais (*nachgestellt*) [dəmaiʃ]
zwanzig vinte [vĩntə]
Zweck fim *m* [fĩ]
zwei dois/duas [doiʃ/duɒʃ] 18
Zweifel dúvida [duvidɒ] 54; **Zweifel haben** ter dúvidas [ter duvidɒʃ] 54; **zweifeln** duvidar [duvidar]
zweite/r/s segundo/a [səgũndu/ɒ]
Zwiebel cebola *f* [səbolɒ] 125, 157
zwingen forçar [fursar]
zwischen entre [ẽntrə] 60
Zwischenlandung escala [iʃkalɒ] 78
zwölf doze [dozə]

Wörterbuch Portugiesisch–Deutsch

A

a die 272
a partir de ab 169
abacate Avokado 156
abacaxi *m* Ananas 157
aberto geöffnet 26, 66
abobrinha Zucchini 157
aborrecer langweilen; **aborrecido** langweilig
abraço Umarmung
abre-latas Dosenöffner 103
Abril April 28
abrir öffnen 63, 74, 247f, 284
absolutamente absolut
abusar mißbrauchen
acabar beenden
acalmar beruhigen
acaso Zufall
acção *f* Aktion, Handlung
aceitar akzeptieren, annehmen
acender anzünden
acerca de über, in bezug auf
acetona Nagellackentferner 165
achar finden, meinen
acidente Unfall 212, 214
acolá dort
acompanhar mitkommen, begleiten 242
acontecer geschehen 220
acontecimento Ereignis
acordar wecken 98
acordo Abkommen
acostumar-se a sich gewöhnen an
ACP Portugiesischer Automobilclub 212
acrescentar hinzufügen
acto Tat, Handlung
actual aktuell
açucar *m* Zucker 113f
acusar anklagen
adesivo Pflaster 221
adeus tschüß 42; auf Wiederhören 208
adiante vorne, weiter
adiar verschieben, vertagen
adivinhar erraten
administração *f* Verwaltung
admitir zugeben
adoecer krank werden
adorar bewundern
adormecer einschlafen
adulto Erwachsener 223
advogado Anwalt
aeróbica Aerobic 183
aero-moça *bras.* Stewardeß 77
aeroporto Flughafen 76 ff, 86, 240
afastar-se sich entfernen
afiador Anspitzer 170
afinal schließlich, endlich
afirmar bestätigen, bejahen
agitar schütteln
agora jetzt, nun
Agosto August 28
agradável angenehm 41, 48
agradeçer danken, sich bedanken 48
agrafador Hefter 246
água Wasser 65, 93, 178; ~ **com gás** mit Kohlensäure 112; ~ **potável** Trinkwasser 74, 104
aguardente *m* Schnaps 115f
aguarela Aquarell 191
aguentar ertragen
agulha Nadel
aí da, dort
ainda noch
ajuda Hilfe
ajudar helfen 49, 146, 212, 216
alcachofra Artischocke 156
álcool Alkohol 229
aldeia Dorf

alegria Freude 55
além da drüben
alemã Deutsche; **alemão** Deutscher
alemão deutsch 38
alérgico allergisch 227
alface *f* grüner Salat 157
alfândega Zoll 62, 78
algodão Baumwolle 148, 161
alguém jemand
algum, alguma irgendein(e)
alheira Knoblauchwurst 154
alho Knoblauch 110, 125, 157; ~ **porro** Lauch 157
ali dort
alimentar ernähren
almoçar zu Mittag essen 112; **almoço** Mittagessen 121f
almofada 102
alperce *m* Aprikose 157
alpinismo Bergsteigen 183
alterar umbuchen 78
alto hoch, groß 163, 228
altura Höhe
alugar mieten 67, 98, 100, 179; **aluguer de carros** Autovermietung 67
aluguel de carros Autovermietung 67
aluna Schülerin; **aluno** Schüler
amanhã morgen 50, 122
amar lieben
amarelo gelb 36
amável liebenswürdig
ambiente Umwelt
ambos, ambas beide
ambulância Krankenwagen 212
amêijoa Miesmuschel 129, 156
ameixa Pflaume 158
amiga Freundin 272
amigável freundlich 47
amigo Freund 41f
analgésicos *pl* Schmerzmittel 221, 232
ananás *m* Ananas 157
andar gehen, laufen; ~ **a cavalo** reiten 182
andar *m* Etage, Stock 243
andebol Handball 183
anedota Witz
anel *m* Ring 175
anestesia local örtliche Betäubung 228
anexo Anlage 242
animado lebhaft
animal *m* Tier 94, 100
ano Jahr 43, 105; **Ano Novo** Neujahr
ansioso (*Mensch*) gespannt
anterior vorhergehend
antes vor
antigamente früher
antigo alt
antiguidades *f pl* Antiquitäten 144
anular rückgängig machen, stornieren 78, 248
anunciar ankündigen
anúncio Anzeige
aonde wohin
apagar löschen 248
apanhar nehmen 60
aparecer erscheinen
aparelho de fax Faxgerät 246
apartado postal Postfach 205
apartamento Apartment 88f, 100
apelido Nachname 44
apenas nur
apêndice *m* Blinddarm 229
aperitivo Aperitif 134
apertado eng 159, 162
apertar o cinto sich anschnallen 80
apesar de obwohl
apetite *m* Appetit 53
apoiar stützen, unterstützen
apontador *m* Zeigestock 245
apontar zeigen auf

ave *f* Vogel
avenida Allee
aves *f pl* Geflügel 145, 155
avião Flugzeug 58, 77f
avisar warnen
aviso Warnung
avô Großvater; **avó** f Großmutter
azar *m* Pech 55
azeite *m* Olivenöl 110, 125; **azeitona** Olive 119
azul blau 36
azulejo Kachel 171f

B

babe(i)ro Lätzchen 166
bacalhau *m* Stockfisch 110, 127f
bacia Waschbecken 102
bagaço Tresterschnaps 115f
bagagem *f* Gepäck 75, 219; ~ **de mão** Handgepäck 79
baile m Tanz, Ball
bairro Stadtviertel 192
baixar senken
baixo niedrig, klein, unten 163, 226, 228
balcão Theke, Ladentisch
baliza (*Fußball*) Tor 187
banana Banane 157
banco Bank 25, 46, 200, 203; ~ **de dados** Datenbank 248
bandeira Fahne
banheira Badewanne 102
banheiro Bademeister 234; Badezimmer / WC 97
banho de sol Sonnenbad 181
banho turco Dampfbad 234
bar do hotel Hotelbar 96
bar Kneipe mit kleinen Mahlzeiten 197
barato billig 91
barba Bart
barbatanas *pl* Taucherflossen 184
barco Schiff, Boot 58, 61, 81, 181
barraca Zelt 105
barriga Bauch 226
barroco barrock 191
barulhento laut 92; **barulho** Lärm, Geräusch 216
bastante genug, ziemlich; **bastar** genügen, ausreichen
batata Kartoffel 157; ~ **cozida** gekochte Kartoffeln 131; ~ **frita** Pommes frites 131
bater schlagen
bateria Batterie 167, 171, 218
batôn *m* Lippenstift 165
beber trinken 134, 284
bebida Getränk 123
beijar küssen; **beijo** Kuß
beira Rand, Ufer
beleza Schönheit; **belo** schön
bem gut 40; ~**vindo** willkommen 41
bengaleiro Garderobe 194
beringela Aubergine 156
berrar schreien, brüllen
biberão Fläschchen 166
bica Espresso 113f
bicho Tier (*klein*)
bicicleta Fahrrad 58, 82 ff, 145, 182, 185; ~ **de montanha** Mountainbike 185
bidão Kanister 106
bife *m* Steak 155
bijuteria Schmuck 146
bilhete *m* Fahrkarte 71f, 85f; Eintrittskarte 186, 193; ~ **de avião** Flugticket 77; ~ **de identidade** Personalausweis 45, 62, 68
bilheteira (*Kino*) Kasse, Schalter
biquini *m* Bikini 181
blazer *m* Blazer 159f
bloco Block, Notizbuch 170, 246
blusa Bluse 160
boa gut 40, 48, 289; **boa sorte** viel Glück 50

boca Mund 230, 233
bocado Stück, Weile
boi *m* Ochse 154
bola Ball 181, 187; *(Eis)* Kugel 139
bolacha Keks 138, 166
bolo Kuchen 132, 137, 145; ~ **de amêndoa** Mandelkuchen 132, 137
bolsa (Hand-)Tasche 63
bolso Tasche 161
bom gut 289
bombeiros *pl* Feuerwehr 212
boné *m* Mütze 159, 166
boneca Puppe
bonito hübsch, schön 47, 178
borracha Radiergummi 170, 246
borrego Lamm 154
botão Knopf 161
botas *pl* Stiefel 163
botijão de gás Gasflasche 104
braço Arm 226, 230
branco weiß 36
brandy Weinbrand 115f
breve kurz, bald
brilhante *m* Brillant 175
brilhar scheinen, glänzen
brincadeira Scherz, Spaß
brincar spielen
brincos *pl* Ohrringe 175
brinquedo Spielzeug 166
bronzeador *m* Sonnencreme 165, 180
buraco Loch
burro Esel
buscar holen, abholen 101

C

cá hier
cabaçote *m* Zucchini 157
cabaret *m* Kabarett 197
cabeça Kopf 230
cabedal *m* (*Schuhe*) Leder
cabelo Haar 208f
caber Platz haben, hineinpassen
cabine telefónica *m* Telefonzelle 206
cabrito Zicklein 130, 154
caça Jagd
caçar jagen
cachecol *m* Schal 159
cachimbo Pfeife 168
cachoeira Wasserfall 192
cadeado *(Fahrrad)* Schloß 83
cada jeder
cadeira Stuhl 103, 136; ~ **de bebé** Kindersitz 166; ~ **de rodas** Rollstuhl 93
caderno Heft 170
caducado *(Paß)* abgelaufen 62
café da manhã *m* Frühstück 90
café *m* Café 47
cair fallen 226
caixa Schachtel 158; ~ **multibanco** Geldautomat 200
calar-se schweigen
calçar (*Schuhe, Strümpfe*) anziehen
calças *pl* Hose 160, 210; ~ **de ganga** Jeans 160
calculadora Taschenrechner 246
caldeirada Fischeintopf 127
caldo verde Kohlsuppe 126
calma Ruhe
calmantes *m pl* Beruhigungsmittel 221
cama Bett 102, 229; ~ **adicional** Zusatzbett 94; ~ **simples** Einzelbett 93; ~ **de casal** Doppelbett 93
câmara Rathaus
camarão *f* Krabbe 129, 156
camarote *m* Schiffskabine 82; Loge 194
cambiar *(Geld)* wechseln 200, 202
câmbio Geldwechsel, Wechselkurs 201
camião LKW 65

caminhada Wanderung 182
caminhão LKW 65
caminhar wandern
caminho Weg 59
camisa Hemd 159, 226
camiseta Unterhemd 160
camisola Pullover 159, 226
campainha Schelle, Klingel
campismo Camping 88f
campo Feld; ~ **de golfe** Golfplatz 182, 184
camurça Wildleder 163
cancelar absagen, ausfallen, abbrechen 193, 202f
canção *f* Lied
candeeiro Lampe
caneca Glas Bier (0,4) vom Faß 112, 116
canela Zimt 138
caneta Füller 170
canja Hühnersuppe 126
cantar singen 195
canto Ecke; Gesang
canudinho Strohhalm 114
cão Hund 64
capaz fähig
capital *f* Hauptstadt
capitão Kapitän 77
cápsulas *pl* Kapseln 222
cara Gesicht
caracol *m* Schnecke 120, 129
carapau *m* Knochenfisch 127
caravana Wohnwagen 65, 105
carcaça Brötchen 117
carecer fehlen
carga Mine 170
Carnaval Karneval
carne *f* Fleisch 123, 154; ~ **de porco à alentejano** Schweinefleisch mit Muscheln 130; ~ **picada** Hackfleisch 152, 154
caro teuer 91, 148
carregar beladen
carro Auto 58, 64, 67, 96, 216
carruagem *f (Zug)* Wagen 74; ~ **cama** Schlafwagen 72; ~ **restaurante** *f* Speisewagen 72
carta Brief 204; Spielkarte 198; **carta de condução** Führerschein 64, 68, 70; ~ **expressa** Eilbrief 205; ~ **registada** Einschreiben 205
cartão credifone Telefonkarte 206
cartão de crédito Kreditkarte 22, 98, 202, 219; **cartão de embarque** Bordkarte 77, 80
carteira Brieftasche 219
carteira de identidade Personalausweis 45, 62
carteira de motorista Führerschein 70
cartões postais *pl* Ansichtskarten 169
cartorze vierzehn
casa Haus, Wohnung 42, 220; ~ **de férias** Ferienwohnung 100
casaco Jacke 159, 219; ~ **comprido** Mantel 159
casa-de-banho *f* Toilette, Bad 74, 102, 180, 194, 231
casado verheiratet 45, 56
casal *f* Ehepaar
casamento Heirat; **casar-se** heiraten
casino Spielkasino 197f
caso Fall, Ereignis
cassete *f* Kassette 171
castanho braun 36, 162
castigar bestrafen; **castigo** Strafe
catálogo Katalog 189; ~ **da exposição** Ausstellungskatalog 249
cataplana spezielle Fischpfanne aus Kupfer 127
causa Grund; **causar** verursachen
cavalo Pferd
cave *f* Keller
CD *m* CD 171

cebola Zwiebel 125, 157
cedo früh 25
cego blind
cem hundert
cemitério Friedhof 192
cenoura Möhre 157
central Zentrale
centro Zentrum, Mitte 58, 89, 92, 194; ~ **comercial** Einkaufszentrum 25, 144; ~ **de conferências** Kongreßzentrum 249
cerca de etwa, ungefähr 174
cereja Kirsche 158
certeza Gewißheit
certo sicher
cerveja Bier 112, 116
cervejaria Brauhaus 111
cesto Korb
céu *m* Himmel 35
chá *m* Tee 113f
chamada Anruf, Aufruf 80; ~ **internacional** Auslandsgespräch 206; ~ **interurbana** Ferngespräch 206;~ **local** Ortsgespräch 206
chamar rufen 99, 213
chamar-se heißen 41, 43, 190
champô Shampoo 164
chanfana Ziegenfleisch in Rotwein im Backofen 130
chantily Schlagsahne 133
chapéu *m* Hut 159; ~ **de sol** Sonnenschirm 179
charuto Zigarre 168
chato langweilig, lästig
chave *f* Schlüssel 96 f, 101, 121
chávena Tasse 103
chefe *m* Chef; ~ **de departamento** Abteilungsleiter 237, 239; ~ **de vendas** Verkaufsleiter 236, 239
chegada Ankunft 73, 78
chegar ankommen 42, 71, 243; reichen 152
cheio ausgebucht 88f
cheirar riechen 53
cheiro Geruch
cheque *m* Scheck 22; ~ **de viagem** Reisescheck 201
cherne *m* Silberbarsch 127
chinelos *pl* Hausschuhe 163
chocolate *m* Schokolade 152
chocos *pl* Tintenfisch 127, 156
chorar weinen
chourição Aufschnittwurst 154
chover regnen 33
chucha Schnuller 166
chumbo Blei; *(Zahn)* Füllung 233
chupeta Schnuller 166
chuva Regen 34
ciclismo Radfahren 183
cidade *f* Stadt 47, 188; ~ **velha** Altstadt 192
cigarrilho Zigarillo 168
cigarro Zigarette 168
cinco fünf 18
cinema *m* Kino 51, 193, 197
cinto Gurt, Gürtel 69, 164, 217
cinza Asche
cinzeiro Aschenbecher 136
cinzento grau
cirurgia Chirurgie 231
cirurgião Chirurg 224
claro klar, hell
classe *f* Klasse, Sorte
cliente *m* Kunde
clima *m* Klima
coberta Decke 102
código de acesso Password 248; ~ **pessoal** Geheimzahl 202; ~ **postal** Postleitzahl 205
coentros *pl* Koriander 125
cofre *m* Schließfach 75, 96
cogumelo Champignon 157
coisa Ding, Sache 134, 179, 210
coitado bedauernswert
cola Kleber 170, 246
colar kleben
colchão pneumático Luftmatratze 106, 181

colecção *f* Sammlung
colega *m* Kollege 238
colete *m* Weste 159
colheita (Wein) Jahrgang 140
colher *f* Löffel 103, 136; ~ **de chá** Teelöffel 223
colina Hügel 192
collants Feinstrumpfhose
colocar stellen, legen
coluna Wirbelsäule 230
com mit; ~ **licença** Sie gestatten 49
combinar vereinbaren
comboio Zug 58, 61, 70, 73
começar anfangen; **começo** Anfang
comédia Komödie 195
comer essen 53, 233
comércio Handel
cometer begehen, verüben
comida Essen 53, 135; ~ **de bebé** Babynahrung 166
comigo mit mir 286
como wie, wie bitte
comodo bequem
companhia Gesellschaft, Begleitung
comparar vergleichen
compartimento para fumadores Raucherabteil 72
compatível kompatibel 247
completo vollständig, voll
complicado schwierig
compra Kauf, Ankauf 202
comprar kaufen 144, 186
compras *pl* Einkauf 238
comprido lang 159
computador *m* Computer 246
comum gemeinsam, allgemein
concerto Konzert 98, 193
concordar einverstanden sein
condição *f* Bedingung
condutor *m* Fahrer 70
conduzir fahren
confessar zugeben
confidencial vertraulich 242
confirmação *f* Bestätigung 94, 244
confirmar bestätigen 78, 202
conforme gemäß, nach
confortável komfortabel 91
confundir verwechseln
congelado tiefgefroren 155
conhecer kennen(-lernen) 42
conhecido bekannt
conhecimento Kenntnis
connosco mit uns 286
consciência Bewußtsein, Gewissen
conseguir können 226f
conselho Rat, Tip
consequência Konsequenz
consertar reparieren, ausbessern
conservar bewahren, erhalten
consigo mit sich, mit Ihnen 286
consistir em bestehen aus
consolar trösten
constipação Erkältung 225
constipar-se sich erkälten
construir bauen
conta Konto, Rechnung 98, 137; ~ **corrente** Girokonto 203
contacto Kontakt
contabilidade *f* Buchhaltung 238
contar zählen
contente zufrieden
contigo mit dir 286
continuar weitermachen, fortfahren
contra gegen
contrato Vertrag 240
controlar prüfen 66
controlo de passaportes Paßkontrolle 77
contudo dennoch
convencer überzeugen
conveniente passend, zweckmäßig
conversa Gespräch; **conversar** sprechen, sich unterhalten
convento Kloster 192

convidar einladen
convite *m* Einladung
cooperativa Genossenschaft 239
coordenador *m* Koordinator 237
cópia Kopie 245
copiar kopieren 248
copo Glas 103, 136, 140; ~ **de água** ein Glas Wasser 115
cor *f* Farbe 149
coração Herz 229
coragem *f* Mut
corda de reboque Abschleppseil 215
coroa Zahnkrone 233
corpo Körper
corredor *m* Gang, Flur 79, 102
correio Post 25, 97, 203, 205; ~ **aéreo** Luftpost 205
corrente *m* Strom 93, 104
correr laufen, rennen
corrida Rennen 186
corrigir korrigieren 202
cortar schneiden 208f, 226
cortina Vorhang
coser nähen
costa Küste
costas *f pl* Rücken 226, 230
costeleta Kotelett 154
costume *m* Brauch, Gewohnheit
couro Leder
court de ténis Tennisplatz 182, 184
couve *f* Kohl 157; **couve-flor** Blumenkohl 156
coxa Oberschenkel 230
cozido gekocht 124
cozinha Küche 102
cozinhar kochen
creme *f* Creme 165
crer glauben
crescer wachsen
criança Kind 68, 89, 162, 178, 189
crime *m* Verbrechen
criticar kritisieren
cru (*Essen*) roh
cruz *f* Kreuz
cruzamento Kreuzung 59f, 68
cruzeiro Kreuzfahrt 81
cuecas *pl* Slip 160
cuidado Vorsicht 212
culpa schuld 213
culto gebildet
cultura Kultur
cumprimentar begrüßen
cumprimentos *pl* Grüße 242
curioso neugierig
curso Kurs, Studium
curto kurz 159
curva Kurve
custar kosten 22, 66, 90, 94, 150 179, 204
custos *pl* Kosten 244

D

dado Würfel
daí von da, daher
dança Tanz
dançar tanzen 197
dano Schaden 214
dantes früher
dar geben 152, 201, 277
data de nascimento Geburtsdatum 44
de von, aus, vor, mit, als
de acordo einverstanden 51, 54
debaixo de unter
decente anständig
decerto sicherlich
decidir entscheiden
decisão *f* Entscheidung 244
declarar verzollen 63
dedo Finger 230
defeito Fehler, Mangel
defender verteidigen
defesa Verteidigung 187
deficiente *m* Behinderte/r 189

deitar legen 226
deixar lassen 66; abgeben 68
delicado zart, fein
demais zuviel
demasiado zu 159
demorar dauern 61, 82, 194, 204
dente *m* Zahn 232; **dentista** *m* Zahnarzt 225, 232
dentro innen, im Inneren
depender de abhängen von
depois danach
depositar einzahlen 203
depósito de bagagem Gepäckaufbewahrung 73, 75
depressa eilig, schnell
dermatologista *m* Hautarzt 224
desagradável unangenehm
desaparecer verschwinden
desastre *m* Unfall, Unglück
descalço barfuß
descansar sich ausruhen
descarregar ausladen, abladen
descer hinuntergehen
descobrir entdecken
desconfiar mißtrauen
desconhecido unbekannt
desconto Ermäßigung 90
desculpa Entschuldigung
desculpar entschuldigen 49
desde seit 29; ~ **quando** seit wann 29
desejar wünschen 138
desejo Wunsch
desembrulhar auspacken
desempregado arbeitslos 46
desenho Zeichnung 191
desenvolver entwickeln
desgraça Unglück, Elend
desistir de etwas aufgeben
desligar abstellen 104
desmontar abbauen 249
desodorizante *m* Deo 164
desordem *f* Unordnung
despachar abfertigen, erledigen
despedida Abschied; **despedir-se** sich verabschieden
despensa Abstellraum 102
despertador *m* Wecker
despir-se sich ausziehen
desportivo sportlich 148
desporto Sport
destino Schicksal
destruir zerstören
desvio Umleitung 69
detalhe *m* Einzelheit 240
detergente *m* Waschmittel 210
Deus *m* Gott; ~ **me livre** davor hüte mich Gott 54
devagar langsam 39
dever müssen, sollen 188
devolver zurückgeben 151
dez zehn 18
dezanove neunzehn
dezasseis sechzehn
dezassete siebzehn
Dezembro Dezember 28
dezoito achtzehn
Dia da Liberdade Tag der Freiheit
Dia do Camões Camões-Tag (Portugaltag)
dia Tag 27, 40, 179; ~ **da chegada** Anreisetag 91; ~ **da partida** Abreisetag 91; ~ **útil** Wochentag 28
diabetes *f* Diabetis 227; **diabético** Diabetiker 135
diabo Teufel
diafragma *m* Diaphragma 228
diante vorn
diário Tageszeitung
diarreia Durchfall 222, 225
dicionário Wörterbuch 170
diferença Unterschied
diferente verschieden, anders
difícil schwierig; **dificuldade** *f* Schwierigkeit
diluir auflösen 223
diminuir verringern

dinheiro Geld 200f, 206, 219
director Direktor, Geschäftsführer 92, 239
direito Recht
direito rechts 59f
dirigir dirigieren 195
disco rígido Festplatte 247
discoteca Diskothek 197
discurso Rede, Ansprache
discutir besprechen 240
disquete *f* Diskette 246
distância Entfernung; **distante** entfernt, weit
distinguir unterscheiden
distraído unkonzentriert, zerstreut
distribuição *f* Distribution 238
divertido amüsant, lustig; **divertir-se** sich amüsieren
divida (*Geld*) Schulden
dividir teilen
divorciado geschieden 45
dizer sagen 55, 277
dobrar falten, biegen
dobro Doppelte
doce *f* Süßspeise 132; süß 140; ~ **de morango** Erdbeermarmelade 118
documentos *pl* Papiere 69, 245; ~ **do veículo** Fahrzeugpapiere 70
doença Krankheit 227
doente krank
doer weh tun 226
doido verrückt
dois, duas *f* zwei 18
domingo Sonntag 28
dona Frau, Besitzerin
dono Herr, Besitzer
dores *f pl* Schmerzen 232; ~ **de barriga** Bauchschmerzen 225; ~ **de cabeça** Kopfschmerzen 225; **de dentes** Zahnschmerzen 222
dormir schlafen
doseamento Dosierung 223
dourado vergoldet 175
doutor *m* Doktor
doze zwölf
ducha *bras.* Dusche 102
duche *m* Dusche 93, 102, 180f
durante während
durar dauern 190
duro hart
dúvida Zweifel 54
duvidar zweifeln

E

e und
ecrã *m* Bildschirm 246
edifício Gebäude 191
ela sie 285
elas *f pl* sie 285
ele er 285
electricidade *f* Strom 104
eléctrico Straßenbahn 84
elegante elegant 148
eles *m pl* sie 285
elevador Aufzug 96
embora obwohl, wenn auch
em cima über 60
em frente geradeaus, vor, gegenüber 59f
em in, auf 60
embaixada Botschaft 25
embraiagem *f* Kupplung 218
embrulhar einpacken 148
embrulho Päckchen
emergência Notfall 214
empregado Arbeiter, Angestellter 45
empresa Firma 236, 239
empresário Unternehmer 46
emprestar leihen
empurrar stoßen, schieben
encantado sehr erfreut
encargo Auftrag
encarnado rot
enchido Wurst 154

esposa Ehefrau
espuma de barbear Rasierschaum 165
esquadra de polícia Polizeiwache 218
esquecer vergessen 135, 219
esquerdo links 59f
esqui aquático Wasserski 181, 183f
esquina (*Straße*) Ecke
essa der, die, das, diese(r, s) 287
esse der, die, das, diese(r, s) 287
esta diese(r, s) 287
estação *f* Bahnhof 58, 70, 240; ~ **de correio** *f* Post 200; ~ **de serviço** Tankstelle 65; ~ **ferroviária** *bras.* Bahnhof 86
estacionar parken 67, 96
estadia Aufenthalt 91
estádio Stadion
estado Staat
estante *f* Regal 103
estar sein 276, 283; ~ **a chover** es regnet 33
este diese(r, s) 287
Este Osten 35
estender ausstrecken
estojo Brillenetui 176
estômago Magen 229
estorvar stören, behindern
estrada Straße; ~ **nacional** Nationalstraße 64
estragado kaputt 151
estragar kaputtmachen
estrangeiro Ausland, Ausländer
estranho seltsam
estreia Premiere 193
estudante *m* Student 45, 189
estudar studieren 46
estufado geschmort 124
estudo Studium
estúpido dumm, blöd
esvaziar leeren
eu ich 285
eurocheque *m* Euroscheck 202
evidente offensichtlich
evitar vermeiden
exacto exakt, genau
exagerar übertreiben
exame *m* Prüfung
excepção *f* Ausnahme
excursão *f* Ausflug 190
exigir fordern
existir geben, zur Verfügung stehen 245
experiência Versuch, Erfahrung
experimentar probieren 121
explicar erklären
expor ausstellen
exportar exportieren 237
exposição *f* Ausstellung 189, 191, 249
expositor Aussteller 249
extraordinário außergewöhnlich

F

fábrica Fabrik 46
faca Messer 103, 136
face *f* Gesicht
fácil leicht
facto Tatsache
factura Rechnung 23, 86, 137
falar sprechen 38, 92, 276
falso falsch
falta Fehler
faltar fehlen 136
família Familie
famoso berühmt
farinha Mehl 153
farmácia Apotheke 25
farol Vorderlicht 83f, Scheinwerfer 217f
fato Anzug, Kostüm 160; ~ **de banho** Badeanzug; ~ **de treino** Jogginganzug 160
fava dicke Bohne 130, 156

favor *m* Gefallen 49, 245
fax *m* Fax 205
fazer machen 99, 277; ~ **a barba** rasieren 208;~ **compras** einkaufen 108; ~ **surf** surfen 178, 181, 183
febre *m* Fieber 225, 227
fechado geschlossen 26
fechar schließen 74, 248
fecho Reißverschluß 161
feijão Bohnen 156; ~ **branco /verde** grüne /weiße Bohnen 156; **feijoada** Bohneneintopf 130
feio häßlich
feira Messe 249; ~ **de arte** Kunstmesse 191
feliz glücklich
feminino weiblich 44
feriado Feiertag 28
férias *f* pl Ferien 55
ferido verletzt 213
ferir verletzen 225
ferry-boat Fähre 61, 81
ferver (*Wasser*) kochen
festa Fest; **festejar** feiern
Fevereiro Februar 28
fiambre *m* Kochschinken 118, 154
ficar bleiben 52, sich befinden, sein 70
ficha Stecker
ficheiro Datei 247
fígado Leber 229
figo Feige 158
fila Reihe
filha Tochter
filho Sohn
filme *m* Film 193, 196
fim-de-semana *m* Wochenende 28
finalmente endlich, schließlich
fino Finne 185
fio Kette 174
firma Firma 239
firme fest, standhaft
flash Blitzlicht 167
flor *f* Blume 144
floresta Wald 192
flutuador *m* Brett 185
fogão Herd 102
folha Blatt
fone de ouvidos *m* Kopfhörer 171
fonte *f* Brunnen, Quelle 192, 234
força Kraft
forçar zwingen
formulário Formular 96
fornecer liefern 244
forno Backofen 124
forte stark, dick
fósforos *pl* Streichhölzer 168
fotocopiadora Fotokopierer 246
fotografia Fotografie 167
fraco schwach 35, 225
fraldas *f pl* Windeln 166
framboesa Himbeere 158
franco aufrichtig, ehrlich
frango Hähnchen 155
frase *f* (*Sprache*) Satz
freio Bremse 83
frequentar (*Schule*) besuchen
fresco frisch 33; eisgekühlt 115
frigideira Pfanne 103
frigorífico Kühlschrank 102
frio kalt 33, 35, 135, 178
frito fritiert 124
fronteira Grenze 62
frouxo wackelig 233
fruta Obst 123, 132, 145
frutaria Gemüse- und Obstladen 145
fruteira Obstgeschäft 145
fugir flüchten
fumado geräuchert 124
fumador Raucher 79; **fumante** *m* Raucher 72; **fumar** rauchen 80, 227
funcionar funktionieren 93, 98, 245
fundo tief 178

furioso wütend
furo *(Reifen)* Loch 215
fusível *m* Sicherung 104
futebol *m* Fußball 183, 187
futuro Zukunft

G

gabardina Regenmantel 159
galão Milchkaffee
galeria Galerie 191
galinha Huhn 131
gamba Garnele 129, 156
ganhar gewinnen
ganso Gans 155
garagem *f* Garage
garfo Gabel 103, 136
garoupa Barsch 128
garrafa Flasche 113, 140
gás *m* Gas 104, 106
gasóleo Diesel 65f
gasolina Benzin 65, 215
gastar ausgeben 150, 174
gato Katze 64
geladeira Kühlschrank 102
geladeira Kühltasche 106
gelado Eis 139; ~ **misto** gemischtes Eis 139; **gelo** Eis 114f
gemer stöhnen
gengiva Zahnfleisch 233
gente *f* Leute
gentil höflich, liebenswürdig
geral allgemein
gerente *m* Geschäftsführer 92
gesto Geste
ginásio Fitneßcenter 183
ginástica Gymnastik 183
ginecologia Gynäkologie 231; **ginecologista** *m* Frauenarzt/-ärztin 224
goleira *bras.* Tor 187
gola Kragen 161
goleiro Torwart 187
golfe *m* Golf 183
gordo dick
gorjeta Trinkgeld
gostar de mögen, gefallen 47, 149
gosto Geschmack
gotas *f pl* Tropfen 222f
gótico gotisch 191
governo Regierung
gozar genießen
grande groß 162, 237, 289
grato dankbar
gravata Krawatte 160
grave schwer, ernst
grávida schwanger 228
grelhado gegrillt 124; **grelhador** *m* Grill 106
gritar schreien
grito Schrei
grupo Gruppe 189
guarda-lamas Kotflügel 217
guardar aufbewahren
guarda-redes Torwart 187
guarda-sol Sonnenschirm 180
guia de viagem *m* Reiseführer 170
guiador *m* Lenkstange 83
guiar (*Auto*) fahren, lenken
guichê *m* Fahrkartenschalter 73, 77
guisado gekocht, geschmort 124

H

há es gibt 179, 277, seit 277
habitante m Einwohner
habito Angewohnheit; **habitual** gewöhnlich
haver haben, geben
hesitar zögern
história Geschichte 46
hoje heute 29, 122
homem *m* Mensch, Mann 148, 162, 174

honesto ehrlich, anständig
hora Stunde 25, 179; ~ **de visita** Besuchszeit 231
horário Öffnungszeit 189
horrível schrecklich
hóspede *m* Gast
hospedeira Stewardeß 77
hospital *m* Krankenhaus 46, 212, 224
hotel *m* Hotel 88f, 240
humano menschlich

I

ida Hinreise
idade *f* Alter 44, 198
ideia Idee
ignição *f* Zündung 218
igreja Kirche 190, 192
igualmente gleichfalls 53
ilha Insel
imagem *f* Bild
imitar nachahmen
impedir verhindern
imperial *f* Glas Bier (0,2) vom Faß 112, 116
importância Bedeutung, Wichtigkeit; **importante** wichtig
importar importieren 237
impossível unmöglich
imposto Steuer
imprensa Presse
impressora Drucker 247
inchado geschwollen 225
incomodar belästigen, stören
incrível unglaublich 55
independente unabhängig
indicar hinweisen, anzeigen
indicativo Vorwahl 206
indiferente gleichgültig
indústria Industrie
infecção *f* Infektion 229
infeliz unglücklich
infelizmente leider 150
infinito unendlich
inflamação *f* Entzündung 229
inflamado entzündet 233
informação *f* Auskunft, Information 49, 79
informar informieren 244
início Anfang
inimigo Feind
injecção *f* Spritze 228, 233
insistir em bestehen auf
instalação *f* Einrichtung 234
instalar einrichten
instante *m* Moment
instrumento Instrument
insuportável unerträglich
inteiro ganz, vollständig
inteligente intelligent
interesse *m* Interesse
interessado interessiert 243; **interessante** interessant 47f
interlocutor *m* Ansprechpartner 237
internacional international 237
interruptor Schalter 104
intervalo Pause
intestino Darm 229
introduzir einführen 202; einfügen 248
invalidade *f* Ungültigkeit
inventar erfinden
inverno Winter
IP gut ausgebaute Nationalstraße 64
ir gehen, fahren kommen 42, 52, 59, 276
ir a pé zu Fuß gehen 58
ir de carona trampen 58
irmão Bruder 275
irritar-se sich ärgern
isqueiro Feuerzeug 168
isso / isto das (da), das (hier)
IVA Mehrwertsteuer 90

J

já schon, bald
Janeiro Januar 28
janela Fenster 79
jantar *m* Abendessen 52, 110, 121; zu Abend essen 112
jardim *m* Garten; ~ **zoológico** Zoo 192
jarro Krug 113, 115, 140
jazz Jazz 196
jeans Jeans 160
jeitoso geschickt
jipe *m* Jeep 67
joelho Knie 230
jogador *m* Spieler 187; **jogar** spielen 181; **jogo** Spiel 186
jogurte *m* Joghurt 118, 153
joia Schmuck
jornal *m* Zeitung 146, 169
juiz *m* Richter
julgar urteilen, beurteilen
Julho Juli 28
Junho Juni 28
junto zusammen 137
jurar schwören
juventude *f* Jugend

K

karaté *m* Karate 183

L

lá dort, dorthin, da
lã Wolle 149, 161
lábio Lippe 230
laca Haarspray 209
lado Seite 226
ladrão Dieb 212
lago See 178, 192
lagosta Languste 112, 156
lágrima Träne
lamentar leid tun, bedauern 89
lâmina de barbear Rasierklinge 165
lâmpada Glühbirne 104
lampreia Neunauge 128
lançar (*Buch*) herausgeben
lanterna de bolso Taschenlampe 106
lápis m Bleistift 170
laranja Apfelsine 157
largar loslassen
largo Platz
largo weit 159
lata Blech, Dose
lavandaria Wäscherei 210; **lavar** waschen 108, 208, 210
laxantes *pl* Abführmittel 221
leão Löwe 275
legumes *m pl* Gemüse 131
lei *f* Gesetz
leite *m* Milch 113, 146; ~ **em pó** Milchpulver 166;~ **condensado** Kondensmilch 118; ~ **gordo** Vollmilch 118; ~ **magro** Magermilch 118
lençóis *pl* Bettlaken 103
lente *f (Brille)* Glas 175f; ~ **de contacto** Kontaktlinse 175f
lentilhas *f pl* Linsen 157
lento langsam
ler lesen
letra Buchstabe, Schrift
levantar *(Geld)* abheben, *(Scheck)* einlösen 203
levar mitnehmen 71
leve leicht
lhe ihr, ihm 285
lhes ihnen 285
liberdade *f* Freiheit
ligar verbinden 207, 241
ligeiro leicht 140
limão *m* Zitrone 125, 158
limpar reinigen, säubern

M

marketing Marketing 238
martelo Hammer 106
mas aber
masculino männlich 44
massa Nudeln 131, 153
massagem *f* Massage 234; **massagista** *m* Masseur 234
mastigar kauen 223
mastro Mast 185
matar töten
material Material 173
matrícula Nummernschild 70, 217, 220
mau, ma schlecht, böse
me mir, mich 285
medicamento Medikament 221, 227; **medicina interna** innere Medizin 231; **médico** Arzt 212, 224; ~ **internista** Internist 224
medir messen
medo Angst
medronho Obstschnaps aus Baumerdbeeren 116
medusa Qualle 179
meia-noite Mitternacht 24
meias *f pl* Strümpfe 160
meio-dia *f* Mittag 24
mel *m* Honig
melancia Wassermelone 158
melão Honigmelone 158
melhor besser
memória Gedächtnis, Erinnerung
menor kleiner, geringer
mensagem *f* Botschaft, Nachricht 97
menstruação *f* Regelblutung 227
mentir lügen; **mentira** Lüge
mercado Markt 26, 144
mercadoria Ware 244
mergulhar Tauchen 183
mês *m* Monat 29, 100
mesa Tisch 103, 122, 136
mesmo selbst
mesquita Moschee 192
metade *f* Hälfte 152
metal *m* Metall 149
meter stecken, hineinlegen
metro U-Bahn 84
meu mein, meine 286
mexer bewegen 226, 229
microfone Mikrofon 245
mil tausend
milagre *m* Wunder
milho Mais 157
minha mein, meine 286
mini-bus *m* Kleinbus 67
minuto Minute 25
miradouro Aussichtspunkt 192
miséria Elend
missa Messe
misturar mischen
mochila Rucksack 75, 164
moda Mode; **moderno** modern
modem *m* Modem 247
modificar verändern
modo Art, Weise
moeda Währung, Münze 202
molhado naß
molotov *m* Pudding mit Karamelsoße 132
momento Moment 207, 243
montanha Berg 92, 192
montar aufbauen
montra Schaufenster 147
monumento Denkmal 192
morada Wohnort 44
morango Erdbeere 158
morar wohnen
morcela Blutwurst 154
morrer sterben; **morte** *f* Tod; **morto** tot
mostarda Senf 125
mostrar zeigen 101, 162, 245
motivo Grund, Motiv
moto *f* Motorrad 58
motor Motor 216ff; **motorizada** Motorrad 58, 64, 67; **motorista** *m* Fahrer 70

Mouse Maus *(PC)* 247
mousse de chocolate *f* Schokoladenmousse 133
móveis *pl* Möbel 146
mudar umsteigen 71; *(Reifen)* wechseln 216
mudar wechseln 167
mudo stumm
muito viel, sehr
mulher *f* Frau 41
mundo Welt
muro Mauer
muros da cidade *pl* Stadtmauer 192
museu Museum 26, 188, 190f
música Musik 196; ~ **clássica** klassische Musik 196; ~ **moderna** moderne Musik 196

N

nacional national
nacionalidade *f* Staatsangehörigkeit 44
nada nichts 271
nadar schwimmen 178f, 181, 183
nádegas *f pl* Gesäß 230
namorado fester Freund 42, 56
não nein
não passar bügelfrei 210
não só ... mas também nicht nur ... sondern auch
napa Nappaleder 163
nariz *m* Nase 230
nascer geboren werden 31, 44
nascer do sol *m* Sonnenaufgang 35
Natal Weihnachten
natas *f pl* Sahne 153
naturalmente natürlich 54
navio Schiff 81
necessário notwendig
negar verneinen
negociar handeln 240
negócio Geschäft 55
negro schwarz, dunkel
nem nicht einmal 271
nenhum, a kein(e, r, s)
neta Enkelin; **neto** Enkel
neve *f* Schnee 35
nevoeiro Nebel 35, 69
ninguém niemand 271
nódoa Fleck 210
noite *f* Nacht, Abend 27, 40, 90
noivo Verlobte 42
nome (Vor-)name 44, 94, 122; ~ **de ficheiro** Dateiname 248
normal normal
Norte Norden 35
nos uns 285
nós wir 285
nossa unser, unsere 286
nosso unser, unsere 286
nota *(Geld)* Schein 201
notar bemerken, wahrnehmen
notebook *m* Notebook 247
nove neun 18
Novembro November 28
noventa neunzig
novidade Neuheit; **novo** neu
nu nackt
número Nummer, Zahl 99; *(Kleidung)* Größe 158, 162 ~ **de avião** Flugnummer 77; ~ **de conta** Kontonummer 203; ~ **de telefone** Telefonnummer 44
numeroso zahlreich
nunca nie, niemals 30, 271
nuvem *f* Wolke 35

O

o der 272
obedecer gehorchen
objecto Gegenstand 220
obra Werk, Arbeit

obrigado danke 48, 245
obrigar zwingen, nötigen
obrigatório vorgeschrieben 198
observar beobachten
obter bekommen, erhalten
ocasião *f* Gelegenheit
óculos *pl* Brille 144, 175f; ~ **de sol** Sonnenbrille 176, 180
ocupado besetzt 74
ocupar besetzen, beschäftigen
Oeste Westen 35
ofender beleidigen
oferecer anbieten 52, 243
oferta especial Sonderangebot 150
oficina Werkstatt 26, 216
oftalmologista *m* Augenarzt 224
oito acht 18
oitenta achtzig
olá hallo 40
óleo Öl 66, 216
olhar sehen, schauen 39
olho Auge 230
ombro Arm 230
omeleta Omelett
onda Welle
onde wo 43, 58, 96, 271
ônibus *m* Bus 58, 84
ontem gestern 29
onze elf
ópera Oper 196
operação *f* Operation
operário Arbeiter
opinião *f* Meinung 54
opor-se sich widersetzen
óptimo sehr gut, prima
orçamento Kostenvoranschlag 244
ordenado Gehalt
oregãos *pl* Oregano 125
orelha Ohr 230
organizar organisieren 190
orgulho Stolz
original originell, ursprünglich
ortopedia Orthopädie 231
ortorrinolaringologista *m* Hals-Nasen-Ohrenarzt 224
os *m pl* die 272
ótimo *bras.* toll 48
ou oder
ouro Gold 174f
outono Herbst
outro andere(r,s)
Outubro Oktober 28
ouvir hören
oval oval 149
ovo Ei 117; ~ **cozido** gekochtes Ei 117f
oxalá hoffentlich

P

pace-maker *m* Herzschrittmacher 227
paciência Geduld
pacote *m* Paket 205
padaria Bäckerei 145
padre *m* Priester
pagamento Bezahlung
pagar bezahlen 22, 67, 70, 99
páginas amarelas Gelbe Seiten 206
pai *m* Vater 270
paio Wurst aus verschiedenen Fleischsorten 154
país *m* Land 44
paisagem *f* Landschaft 192
palavra Wort 39
pálido bleich, blaß
palito Zahnstocher 136
panado paniert 124
panela Topf 103
pano Tuch
pão Brot 117, 153
pãozinho Brötchen 117
papas *f pl* Brei 166
papel *m* Papier 170; ~ **de embrulho** Geschenkpapier 170

papel Papier 149, 246
papelaria Schreibwarengeschäft 146, 170
para für; ~ **onde** wohin 271
parabéns *pl* Glückwunsch 49f
pára-brisas *m* Windschutzscheibe 217
pára-choque *m* Stoßstange 217
paragem *f* Aufenthalt 76; Haltestelle 84
parar halten 71, 86
parco karg
parecer scheinen, aussehen
parente verwandt
parque de campismo *m* Campingplatz 105
parque de estacionamento *m* Parkplatz 66; **parquímetro** Parkuhr 67
parte *f* Teil
particular privat
partida Abfahrt 73; Abflug 78
partido gebrochen 228
partir abfahren, abreisen 71, 99; brechen, zerbrechen 233, 276
parvo dumm
Páscoa Ostern
passado vergangen, vorig
passageiro Passagier 77
passagem proibida Durchfahrt verboten 69
passaporte *m* Reisepaß 45, 62, 219; ~ **de criança** Kinderausweis 62
passar a ferro bügeln 210
pássaro Vogel
passear spazieren gehen 182; **passeio** Spaziergang, Tour 182
pasta Aktenordner 246
pasta de dentes *f* Zahnpasta 165
pastelaria *f* Konditorei, Café 111, 137f, 145
pastel de bacalhau Stockfischpastete 120
pastel de natas *m* Teilchen mit Cremefüllung 138
patilhão Schwert 185
patinagem *f* Rollschuhlaufen 183
pátio Innenhof
pato Ente 155
pátria Vaterland
pavilhão Stand 249
paz *f* Frieden 56
pé Fuß 229f
peça *f (Theater)* Stück 194f
peça sobresselente *f* Ersatzteil 217
pedaço Stück 152
pediatra *m* Kinderarzt 225; **pediatria** Kinderstation 231
pedido Bitte; **pedir** bitten 245
pedra Stein 149
pegar *(Auto)* anspringen 216
peito Brust 225, 230
peixaria Fischladen 145; **peixe** Fisch 110, 145, 155; ~ **espada** Schwertfisch 128
pele *f* Leder, Pelz, Haut 146, 149, 163
pena Strafe
penalti *m* Elfmeter 187
pendurar aufhängen
pensão Pension 88f
pensamento Denken, Gedanke
pensar denken, meinen, nachdenken 54, 150, 244
pensos higiénicos Binden 165
pente Kamm 164
Pentecostes Pfingsten
pepino Gurke 157
pequeno klein 92, 237, 289; ~ **almoço** Frühstück 97f, 110
pêra Birne 157
perceber verstehen 38
perder verlieren 216, 219
perdidos e achados Fundbüro 218

perdoar vergeben, verzeihen
perfeito perfekt
perfume *m* Parfum 165
pergunta Frage; **perguntar** fragen
perigo Gefahr 69
perigoso gefährlich 105, 178
permanente *f* Dauerwelle
permitir erlauben
perna Bein 230
pernil *m* Haxe 154
pérola Perle 174
perseguir (ver)folgen
persianas *f pl* Rolladen 102
pertencer a gehören
perto in der Nähe 92
peru *m* Truthahn 155
pesado schwer
pescada Schellfisch 156
pescador *m* Fischer
pescar angeln 178, 182f
pescoço Nacken 230
peso Gewicht
pêssego Pfirsich 158
pessoa *f* Person 82, 89, 198; **pessoal** *m* Personal 234
peúgas *f pl* Socken 160
picadas de mosquitos *f pl* Mükkenstiche 222
picante scharf 120, 135
picar stechen
picolé *m* Eis 139
pijama *m* Pyjama 160
piloto Pilot 77
pílula Pille 227
pimenta Pfeffer 125, 136
pimento Paprika 157
pincel de barbear *m* Rasierpinsel 165
pintar färben 208, malen
pintura Gemälde 191
pipa Weinfaß 140
pior schlechter, schlimmer
piri piri scharfer roter Pfeffer 124f
pisar treten
pisca-pisca Blinker 218
piscina Swimmingpool 97, 178, 180, 184; ~ **coberta** Hallenbad 180, 234
planta Pflanze; **plantar** anbauen, pflanzen
plástico Plastik 149
plateia Parkett
pneu Reifen 83, 216ff
pó Staub
pobre arm
poder können, dürfen 22, 48, 95, 178, 277
pois ja, selbstverständlich
polícia Polizei 212
poltrona Sessel 103
polvo Tintenfisch 128
ponte *f* Brücke 192
ponto (Zeit) Punkt
pop Pop 196
população *f* Bevölkerung
por für
pôr setzen, stellen, legen
por baixo unter 60
por favor bitte
por isso deshalb
porção Portion 134
porcelana Porzellan 145
porco Schwein 154
pôr-du-sol Sonnenuntergang 35
porém jedoch, aber
pormenor *m* Einzelheit
porque warum 271
porta Tür 102, 217
porta-moedas Portemonnaie 219
portanto also, folglich
porto Hafen 81
português portugiesisch 39
possível möglich 91, 210
possuir besitzen
postal ilustrado Ansichtskarte 169
pouco wenig
poupar sparen

pousada staatliches Hotel 88f; ~ **de juventude** Jugendherberge 88f
povo Volk
praça *f* Platz 59f, 192
praia *f* Strand 47, 178
prancha *f* Sprungbrett 180; ~ **de surf** Surfbrett 181
prata *f* Silber 175; **prateado** versilbert 175
praticar ausüben, treiben
prático praktisch 148
prato Teller 103, 136
prato de dia Tagesgericht 121
pré pagamento Vorauszahlung 111
precisar de brauchen, benötigen 38, 96, 244
preciso notwendig
preço Preis 68, 90
prédio Gebäude, Haus
preencher ausfüllen 96
preferir vorziehen
prego Rindersteak in Brötchen 120
prenda Geschenk
prender verhaften, festnehmen
preocupar-se sich beunruhigen
preparar vorbereiten
presente Geschenk 148, 174
preservativos *pl* Verhütungsmittel 221, 228
presidente *m* Präsident
prestar gut sein, taugen
presunto Schinken 118, 120, 126, 154
pretender wollen, beabsichtigen
preto schwarz 209, 36
prevenir warnen, verständigen
primar drücken 247
primavera Frühling
primeiro erste
principalmente hauptsächlich
princípio Anfang, Prinzip
prioridade *f* Vorfahrt 213
prisão *f* Gefängnis
prisão de ventre Verstopfung 222, 225
problema *m* Problem
procedimento Vorgehen 240
processador *m* Prozessor 247
procurar suchen 58, 89 147
produção *f* Produktion 238; **produzir** produzieren 237
professor *m* Lehrer 45
profundo tief
programa *m* Programm 194; ~ **cultural** Veranstaltungskalender 193
proibição de ultrapassagem Überholverbot 69
proibido verboten 67
proibir verbieten
projector Overheadprojektor 245
prolongar verlängern 91
pronto fertig 167, 210
pronunciar aussprechen 39
propor vorschlagen
proposta Agebot 240, 244
proprietário Inhaber 239
próprio selbst, eigen
prorrogação *f* Verlängerung 188
protocolo Protokoll 214
provar (an-)probieren 158; beweisen
provável vermutlich
provocar herausfordern
próximo nah, nächste(r)
pudim flan Karamelpudding 133
pulmão Lunge 229
pulseira Armband 174
puré de batata *m* Kartoffelpüree 131
puro rein, echt
puxar ziehen

Q

quadra de ténis Tennisplatz 184

quadrado viereckig 149
quadro Bild 191
qual welche(r, s) 271
qualidade *f* Qualität
quando wann 29f, 167, 271
quantia Summe, Betrag
quanto wieviel 22, 68; ~ **tempo** wie lange 55, 91
quarenta vierzig
quarta-feira Mittwoch 28
quarto vierte
quarto Zimmer, Schlafzimmer 88f, 95, 100, 231 ; ~ **duplo** Doppelzimmer 89
quase fast
quatro vier 18
que was 39, 271
quebrar brechen, zerschlagen
queda da água *f* Wasserfall 192
queijo Käse 118, 152f; ~ **fresco** Frischkäse 125; ~ **seco** Hartkäse 125
queimaduras solares *f pl* Sonnenbrand 222
queimar-se sich verbrennen
queixa Klage, Anzeige 215, 219
queixar-se sich beklagen
quem wer, welche(r,s)
quente heiß, warm 34, 92, 178
querer wollen, 277
querido lieb
quieto ruhig, still
quilómetro Kilometer
quinta-feira Donnerstag 28
quinto fünfte
quinze fünfzehn
quiosque *m* Kiosk 146, 168

R

radiador *m* Kühler 218
radiografia Röntgenaufnahme 228
rainha Königin
raio (Blitz~) Schlag, Strahl
raiva Tollwut
ralhar schimpfen
ramo Zweig, Ast
rapaz *m* Junge 148
rapidez *f* Geschwindigkeit
rápido schnell
raro selten
rasgar zerreißen
rato Maus 247
razoável vernünftig
real wirklich; **realidade** *f* Wirklichkeit
rebentar platzen
reboque *m* Abschleppwagen 216
reboque *m* Anhänger 65
recado Nachricht 208, 241
receber bekommen 201
recente vor kurzem, neulich
recheado gefüllt 124
recibo Quittung 23, 151
recomendar empfehlen 112
reconhecer wiedererkennen
recordar-se sich erinnern
rectal rektal 223
rectangular rechteckig 149
recusar ablehnen
redondo rund 149
reduzir verringern, reduzieren 69
refeição *f* Mahlzeit 223
referir berichten
reformado Rentner 46
região *f* Region 172f
regra Regel
regressar zurückkehren
régua Lineal 170, 246
rei *m* König
religião *f* Religion
relógio Uhr 146, 174
relojoaria Uhrengeschäft 146
remar rudern 183
remetente *m* Absender 204
renda Miete

reparação *f* Reparatur 216
reparar beachten 69; reparieren 84, 216
repetir wiederholen 39
representar repräsentieren, darstellen
reservar vorbestellen, reservieren 92, 95f, 101, 122, 193f
reservatório Tank 217
resolver (*Problem*) lösen
respirador *m* Schnorchel 184
respirar atmen
responder antworten; **resposta** Antwort
responsável *m* Verantwortlicher 237, 241
restaurante *m* Restaurant 111f
resto Rest
resultado Ergebnis 188
retirar abheben 202
retirar entnehmen 202, zurückziehen
retranca Gabelbaum
retrovisor *m* Rückspiegel 217
reunião *f* Versammlung, Konferenz 239, 241
revelar *(Film)* entwickeln 167
revista Zeitschrift 169
rim *m* Niere 229
rio Fluß 192
rico reich
ridículo lächerlich
rir lachen
risca Scheitel 209
risco Risiko, Gefahr
robalo Seebarsch 128, 156
rock Rockmusik 196
roda Rad 83
rolar rollen
roleta Roulette 198
rolo a cores Farbfilm 167; ~ **a preto e branco** Schwarzweißfilm 167; ~ **para slides Diafilm** 167
romano römisch 191
rosa Rose
rotunda Kreisverkehr 60
roubar stehlen 218
roubo Diebstahl 219
ruído Lärm
rouge Rouge 165
roulote *f* Wohnmobil 107
roupa Kleidung 98, 144; ~ **de bebé** Kinderbekleidung 166
roupão Morgenmantel 160
rua Straße 44, 59, 64
ruivo rot 209

S

sábado Samstag 28
saber wissen 277
sabonete *m* Seife 164
sabor *m* Geschmack 139
saca-rolhas Korkenzieher 103
saco Tüte 147
saco-cama Schlafsack 106
sacola Tüte 147
sacudir schütteln, rütteln
saia Rock 160
saida Ausgang 80, 249; ~ **de emergência** Notausstieg 74
sair aussteigen 60; ausgehen 197
sal *m* Salz 118, 125, 136
sala Raum 243; ~ **de conferências** Konferenzraum 97; ~ **de estar** Wohnzimmer 103
salada Salat 53; ~ **de fruta** Obstsalat 132 ~ **de polvo** Tintenfischsalat 119f; ~ **mista** gemischter Salat 126
salame *m* Salami 154
saldo Kontostand 203
salgado salzig 135
salmão Lachs 128, 156
salsa Petersilie 125, 152
salsicha Würstchen 155
saltar hüpfen, springen

salto *(Schuhe)* Absatz 163
salvar retten
salva-slip Slipeinlage 165
salvo heil, außer
sandálias *f pl* Sandalen 163
sanduiche *f* Sandwich 118
sangrar bluten 233
sangue *m* Blut
santo Heilige
sapataria Schuhgeschäft 146
sapateira Schusterkrebs 129
sapateiro Schuster
sapatilhas *f pl* Tennisschuhe 163
sapatos *pl* Schuhe 144, 162f; ~ **de desporto** Sportschuhe 163; ~ **de passeio** Wanderschuhe 163
sardinha Sardine 156
sargo Seebarbe 128
satisfazer befriedigen
satisfeito zufrieden 243
saúde *f* Gesundheit
sauna Sauna 180
score Ergebnis 188
se faz favor bitte
se wenn, ob
secar fönen 208, trocknen
secção *f* Abteilung 231
seco trocken 34
secretária Sekretärin 238; **secretariado** Sekretariat 238
seda Seide 149, 161
sede *f* Durst 232
segunda-feira Montag 28
segundo Sekunde 25; zweite
segurar sichern; **seguro** sicher
seguro Versicherung 215; ~ **contra todos os riscos** Vollkaskoversicherung 68
seio Busen 230
seis sechs 18
sela Sattel 185
selo Briefmarke 144, 204
sem chumbo Bleifrei 66
sem ohne 161
semáfaro Ampel 59f
semana Woche 29, 68, 241
semelhante ähnlich
sempre 30
senão sonst
senhor Herr 39
senhora Dame, Frau 39, 148, 162, 174
sentar-se sich setzen 52, 122
sentido único Einbahnstraße 69
sentimento Gefühl; **sentir** fühlen
separado getrennt 137
separar-se sich trennen
sepultura Grab 190
ser sein 276, 283
serviço de clientes Kundendienst 238
serviço de urgências Notfallstation 224
servir dienen, bedienen, passen
sessenta sechzig
sete sieben 18
Setembro September 28
setenta siebzig
seu sein, seine, ihr, ihre 286
sexo Geschlecht 44
sexta-feira Freitag 28; **Sexta-feira Santa** Karfreitag
sexto sechste
shampoo Shampoo 164
SIDA AIDS 227
sidra Apfelwein
significar bedeuten
sim ja
similar gleichartig
simpático sympathisch 48
simples einfach 72
sinal *m* Zeichen, Signal
sincero aufrichtig
só nur, allein
soar klingen
sobrar überbleiben
sobre auf, über

sobretaxa Zuschlag 72
sobretudo vor allem
sociedade *f* Gesellschaft 239
socorro Hilfe 212
sofá *m* Sofa 103
sofrer leiden
sol Sonne 33
solteiro ledig 45
sombra Schatten 107
sonhar träumen
sono Schlaf
sopa Suppe 123; ~ **de legumes** Gemüsesuppe 126; ~ **do dia** Tagessuppe 126
soporíferos *pl* Schlafmittel 221, 232
sorrir lächeln
sorte *f* Glück
sorvete *m* Eis 139
sossegado ruhig
soutien BH 160
sozinho allein 56
suave sanft
subir einsteigen 60, hinaufgehen
substituir ersetzen
sujar schmutzig machen
sua sein, seine 286
subir einsteigen 60
suco de laranja Orangensaft 113
sujo schmutzig 151
Sul *m* Süden 35
suma Summe
sumo de laranja Orangensaft 113
supermercado Supermarkt 107, 144
suplemento Preiszuschlag 90
suportar ertragen, aushalten
supositórios *pl* Zäpfchen 222
surdo taub
surgir erscheinen, auftauchen
surpreender überraschen
suspensórios *pl* Hosenträger 160

T

tabaco Tabak, Tabakwaren 62, 146, 168
tablette *m (Schokolade)* Tafel 152
taça Schüssel 103; kleines Glas 140
taco de golfe Golfschläger 182, 185
tal solch(e,r,s)
talão de multa Strafzettel 70
talheres *f pl* Besteck 103
talho Metzgerei 145
talvez vielleicht 51, 54
também auch 147
tamboril *m* Seeteufel 128
tampões *pl* Tampons 165
tanto so viel
tanto ... como sowohl ... als auch
tapar zudecken, verdecken
tapete *m* Teppich 172
tardar auf sich warten lassen
tarde spät 25, 42; *f* Nachmittag 27, 40
tarefa Aufgabe, Arbeit
tasca einfache Kneipe
taxa Gebühr; ~ **de câmbio** Umtauschgebühr 201
táxi *m* Taxi 84, 86
te dir, dich 285
teatro Theater 193
tecido Stoff 149, 160
tecla Taste 247
teclado Tastatur 247
tela Bildschirm 246
telefonar telefonieren 108, 241
telefone Telefon 94, 97, 100, 200, 212, 246
telegrama *m* Telegramm 205
televisão *f* Fernseher 100
tempo Zeit, Wetter 34;
tencionar beabsichtigen, vorhaben
tenda Zelt 105f, 107
ténis *m* Sportschuhe 163
ténis Tennis 183

tensão *f* Blutdruck 228
tentar versuchen, verführen
ter haben 43, 276
ter de müssen 42
terça-feira Dienstag 28
terceira idade Senioren 189
terceiro dritte
terminal de autocarros Busbahnhof 76
terraço Terrasse 102
terrível schrecklich
tesoura Schere 170, 246; ~ **das unhas** Nagelschere 164
teste do balão *m* Alkoholtest 70
testemunha Zeuge 213, 215
teu dein, deine 286
texto Text 247
tinta Tinte 170
típico typisch 172
tira-nódoas Fleckentferner 210
tirar *(Fleck)* entfernen 210; ~ **uma fotografia** fotografieren 49, 189
toalha Handtuch 103; ~ **de mesa** Tischtuch 103
tocar (*Instrument*) spielen
todo ganz 190
tomada Steckdose
tomar nehmen
tomate *m* Tomate 157
tonto schwindelig 225
toranja Grapefruit 158
torneira Wasserhahn 102, 104
tornozelo Knöchel 225, 230
torre *f* Turm 192
torto schief, krumm
tosse *f* Husten 225
tossir husten
tosta Toast 118
toucinho Speck 154
trabalhar arbeiten 46, 236; **trabalho** Arbeit 173
tradutor *m* Übersetzer 38
traduzir übersetzen
trailer *m* Wohnwagen 105
transferência swift SWIFT-Überweisung 220; **transferir** überweisen 203
transformar verändern
transportadora aérea Flugesellschaft 77
transportar befördern
trasorelho Mumps
tratamento Behandlung 234
tratar behandeln 233
travão Bremse 83, 218; ~ **de emergência** Notbremse 74
travesseiro Kopfkissen 102
trazer bringen 98
treinador *m* Trainer 187
trem *m* Zug 58
tremer zittern
três drei 18
treze dreizehn
trinta dreißig
tripa Kutteln 131
trocar *(Geld)* wechseln 98, 206; umtauschen 151
trocar wechseln 202
trocos *pl* Kleingeld 22
trovoada Gewitter
truta Forelle 155
t-shirt *m* T-Shirt 159
tu du 285
tua dein, deine 286
tudo alles
turismo Touristeninformation 188

U

último letzte(r,s)
ultrapassar überholen
um ein 272
um pouco etwas 152
um, uma eins 18
uma eine 272
uma vez einmal 30
umas einige 271

universiadade *f* Universität
uns einige 272
urgências *f pl* Unfallstation 231
urgente dringend
usado gebraucht
usar benutzen 162, 245
útil nützlich
uva Weintraube 158
úvula Zäpfchen

V

vaca Rind 154
vacinado geimpft 227
vácuo leer; Leere
vaga Welle
vagão-leito Schlafwagen 74
vago unbestimmt, vage
vale *m* Tal 192
vale postal *m* Postanweisung 220
valer wert sein, gelten
válido gültig 45
valor *m* Wert
varanda Balkon
variado verschieden
varicela Windpocken
vazio leer
vegetariano Vegetarier 135
vela Segel 185; Zündkerze 218
velejar segeln 183
velocidade *f* Geschwindigkeit 65, 69, 213
vencer besiegen
vencido abgelaufen 62
venda Verkauf 202, 238
vender verkaufen
vento Wind 35
ventre *m* Bauch 230
ver sehen 95, 151, 219
verão *m* Sommer
verdadeiro echt 173
verde grün 36
vergonha Scham, Schande
vermelho rot 36, 187
verniz *m* Nagellack 165
vestiário Umkleidekabine 181
vestido Kleid 160
vestir-se sich anziehen
viagem *f* Reise, Fahrt 41, 43, 61, 82
viajar reisen
vida Leben
videogravador *m* Videorecorder 245
vidro Glas 145, 148
vigilante *m* Wächter
vinagre *m* Essig 125
vingar-se sich rächen
vinho Wein 53, 113, 140; ~ **branco** Weißwein 115f, 140; ~ **do Porto** Portwein 116, 140, 142; ~ **tinto** Rotwein 115f, 140; ~ **verde** grüner Wein 116, 140
vinte zwanzig
violeta violett
vir kommen 277
virar abbiegen 59
visitante *m* Besucher 249
visitar besuchen, besichtigen 188
vista Blick 92
visto Visum 62
vitela Kalb 154
viúvo verwitwet 45
viver leben, wohnen 43
vivo lebend, lebhaft
voar fliegen
volante *m* Lenkrad 217
voleibol *m* Volleyball 183
voltar umkehren, wiederkommen 59, 105, 190, 229
voo Flug 61, 77, 80; ~ **de ida e volta** Hin- und Rückflug 78
vossa euer, eure 286
vosso euer, eure 286
vulgar gewöhnlich, üblich

W

walkman *m* Walkman 171
WC *m* WC 102

X

xarope *m* Sirup 222
xícara Tasse 103

Z

zangado ärgerlich, böse; **zangar-se** sich ärgern
zaragata Lärm, Krach
zelador *m* Hausmeister 101
zero null 18
zona Gegend, Zone
zonzo betäubt

Abbildung 1:
Weinanbaugebiete

Abbildung 2: Speisefische

lampreia (= Flußneunauge)

atum (= Thunfisch)

peixe espada (=Schwertfisch)

salmão (= Lachs)

robalo (= Seebarsch)

pescada (= Schellfisch)

espadarte (= Sägefisch)

pargo (= Seebrasse)

sardinha (= Sardine)

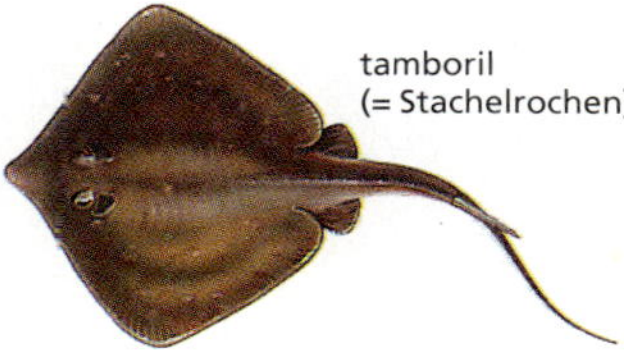
tamboril
(= Stachelrochen)

Abbildung 3: Kacheln

Abbildung 4: Geldscheine und Münzen

Reisesprachführer und Wörterbücher
im Bertelsmann Lexikon Verlag

Geo Saison Reisesprachführer
356 Seiten
ca. 30 Farbabbildungen
flexibler Einband

Reisesprachführer Amerikanisch
Buch: ISBN 3-577-10623-9
Reise-Set (Buch + Kassette): ISBN 3-577-10645-X

Reisesprachführer Englisch
Buch: ISBN 3-577-10622-0
Reise-Set (Buch + Kassette): ISBN 3-577-10644-1

Reisesprachführer Französisch
Buch: ISBN 3-577-10621-2
Reise-Set (Buch + Kassette): ISBN 3-577-10643-3

Reisesprachführer Griechisch
Buch: ISBN 3-577-10652-2
Reise-Set (Buch + Kassette): ISBN 3-577-10654-9

Reisesprachführer Italienisch
Buch: ISBN 3-577-10608-5
Reise-Set (Buch + Kassette): ISBN 3-577-10642-5

Reisesprachführer Polnisch
Buch: ISBN 3-577-10656-5
Reise-Set (Buch + Kassette): ISBN 3-577-10658-1

Reisesprachführer Portugiesisch
Buch: ISBN 3-577-10657-3
Reise-Set (Buch + Kassette): ISBN 3-577-10659-X

Reisesprachführer Spanisch
Buch: ISBN 3-577-10607-7
Reise-Set (Buch + Kassette): ISBN 3-577-10641-7

Reisesprachführer Türkisch
Buch: ISBN 3-577-10653-0
Reise-Set (Buch + Kassette): ISBN 3-577-10655-7

Bertelsmann Kompaktwörterbuch
ca. 30.000 Stichwörter und Wendungen
flexibler Einband

Englisch
ISBN 3-577-01661-2

Französisch
ISBN 3-577-01662-0

Italiensisch
ISBN 3-577-01664-7

Russisch
ISBN 3-577-10556-9

Spanisch
ISBN 3-577-01663-9

Bertelsmann Taschenwörterbuch
ca. 55.000 Stichwörter und Wendungen
Bildwörterbuch
flexibler Einband

Englisch
ISBN 3-577-01891-7

Französisch
ISBN 3-577-01892-5

Italiensisch
ISBN 3-577-01894-1

Russisch
ISBN 3-577-10558-5

Spanisch
ISBN 3-577-01893-3